suhrkamp taschenbuch
wissenschaft 2447

Miguel Abensours *Demokratie gegen den Staat* gehört zu den Klassikern der radikalen Demokratietheorie und der kritischen Theorie. In seinem faszinierenden Buch schlägt Abensour eine Theorie der aufständischen Demokratie vor, die politische Freiheit mit einer lebendigen Kritik von Herrschaft verbindet.

Überraschenderweise nimmt er für diesen Versuch seinen Ausgang bei Karl Marx, der gemeinhin nicht als bedeutender Demokratietheoretiker gilt. Abensour gelingt es jedoch in souveräner Manier, in den Texten des frühen Marx eine Theorie der »wahren Demokratie« freizulegen. In dieser fällt die Demokratie nicht mit dem Staat zusammen. Vielmehr entsteht sie aus dem Volk heraus, das eine öffentliche Sphäre für Konflikte schafft, die sich den staatlichen Apparaten und den in ihnen repräsentierten Machtverhältnissen entgegenstellt. Es ist eine »Demokratie gegen den Staat«, welche sich jeder Unterordnung verweigert und gegen die Auflösung der Politik in Bürokratie und Repräsentation rebelliert. Mit Abensour lernen wir, sie zu denken.

Miguel Abensour (1939-2017) war Professor für politische Philosophie an der Universität Paris Diderot, Präsident des Collège international de philosophie und Herausgeber der einflussreichen Reihe *Critique de la politique*. Er war einer der maßgeblichen Denker des Wiederauflebens der politischen Philosophie in Frankreich.

Miguel Abensour
Demokratie gegen den Staat

Marx und das machiavellische Moment

Aus dem Französischen
von Andrea Hemminger

Suhrkamp

Titel der Originalausgabe:
La démocratie contre l'état.
Marx et le moment machiavélien

Klimaneutral
Druckprodukt
ClimatePartner.com/14438-2110-1001

Erste Auflage 2024
suhrkamp taschenbuch wissenschaft 2447

Umschlag nach Entwürfen
von Willy Fleckhaus und Rolf Staudt
Druck und Bindung: C. H. Beck, Nördlingen
Printed in Germany
ISBN 978-3-518-30047-3

www.suhrkamp.de

Inhalt

Vorwort zur zweiten Auflage: Die rebellierende Demokratie

Sind wir zu der Alternative verdammt, die Demokratie entweder in einer gemäßigten Form auszuüben oder aber in einen klassischen Antidemokratismus zurückzufallen? Damit wären wir vor folgende Wahl gestellt: Entweder wird die Demokratie nur unter der Bedingung aufrechterhalten und gewürdigt, dass man sie mit Mäßigung praktiziert, zum Beispiel indem man sie auf den Status eines unüberschreitbaren politischen Rahmens reduziert; oder aber man entscheidet sich nicht für die Demokratie, dafür, sie gegebenenfalls zu retten, wenn sie in Gefahr ist, da man in ihr nur eine Illusion sieht, eine Herrschaftsform, die umso schädlicher ist, als sie unter dem Deckmantel der Freiheit auftritt.

Nun, besteht eine der vielen Qualitäten von Marx' *Zur Kritik der Hegelschen Rechtsphilosophie* von 1843 nicht genau darin, einen anderen Weg aufzuzeigen, der es erlaubt, dieser Alternative und den damit verbundenen Zwängen zu entkommen, indem dieser Text die Frage nach der »wahren Demokratie« stellt? Als müsste man, bevor man die Demokratie entweder der Forderung nach Mäßigung unterwirft oder sie ohne weitere Prüfung ablehnt, eine Vorbedingung erfüllen, das heißt nach der Wahrheit der Demokratie fragen, die Merkmale ermitteln, die sowohl die Lösung der Mäßigung als auch die der Ablehnung disqualifizieren – und dies nicht mittels eines essentialistischen Ansatzes, sondern mittels einer Reflexion über das Schicksal der Demokratie in der Moderne.

Eine so wegweisende Untersuchung wie die von Marx

von 1843 birgt das Glück, uns eine Sichtweise in Erinnerung zu rufen, die unserem Denken abhandengekommen ist, beschäftigt wie wir sind, die Defizite der Demokratie zu verzeichnen oder die mit ihr verbundenen Illusionen anzuprangern. Es sei denn wir betrachten – unter dem Einfluss des Diktums vom Ende der Politik – diese Form der politischen Gemeinschaft mit ebenso großer Plattheit wie Selbstsicherheit als eine »Utopie« im vulgärsten Sinne des Wortes. Doch lassen wir die Ermattung der Vernunft und den sie begleitenden unkritischen Skeptizismus beiseite und kommen auf die Ausgangsfrage zurück: Was ist die Wahrheit der Demokratie? Der Autor von *Zur Kritik der Hegelschen Rechtsphilosophie* gelangt in Anlehnung an die »modernen Franzosen« zu einer erstaunlichen, rätselhaften Antwort, wonach die Einführung der wahren Demokratie mit dem Untergang des politischen Staates einhergeht. Macht man aus dieser bedeutenden These nun keinen schönen Sonnenaufgang ohne ein Morgen, sondern erklärt sich damit einverstanden, darin eine unterschwellige, untergründige, beständige Dimension des politischen Fragens von Marx zu sehen, muss man dann nicht zwischen dem Text von 1843 und der Adresse zur Pariser Kommune von 1871 die Verschiebung von einem Denken des Prozesses (pensée du processus) zu einem Denken des Konflikts (pensée du conflit) sehen? Die Demokratie käme demnach weniger in einem Prozess des Absterbens des Staates denn in einem Kampf *gegen* den Staat zu sich und ihrer Erfüllung. Damit ist die zu Beginn genannte Alternative diskreditiert. So verstanden, widersetzt sich die wahre Demokratie der Formel von der gemäßigten Transaktion, die den gängigen Begriff des »demokratischen Staates« repräsentiert. Lässt dieser Begriff, gelte er nun dem Staat oder der Demokratie, nicht einen Mangel an kritischer Prüfung erkennen? Desgleichen ist auch die Ablehnung der Demokratie im Namen einer Herrschaftskritik in dem Maße nicht mehr haltbar, in dem die Demokratie – als ihrem höchsten Ziel – am Verschwinden der Beziehung von Herrscher und Beherrschten, an der Einführung eines Zustands der Nicht-Herrschaft arbeitet.

Kommt die wahre Demokratie, wenn sie so auf die Nicht-Herrschaft ausgerichtet ist, nicht am besten in »der Dekonstruktion des politischen Feldes« zum Ausdruck, das heißt, folgt man den Analysen von Reiner Schürmann, in den Zäsuren zwischen zwei Formen der Politik, in denen das Handeln frei von jeglichem prinzipiellen oder referentiellen Einfluss zutage treten und sich entfalten kann? In Anlehnung an Hannah Arendt und ihre These von einem verlorenen Schatz der Revolution schreibt Schürmann mit Blick auf die innerhalb der kommunalistischen oder Rätetradition in die moderne Geschichte geschlagenen Breschen: »Dann sind der *princeps*, die Regierung, und das *principium*, das System, das er errichtet und auf das er sich stützt, eine Zeitlang suspendiert. In solchen Zäsuren erfüllt das politische Feld voll und ganz seine Rolle eines Aufklärers: Es demonstriert unter den Augen aller, dass der Ursprung des Handelns, Sprechens und Schaffens kein Seiendes ist […] sondern dass hier einfach all das Dasein erlangt, was da ist.«[1] Das verdient, mit der These von Marx verglichen zu werden, der zufolge »die Demokratie das aufgelöste Rätsel aller Verfassungen« ist. Das heißt, um eine verfassungsmäßige Verobjektivierung richtig zu interpretieren, muss man immer zu dem zurückgehen, was sie hervorgebracht hat:

1 Reiner Schürmann, *Le Principe d'anarchie. Heidegger et la question de l'agir*, Paris: Éditions du Seuil, 1982, S. 107.

zum *Demos* und seinem freien Handeln. Ist die Aufrechterhaltung und Wahrung des Kontakts, der Verbindung mit dem »wirklichen Volk« nicht genau das, wodurch die wahre Demokratie im Moment ihrer Einführung den Untergang des Staates mit sich bringt, als eine Organisationsform, die das Handeln des Volkes zu substituieren und sich schließlich gegen dieses zu wenden vermag?

In einem gewissen Sinne könnte die »wilde Demokratie«, so wie Claude Lefort sie versteht, nämlich erhellt beziehungsweise erläutert durch das Prinzip der Anarchie, ein mögliches Erscheinungsbild, ein Name, der Demokratie gegen den Staat sein.[2] Wenn die wilde Demokratie durch die Auflösung von Sicherheit bietenden Bezugspunkten, durch die wiederholte Erprobung der Unbestimmtheit definiert ist – was einen Ausgang aus der metaphysischen Ableitung impliziert, eine Emanzipation von einem Grundprinzip –, erscheint sie tatsächlich als schwer vereinbar mit einem Staat, dessen Existenz ein Fundament, Sicherheit erfordert und sich auf ein erstes Prinzip stützt. Wie könnte sich zudem das mannigfaltige Aufbrausen der wilden Demokratie, das durch die grundlegende Unbestimmtheit des menschlichen Elements verstärkt und genährt wird, mit dem totalisierenden System des Staates abfinden? Wie könnte die Erprobung der Unbestimmtheit sich der Herrschaft des Einen beugen, vor dem Einen kapitulieren? Doch Möglichkeit ist nicht Notwendigkeit. Die Logik der wilden Demokratie ist nicht notwendig antistaatlich. Wird das »Wilde« nicht als etwas dargestellt, das auf eine Seinsweise, eine Ausdrucksweise, einen Epochenstil zurückgeführt und mithin reduziert

---

2 Siehe im vorliegenden Band den Nachtrag »›Wilde Demokratie‹ und das ›Prinzip der Anarchie‹«, S. 227 ff.

wird, der vor allem durch eine Krise der Grundlagen gekennzeichnet ist, ohne dass aus dieser Krise die entsprechenden Konsequenzen gezogen werden? Besteht auf der anderen Seite nicht eine gewisse Gefahr darin, die Idee der wilden Demokratie an der des Rechts festzumachen, am Kampf für die Wahrung der erlangten und die Erringung neuer Rechte? Selbst wenn es legitim ist, das Recht von der Idee der Herrschaft zu trennen und mit der des Widerstands zu verknüpfen, stellt sich die Frage, ob dieser Kampf für das Recht, der in letzter Instanz auf die Anerkennung und Sanktion strittiger Rechte seitens des Staates abzielt, nicht *nolens volens* auf ein Wiedererstarken des Staates oder schlimmer noch auf eine permanente Rekonstruktion des Staates hinausläuft? Nur indem sich die wilde Demokratie der Idee des Sozialrechts zuwendet, könnte sie ihrer antistaatlichen Berufung treu bleiben. Das ist eines der Paradoxa – und kein geringes – des gegenwärtigen Progressismus, der in seiner neuerlichen Anrufung des »*Rechts auf* …« letztlich immer die Billigung des Staates einfordert und ihn damit zugleich bestätigt, so als könnte nichts ohne die Zustimmung des Staates geschehen. Muss man die lebendige Quelle der wilden Demokratie letztlich aufseiten der Menschenrechte verorten, selbst wenn sie politisch interpretiert werden? Ist diese Quelle imstande, die Etatisierung zu bannen?

In Anbetracht dieser Fragen und Schwierigkeiten scheint es angebracht, anstatt nach möglichen Erscheinungsformen der Demokratie gegen den Staat zu suchen, auf diese Formel selbst zurückzukommen, sie zu erforschen und sowohl ihre Dimensionen wie auch ihren Einsatz, das, was mit ihr auf dem Spiel steht, aufzuzeigen. Ohne jeden Zweifel kommt diesem Ausdruck an erster Stelle das Verdienst zu, die so fruchtbare Intuition von Marx in seinem Manuskript von 1843 wieder zum Leben zu erwecken, dazu einzuladen, sie zum Maßstab zu nehmen, obgleich sie von den Epigonen unter dem saint-simonistischen Motto vom Absterben des Staates vernachlässigt oder banalisiert wurde. Marx geht es nicht darum, zu verkünden, dass die Verwaltung der Dinge die Regierung der Menschen ersetzen wird, sondern darum, mit den modernen Franzosen zu beobachten, dass die Einführung der Demokratie den Untergang des politischen Staates bedeutet; und, wenn man dem Weg, der zwischen 1843 und 1871 zurückgelegt wurde, Rechnung trägt, darum, zu bekräftigen, dass die Demokratie nur insofern existieren kann, als sie sich *gegen* den Staat wendet. Diese marxsche These stützt sich auf die Besonderheit der Demokratie, die vor allem in der Umsetzung einer *Reduktion* zum Ausdruck kommt. Die moderne Demokratie ist eine Demokratie gegen den Staat, da ihre Spezifität darin besteht, die Reduktion zu praktizieren. Ohne hier dieses komplexe Dispositiv zu analysieren, wollen wir das Wesentliche festhalten, nämlich dass die Reduktion den Effekt hat, eine Blockade der politischen Verobjektivierung herbeizuführen, so dass letztere nicht gegen ihren Willen in Entfremdung umschlägt. In der Demokratie bleibt mit anderen Worten das politische Handeln dank dieser Blockade das, was es ist, insofern es sich einer Transfiguration in eine organisatorische, einigende Form, kurz in den Staat, widersetzt. Indem Marx die Reduktion und ihre Konsequenzen ans Licht bringt, gelingt es ihm, klipp und klar zu zeigen, dass der Kampf gegen den Staat – als Form – in das Herz der demokratischen Logik eingeschrieben ist. Die Demokratie ist antistaatlich oder gar nicht. Von daher versteht man leicht, dass ihre üblichen Verfechter mehr oder weniger bewusst einen gemäßigten

Gebrauch der Demokratie empfehlen, bei dem infolge einer Behinderung des Mechanismus der Reduktion die Besonderheit der Demokratie verpufft, um jenem Widerspruch Platz zu machen, der in der Rede von einem »demokratischen Staat«, verstanden als Rechtsstaat oder als nicht überschreitbarer Rahmen, zum Ausdruck kommt. Bleibt hinzuzufügen, dass das Dispositiv der Reduktion paradoxal ist: Die Blockade, die es produziert und die die Transfiguration der politischen Verobjektivierung in die Staats-Form verhindert, ist zugleich das, was uns zufolge »die Ausbreitung dessen ermöglicht, worum es geht und was sich in der Sphäre des Politischen zeigt – eine Erfahrung der Universalität, die Negation der Herrschaft, die Konstitution eines öffentlichen isonomischen Raumes«. So als könnte sich das auf diese Weise gestärkte demokratische Handeln im öffentlichen Raum manifestieren und im Leben des Volkes modalisieren. Damit gibt es drei Stadien: Reduktion, Blockade, Ausbreitung. Es ist das letzte Stadium, das es erlaubt, all die anderen Bereiche des Volkslebens mit einer demokratischen Seinsweise zu durchströmen, so dass man sagen kann, in allem herrscht Demokratie.

Der Einsatz ist hoch: Die Unterdrückung dieses antistaatlichen Impulses, die Vermeidung der Reduktion, die Blockade der Blockade können die demokratische Instituierung des Gesellschaftlichen nur vollkommen zunichtemachen, ihre Logik außer Kraft setzen – und zwar sowohl hinsichtlich ihres ursprünglichen Antriebs als auch hinsichtlich ihrer Wirkungen. Wenn dies der Fall ist, wieso sollte man dann nicht einen anderen Begriff suchen und denjenigen, die weiterhin die Frage nach der wahren Demokratie stellen, den Namen *rebellierende Demokratie* vorschlagen? Weit über die Erinnerung an die Revolte der amerikanischen Siedler gegen England während des Unabhängigkeitskriegs hinaus besagt der Begriff klar, dass die Einführung der Demokratie der Auftakt zu einer Sterbeszene ist, deren »natürliches« und bevorzugtes Objekt der Staat ist, oder auch, dass die Demokratie der Schauplatz einer »permanenten Auflehnung« gegen den Staat, gegen die einigende, integrierende, organisierende Form Staat ist. Dieser Todeskampf entfaltet sich ausgehend von der Reduktion und ihrer Fortführung. Er ist umso mehr dazu ausersehen, anzudauern, als es in diesem Krieg möglich ist, dass die Reduktion missglückt und der Staat seinen Kampf gewinnt, so dass er die Demokratie neutralisiert und sie sich einverleibt, bis schließlich der »demokratische Staat« entsteht, der von der ursprünglichen Reduktion nur den Hang zum permanenten Protest bewahrt, als schwacher Abklatsch des ursprünglichen Impulses.

Im zeitgenössischen Denken, das fälschlicherweise die Demokratie mit der repräsentativen Regierung oder dem Rechtsstaat identifiziert, scheint uns nur Jacques Rancière den Impuls von Marx seinem Wesen wie auch seiner antistaatlichen Ausrichtung nach zu bewahren. Indem er dazu aufruft, zwei Logiken des menschlichen Zusammenseins zu unterscheiden, schlägt der Autor von *Das Unvernehmen* die Bezeichnung *Polizei* vor für »die Gesamtheit der Vorgänge, durch welche sich die Vereinigung und die Übereinstimmung der Gemeinschaften, die Organisation der Mächte, die Verteilung der Plätze und Funktionen und das System der Legitimierung dieser Verteilung vollziehen«.[3] Dieser Logik steht eine andere, störende

3 Jacques Rancière, *Das Unvernehmen. Politik und Philosophie*, Frankfurt/M.: Suhrkamp Verlag, 2002, S. 39.

Logik gegenüber, die sich auf die Gleichheit eines jeden mit einem jedem beruft. Auf dieser Seite findet sich die Demokratie als eine Seinsweise des Politischen: »Genauer, Demokratie ist der Name einer singulären Unterbrechung dieser Ordnung der Verteilung der Körper in der Gemeinschaft, für die ich vorgeschlagen habe, sie durch den erweiterten Begriff der Polizei begrifflich zu fassen. Sie ist der Name dessen, was das gute Funktionieren dieser Ordnung durch ein singuläres Dispositiv der Subjektivierung unterbricht.«[4] Der einzige Unterschied zu Marx wäre, dass die Ordnung der Polizei, so wie Rancière sie begreift, sich mehr auf die Regierung oder die Gouvernementalität bezieht als auf den Staat; auch ähnelt sie eher einer werkzeugartigen Maschinerie, um nicht zu sagen, einem »Ding«, das sich zur Beaufsichtigung eignet, als dem Staat als System, als einigendes Ganzes, der aufgrund dieser Tatsache mit einer unbestreitbaren symbolischen Dimension ausgestattet ist. Marx, der für die »Erhabenheit« des Staates beziehungsweise zumindest für seine Erhöhung empfänglich ist, möchte dessen Vermessenheit entgegentreten, indem er die Universalität, auf welcher der Staat errichtet zu sein vorgibt, als bloßes Lockmittel entlarvt. Dies nicht, um den Staat auf eine empirische Gesamtheit von Funktionen und Orten herabzuwürdigen, sondern um das wirkliche Volk dazu zu bewegen, sich diese Universalität, als deren Träger sich der Staat ausgibt, wieder anzueignen und so die Demokratie voranzubringen, bis sie ihre Wahrheit erreicht. Nichtsdestotrotz gibt es einen

4 Ebd., S. 108 f. Oder auch: »Die Politik hat kein *arkhé*. Sie ist streng genommen anarchisch. Darauf weist bereits der Name selbst der Demokratie hin. Wie Platon bemerkt hat, hat die Demokratie kein *arkhé*, kein Maß« (Jacques Rancière, *Aux bords du politique*, Paris: La Fabrique, 1998, S. 84).

Gegensatz, wenn auch die Begriffe, die ihn konstituieren, sich ein wenig unterscheiden. Gemäß Rancière richtet die Demokratie »polemische Gemeinschaften« ein, die »die Opposition zweier Logiken, der polizeilichen Logik der Verteilung der Plätze und der politischen Logik gleichheitlichen Zugs, ins Spiel bringen«.[5]

Zur rebellierenden Demokratie sind sogleich zwei Anmerkungen zu machen.

Zunächst stellt sich eine Frage: Gegen welchen Staat kämpft die Demokratie? Bei näherer Betrachtung kämpft die rebellierende Demokratie an zwei Fronten. Wie bei der Französischen Revolution, mit den *sociétés populaires* und den *Enragés*, erhebt sie sich gleichzeitig gegen den Staat des Ancien Régime und gegen den neuen Staat *in statu nascendi*, der neue Führer an die Macht bringt, die ihrerseits das Volk beherrschen wollen. Aber auch außerhalb der Revolution kennt jede politische Gemeinschaft in gewisser Weise eine analoge Situation; sie engagiert sich in einem Kampf gegen den Staat des Ancien Régime, mit seinen Altlasten, seinen Relikten, und in einem Kampf gegen den neuen Staat – der Neuerung ausgeliefert –, der sich im Zeichen der Reform, der Modernisierung oder der Rationalisierung bildet oder wiederherstellt. Man muss anerkennen, dass sich die rebellierende Demokratie paradoxerweise an einem Ort etabliert, der jeglicher Etablierung widerstreitet, dem Ort der Zäsur zwischen zwei staatlichen Formen, einer der Vergangenheit und einer der Zukunft. Dies belegen die wiederholten Volksaufstände nach der Revolution von 1830, die sich gleichzeitig gegen das Ancien Régime und gegen das neue richten, die »liberale«

---

5 Jacques Rancière, *Das Unvernehmen*, a. a. O., S. 110.

Monarchie, in den Händen »bedeutender Kapazitäten«, so als wollten sie jedes Mal die Zäsur der Juli-Tage wiederholen. Und genau weil sich die Demokratie in diesem Dazwischen einrichtet, vermag sie für das Handeln des Volkes einen Freiraum zu lassen. Genauer gesagt, konstituiert sich die rebellierende Demokratie gerade deshalb in einem Zweifrontenkampf, um dieses freie Handeln sicherzustellen. Ein Gegenbeispiel kann uns helfen, diese seltsame Situation besser zu verstehen. Was machte Trotzki in *Der neue Kurs* (1923), wo er die autoritäre Logik des Staates der anderen der Partei gegenüberstellte, wenn nicht den Weg zu einer anderen Logik zu verbauen, nämlich derjenigen der Demokratie im Krieg gegen den Staat, aber auch gegen die Partei als neuen Typus der Staatsbildung? Was im Großen gilt, findet sich auch auf mikrosoziologischer Ebene wieder. Eine der Logik der Rebellion verpflichtete Instituierung des Gesellschaftlichen muss permanent zwei Klippen umschiffen: auf der einen Seite – aufgrund der Bürden einer ererbten Tradition – den Rückfall, auf der anderen Seite den Einfluss einer künftigen, sich gerade herausbildenden Form. Fern von jeglichem Heilszustand arbeitet die Zäsur daran, sich für die Tat oder das Handeln des Volkes offenzuhalten. Die Zeitlichkeit einer solchen Demokratie ist nicht so sehr die der Gegenwart, der Koinzidenz mit sich selbst als vielmehr die der Diskordanz, die in dem Maße wiederholt und aufrechterhalten wird, in dem dieser Kampf gegen das Auftauchen der Staats-Form darauf abzielt, die Nicht-Identität des Volkes mit sich selbst zu bewahren beziehungsweise diese bewahrt. Eine aufreibende Zeitlichkeit, gewiss, und umso aufreibender, als sie eine systematische, auf den Konflikt bestehende Praxis erfordert, da jeder Konflikt die Möglichkeit bietet, die Zäsur zu erhalten beziehungsweise besser noch aufzufrischen. Dank dieser Zeit der Zäsur geschieht alles so, als ginge es darum, den klassischen Übergang von einer Utopie in eine neue *Topie*, den Gustav Landauer in *Die Revolution* beschrieben hat, zu unterbrechen und den Verbleib am Nirgend-Ort der Utopie zu bewerkstelligen, um für das Handeln des Volkes den größtmöglichen Horizont an Chancen zu eröffnen.

Zweite Anmerkung. Die rebellierende Demokratie ist keine Variante des radikaldemokratischen Projekts: der Bürger gegen die Obrigkeit, sondern eher einer Formel im Plural: die Bürger gegen den Staat. Die rebellierende Demokratie bezeichnet, um mit La Boétie zu sprechen, die Gemeinschaft *der Vielen* (*tous uns*) – was La Boétie schlicht Freundschaft nennt – gegenüber dem *Einen* (*tout Un*); und genauer, wenn man der dynamischen Dimension der politischen Sache Rechnung trägt, den Widerstand *der Vielen* gegen den *Einen*, so als hätte die Revolte unter anderem die Funktion, das der Gemeinschaft *der Vielen* stets drohende Abgleiten in die vereinheitlichende Form des *Einen*, das der Pluralität, der ontologischen Verfassung der Pluralität widerspricht, abzuwehren und aufzuhalten.

Verlangt dieser Versuch einer Definition nicht sogleich eine kritische Revision des Begriffs der Zivilgesellschaft, wie ihn die *doxa* gegenwärtig fasst? Man könnte sagen, dass der Grundcharakter dieses Ausdrucks darin besteht, das Politische in Klammern zu setzen. Der Begriff zielt darauf ab, ein gesellschaftliches Gebilde zu bezeichnen – ein Gebilde von Gruppen, Bindungen, Praktiken –, das in unterschiedlichen Bereichen – technisch, wissenschaftlich, industriell, kulturell, ideologisch – an der Reproduktion einer historisch gegebenen Gemeinschaft arbeitet und als solches angeblich das wahre Fundament darstellt, auf dem die Staaten heute beruhen. Dies sei der Ort, wo »es sich abspielt«, so als hätte die Zivilgesellschaft ein Monopol auf Verlässlichkeit und Effizienz. Ihr würde die Aufgabe zukommen, jenseits der Wechselfälle des Politischen den Fortbestand der historischen Gemeinschaft zu sichern. Früher oder später würde es nicht genügen, dass die Zivilgesellschaft und diejenigen, die sie für sich in Anspruch nehmen, das Politische in Klammern setzen; vielmehr würde es darum gehen, sich davon abzuwenden, dagegen zu opponieren, um sich im Falle eines Falles, sofern eine nachweisliche Unzulänglichkeit des Politischen vorliegt, an dessen Stelle zu setzen. Das Projekt scheint in der Lage, sich zu realisieren, da die Zivilgesellschaft, die mit Exzellenz arbeitet, spontan »Eliten« produzieren könnte, welche die Politiker ablösen könnten, die umso verdächtiger sind, als sie nun behaupten, einen Beruf auszuüben, der ein gewisses Fachwissen erfordert. Die Reduktion der Politik auf die Regierung, das heißt auf die Führung der politischen Gemeinschaft im Stil eines Unternehmens, vergrößert nur die vermeintliche Legitimität der »Repräsentanten der Zivilgesellschaft«. Der Begriff der Zivilgesellschaft, der sich implizit aus einer konfusen Mischung aus einem aus dem Osten kommenden Anti-Totalitarismus, einem Anti-Etatismus und einem schlecht verstandenen Liberalismus zusammensetzt, ist letzten Endes eine antipolitische Maschine, die sich mehr oder weniger aus dem Glauben speist, dass die Politik notwendig mit dem Bösen zu tun hat. Deshalb ist es nicht verboten, sich zu fragen, ob das Heraufbeschwören der Zivilgesellschaft in unseren von Beherrschung und Ausbeutung gekennzeichneten Gesellschaften nicht die Rolle eines Trugbildes von Freiheit spielt.

Ist es angesichts dieser Sachlage nicht angebracht, die Zivilgesellschaft zu repolitisieren?[6] Eine komplexe Operation, die eine Reihe von kritischen Interventionen verlangt. In einem ersten Schritt beinhaltet die Repolitisierung der Zivilgesellschaft zwar nicht, den Begriff wie im 17. und 18. Jahrhundert zu verwenden, doch muss man sich diesen zumindest in Erinnerung rufen. Im England des 17. Jahrhunderts ist der Begriff synonym mit *political society*. John Locke überschreibt Kapitel VII der *Zweiten Abhandlung über die Regierung* mit »*Of political or civil society*«. Später bezeichnet Rousseau in bestimmten Texten, vor allem im *Diskurs über die Ungleichheit*, die politische Gesellschaft mit dem Ausdruck »*société civile*«. Ebenso schreibt Diderot in der *Enzyklopädie*:

Die Zivilgesellschaft [société civile] erstreckt sich auf den politischen Körper, den die Menschen derselben Nation, desselben Staates, derselben Stadt oder eines anderen Ortes zusammen bilden, sowie auf die politischen Bande, die die einen mit den anderen verbinden; sie bezeichnet das Reich der weltlichen Beziehungen, die die Menschen miteinander unterhalten als Untertanen eines Fürsten, als Bürger derselben Stadt und als Subjekte, die denselben Gesetzen unterliegen und an denselben Rechten und Privilegien teilhaben, die all jenen gemeinsam sind, die ebendiese Gesellschaft bilden.

Bei Kant bewahrt der Begriff der bürgerlichen Gesellschaft[7] in der *Kritik der Urteilskraft* seine politische Be-

---

6 Selbst wenn es hier um ein anderes Problem geht, muss man auf den Text von Nicole Loraux Bezug nehmen: »Repolitiser la cité«, in: *La Cité divisée*, Paris: Payot, 1977, S. 41-58.

7 Im deutschen Sprachraum wird mit Beginn des 18. Jahrhunderts anstatt des Begriffs der Zivilgesellschaft der Begriff der bürgerlichen Gesellschaft verwendet (Anm. der Übersetzerin).

deutung, insofern er ein Ganzes unter der Herrschaft einer legalen Macht bezeichnet. In anderen Texten fordert Kant nachdrücklich dazu auf, zwischen der bürgerlichen Gesellschaft in juristischem und in ethischem Sinne zu unterscheiden, da ansonsten die Organisation des Staates zu zerfallen droht.

Mit Hegel, einem aufmerksamen Leser der englischen Ökonomen, erfährt der Begriff der bürgerlichen Gesellschaft eine bedeutende Verschiebung vom Politischen zum Ökonomischen, selbst wenn er noch einen politischen Charakter bewahrt. Die staatsbürgerliche Gesellschaft wird zu einer wirtschaftsbürgerlichen Gesellschaft, einem System der Bedürfnisse, das sich auf eine antagonistische Struktur stützt, die bis zu einem gewissen Punkt dem Krieg aller gegen alle nahekommt. Sicher versuchen Vermittlungsorgane diese Konflikte einzudämmen, aber nur auf der Ebene des Staates und dank dem Staat können die Konflikte der bürgerlichen Gesellschaft überwunden werden, so dass sich der Staat als organisches Ganzes erweist. Die hegelsche Verschiebung hat einen doppelten Effekt: Indem sich die bürgerliche Gesellschaft ökonomisiert, kommt es gemäß Hegels Auffassung vom Staat nun einerseits der Politik zu, der Ökonomie ihre Normen und Grundsätze aufzuerlegen, und nicht umgekehrt; andererseits historisiert er den Begriff der bürgerlichen Gesellschaft. Mit der hegelschen Philosophie »gelangt der abstrakte Begriff der Zivilgesellschaft zu seiner Wahrheit: die Zivilgesellschaft ist bürgerlich«.[8] Die bürgerliche Gesellschaft kann nicht ihr eigener Zweck sein. Von inneren Widersprüchen zerrissen, kann sie weder zur Freiheit

8 Georg Wilhelm Friedrich Hegel, *La Société civile bourgeoise*, Présentation et traduction de J.-P. Lefebvre, Paris: François Maspero, 1975, S. 54-56, Fn. 3.

noch zur Einheit gelangen. Der Gegensatz von Arm und Reich ist der erste Antagonismus, der sie teilt. In den *Grundlinien der Philosophie des Rechts* schreibt Hegel in § 243: »[...] vermehrt sich die Anhäufung der Reichtümer [...] auf der einen Seite, wie auf der andern Seite die Vereinzelung und Beschränktheit der besonderen Arbeit und damit die Abhängigkeit und Not der an diese Arbeit gebundenen Klasse [...].« Und in § 245 heißt es: »Es kommt hierin zum Vorschein, daß bei dem Übermaße des Reichtums die bürgerliche Gesellschaft nicht reich genug ist, das heißt an dem ihr eigentümlichen Vermögen nicht genug besitzt, dem Übermaße der Armut und der Erzeugung des Pöbels zu steuern.«

Die Zivilgesellschaft zu repolitisieren besagt somit nicht, schlicht und einfach zu den politischen Theoretikern des 17. und 18. Jahrhunderts zurückzukehren, hinter Hegel zurückzugehen. Die Sache ist komplexer und schwieriger. Gegen die Reduzierung der Gesellschaft auf das Ökonomische ist eine notwendige Anerkennung der Bedeutung des Politischen geboten; wobei aber sogleich zwei weitere Forderungen zu ergänzen sind. Zum einen kann die Rückkehr zu der Synonymie von Zivilgesellschaft und politischer Gesellschaft nicht bedeuten, dass man, wie die vorhegelschen Theoretiker, eine gleiche Synonymie von politischer Gesellschaft und Staat proklamiert. Denn hat der Riss, der sich mit Hegel zwischen der bürgerlichen Gesellschaft und dem Staat vollzieht, nicht in der Tat einen anderen möglichen Riss ans Licht gebracht, der insofern unbemerkt blieb, als der hegelsche Etatismus ihn spontan kaschiert hat, nämlich den Riss zwischen der politischen Gemeinschaft und dem Staat? Hier könnte eine kritische Arbeit zeigen, in welchem Umfang der hegelsche Begriff der bürgerlichen Gesellschaft trotz der Verschiebung zum Ökonomischen hin eine politische Dimension bewahrt hat, die er zwar auslöschen wollte, jedoch nicht vollkommen zu beseitigen vermochte. Auch wenn der Staat eine mögliche Form der politischen Gemeinschaft ist, so ist er doch nicht deren notwendige Form. Man muss anerkennen, dass es andere politische Gemeinschaften als den Staat gegeben hat, gibt und geben kann, das heißt, dass sie ihre Erfüllung und Vollendung nicht im Staat finden: nichtstaatliche, um nicht zu sagen antistaatliche politische Gemeinschaften. Formen politischer Gemeinschaften, die gegen den Staat entstehen, gegen das Aufkommen einer gesonderten Macht, sind tatsächlich durchaus vorstellbar. Ist nicht eine der Lehren der neuen politischen Anthropologie, der im Zuge des Studiums der Gesellschaften von »Wilden« vollzogenen kopernikanischen Revolution von Pierre Clastres, nicht die Gesellschaft ohne Staat, sondern die Gesellschaft gegen den Staat?[9] Ist das nicht das, was Rousseau im Blick hatte, als er dazu aufrief, zwischen dem »Volkskörper« und dem »Staatskörper« zu unterscheiden, und ist es nicht ganz genau dieser Volkskörper, der sich in seinem Widerstand gegen den Staat zeigt, indem er gegen ihn kämpft, um sich das politische Handeln wiederanzueignen, so wie es sich in der Zäsur zwischen zwei Staatsformen entfaltet? Ist es nicht diese Form der Affirmation des Politischen, die sich in jede moderne Revolution einschreibt, um die »politische Kapazität« des Volkes, die politische Kapazität *der Vielen*, im Akt des Handelns selbst zum Ausdruck zu bringen? Ist das nicht das, worum es in der Auseinandersetzung zwischen den unterschiedlichen revolutionären Positionen

9 Pierre Clastres, *La societé contre l'État*, Paris: Les Éditions de Minuit, 1974; dt.: *Staatsfeinde. Studien zur politischen Anthropologie*, Frankfurt/M.: Suhrkamp Verlag, 1976, Kap. 1, »Kopernikus und die Wilden«.

geht, indem die eine, jakobinische, eine Übernahme des Staates fordert und die andere, die kommunalistische oder die der Räte, danach strebt, den Staat zu zerschlagen, um einer antistaatlichen politischen Gemeinschaft freien Lauf zu lassen, was beispielsweise Marx in Bezug auf die Pariser Kommune mit dem mysteriösen Begriff der »Kommunalverfassung« bezeichnete?

Diese Bejahung einer nichtstaatlichen politischen Gemeinschaft führt in einen Zweifrontenkrieg. Wenn es evident ist, dass sie gegen die Identifikation des Politischen mit dem Staat kämpft, die der Hegelianismus in der Form umsetzt, dass der Staat jegliche mögliche Politik umfasst, lehnt sie darum einen »grobschlächtigen« Anarchismus nicht weniger stark ab, etwa den Martin Bubers in *Der utopische Sozialismus*, der sich damit begnügt, Hegel umzukehren, indem er das Soziale gegen das Politische ausspielt, um zu dem Schluss zu kommen, dass die Renaissance des sozialen Gefüges, die Einführung des Sozialen, zugleich das Ende, das Verschwinden des Politischen mit sich bringen muss, das ohne Weiteres mit der staatlichen Herrschaft gleichgesetzt wird. Die Zivilgesellschaft zu repolitisieren heißt somit, die Möglichkeit einer politischen Gemeinschaft außerhalb des Staates und gegen ihn zu entdecken. Im Lichte dieser Möglichkeit versteht man besser, was die Einklammerung des Politischen bedeutet, die Entpolitisierung, die die gegenwärtige Neutralisierung der Zivilgesellschaft betreibt, die quasi als Vorraum zu einer konsensualistischen Gouvernanz fungiert. Geht es mittels dieser Neutralisierung nicht darum, das »Schreckgespenst« einer nichtstaatlichen oder besser antistaatlichen politischen Gemeinschaft zu bannen?

Auf der anderen Seite steht es bei dieser Arbeit an einer Repolitisierung der Zivilgesellschaft nicht zur Debatte, hinter Hegel zurückgehen, da wir ihm die Aufdeckung von Gegensätzen verdanken, die die Zivilgesellschaft zerreißen, wobei der Hauptgegensatz der von Arm und Reich ist. Wenn die Repolitisierung der Zivilgesellschaft dazu führt, die Existenz einer politischen Gemeinschaft zu befördern, die imstande ist, sich gegen den Staat zu erheben, kann diese evidentermaßen nicht nach dem Modell des Staates, eines organischen Ganzen, einer vereinheitlichten und versöhnten politischen Gesellschaft, konzipiert werden. Man muss sie eher als gespalten denken, sei es, indem man wieder an die machiavellische Tradition anknüpft, die um den – in jedem menschlichen Gemeinwesen – herrschenden Widerstreit zwischen den Großen und dem Volk weiß, sei es, indem man diese politische Gemeinschaft als Antwort auf die polemische Frage nach der Gleichheit begreift.

Bedeutet die Entscheidung, die Zivilgesellschaft zu repolitisieren, das heißt ihr ihre politische Bedeutung zurückzugeben, nicht – sofern man die von uns vorgeschlagene Lektüre akzeptiert –, Marx' Geste von *Zur Kritik der Hegelschen Rechtsphilosophie* zu wiederholen? Demnach wäre der Gegenstand von Marx 1843 nicht, wie er viel später 1859 behaupten wird, erkenntnistheoretisch – die Bestimmung des Ortes und des Status des Politischen in der gesellschaftlichen Totalität, als Baustein für eine kritische Theorie –, sondern politisch und philosophisch zugleich. Die Frage wäre, eine bürokratische Denkweise durch eine demokratische Denkweise zu ersetzen, überdies unter dem Einfluss der hegelschen Logik. Für Marx würde es nicht so sehr darum gehen, im Anschluss an die Engländer und Hegel, die bürgerliche Gesellschaft als die

Gesamtheit von Bedingungen des materiellen Lebens zu definieren und deren Anatomie in der politischen Ökonomie zu erforschen, sondern darum, ein ursprüngliches Subjekt zu suchen, von dem aus sich sowohl die Familie als auch die bürgerliche Gesellschaft entwickeln – den ganzen *Demos*. Es ist »vom wirklichen Subjekt auszugehn und seine Objektivation zu betrachten«, erklärt Marx.[10] In dieser Suche nach dem wirklichen Subjekt zeigt sich die wahre Demokratie als Form der politischen Verobjektivierung, als politische Gemeinschaft, die mit dem Untergang des politischen Staates als Organisationsform einhergeht. Betrachtet Marx die bürgerliche Gesellschaft nicht genau, um der hegelschen Verschiebung zu entkommen, weder in ihrer Materialität noch in ihrer Faktizität, sondern in ihrem Aus-sich-Heraustreten, in dem, was er ihre »Ekstase« nennt, so als käme in dieser Bewegung – in Form der wahren Demokratie – die politische Gemeinschaft zum Vorschein, deren Trägerin die bürgerliche Gesellschaft ist, wenn sie dank des politischen Aktes aus sich heraustritt?

Dies sind die großen Linien, die es erlauben, die Konturen dessen zu zeichnen, was man unter einer rebellierenden Demokratie zu verstehen hat. Wenn man sich eines rousseauistischen Vokabulars bedient, kann man die rebellierende Demokratie als Aufstand des Volkskörpers gegen den Staatskörper definieren, mit anderen Worten als Ausdruck des politischen Zusammenhangs, der vom wirklichen Subjekt, dem »ganzen *Demos*«, ausgeht. Doch sollte man dies genauer fassen, indem man von Marx und

10 Karl Marx, *Zur Kritik der Hegelschen Rechtsphilosophie*, in: Karl Marx und Friedrich Engels, *Werke* (= MEW), herausgegeben vom Institut für Marxismus-Leninismus beim ZK der SED, Berlin: Dietz Verlag, 1978, Bd. 1, S. 224.

von diesem Begriff weggeht und *den Vielen* (*οἱ πολλοί*) den Vorzug gibt, da der Volkskörper nicht als ein substanzieller Organismus zu begreifen ist, der in sich abgeschlossen ist, sondern als ein zersplitterter, gespaltener, in die nie endende Suche nach einer problematischen Identität verwickelter Körper. Es ist tatsächlich die Zerreißprobe vielfältiger Konflikte, über die sich die politische Gemeinschaft mit dem Ziel konstituiert, die demokratische Universalität dank der Reduktion in alle Bereiche zu tragen – als eine Erfahrung der Freiheit, die sich in der Ablehnung der Herrschaft, in der Nicht-Herrschaft zeigt.

Drei Merkmale können der rebellierenden Demokratie zugeordnet werden:

– Die rebellierende Demokratie ist keine Spielart der streitbaren Demokratie, sondern deren exaktes Gegenteil. Während die streitbare Demokratie den Konflikt innerhalb des Staates austrägt, des demokratischen Staates, der sich schon von seinem Namen her als Vermeidung eines ursprünglichen Konfliktes präsentiert und gleichzeitig die Konflikthaftigkeit in einen permanenten Kompromiss umzubiegen versucht, siedelt die rebellierende Demokratie den Konflikt an einem anderen Ort an, außerhalb des Staates, gegen ihn, und weit davon entfernt, die Vermeidung des Hauptkonflikts zu praktizieren – die Demokratie gegen den Staat –, schreckt sie, wenn nötig, vor dem Bruch nicht zurück. Die rebellierende Demokratie wird aus dem Gefühl geboren, dass es keine wahre Demokratie geben kann, ohne den tiefgreifenden Reflex der Demokratie gegen jede Form von *arché* zu reaktivieren, einen anarchischen Reflex, der sich vorrangig gegen die klassische Ausdrucksform der *arché* – zugleich Anfang und Gebot – richtet, nämlich den Staat. In diesem Sinne ist die Rebellion die lebendige Quelle der wahren Demokratie, ebenso wie gemäß Machiavelli der permanente Kampf zwischen Volk und Senat, die Volksaufstände die Quelle der römischen Freiheit waren.

- Die Rebellion korrespondiert mit der Zeit der Zäsur zwischen zwei Staatsformen; das heißt, man muss anerkennen, dass die Demokratie, die sich von ihr inspirieren lässt, daran arbeitet, diese Zeit der Zäsur zu bewahren, um so das Handeln im arendtschen Verständnis des Begriffs lebendig zu erhalten und es vor seiner laufenden Transformation zu schützen. Die rebellierende Demokratie ist ein beständiger Kampf für das Handeln gegen das Herstellen.
- Die Besonderheit der rebellierenden Demokratie besteht darin, die Fragen deutlich anders zu stellen. Anstatt die Emanzipation als Sieg des Sozialen (einer versöhnten Zivilgesellschaft) über das Politische zu betrachten und gleichzeitig das Verschwinden des Politischen herbeizuführen, lässt diese Form der Demokratie eine politische Gemeinschaft gegen den Staat entstehen beziehungsweise arbeitet ständig an deren Verwirklichung. An die Stelle des Gegensatzes von Sozialem und Politischem setzt sie den von Politischem und Staatlichem. Indem sie den Staat entthront, hetzt sie das Politische gegen den Staat auf und lässt die nur allzu oft verschleierte Kluft zwischen dem Politischen und dem Staat wieder aufklaffen.

Der Staat ist nicht das letzte Wort des Politischen, seine Erfüllung. Ganz im Gegenteil ist er nur die systematische und zerstörerische Form der *Vielen* im Namen des Einen.

Vorwort

Seit einiger Zeit scheint sich die Tendenz, Marx als »alten Hut« zu betrachten, abzuschwächen. Die Rückkehr zu Marx, oder von Marx, kündigt sich an und ist hier und da ganz offensichtlich mit unterschiedlichen Absichten verbunden. Ist die Zeit des Abgesangs vorbei, beginnt nun die Zeit der »Erklärung mit«?

Nun, es gibt eine Vielzahl unterschiedlicher Arten der Rückkehr. Aber anstatt sie nach ihrem Gegenstand zu unterscheiden, ist es besser, den Schnitt gleich zwischen denjenigen anzusetzen, die auf der Seite des Marxismus stehen – oder eines gegebenen Marxismus –, und denjenigen, die eine Position einnehmen, die diesem entschieden fern- beziehungsweise entgegensteht; zwischen denjenigen, die aus Marx weiterhin den Stifter von Bewegungen, Parteien, Staaten machen, und denjenigen, die dieser Art der Verwendung den Rücken kehren und bereit sind, ihn in seiner Singularität und Alleinigkeit zu rezipieren.

Marx hatte die Gewohnheit, zu erklären: »Alles, was ich weiß, ist, dass ich kein Marxist bin.« Man würde einen großen Fehler begehen, wenn man darin nur einen provokativen Scherz desjenigen sehen würde, den man fälschlicherweise zu einem Gründungsvater erhebt. Marx hat den »utopischen Substitutionalismus« – ein Utopist erhebt den Anspruch, an die Stelle einer sozialen Bewegung zu treten – zur Genüge gerügt und angegriffen, um sich nicht auch gegen den »theoretischen Substitutionalismus« zu wehren, der darin besteht, den Familiennamen eines »großen Theoretikers« gegen die anonyme Emanzipation, die Emanzipation der beherrschten Klasse, auszutauschen. Wäre der Marxismus in diesem Sinne nicht die Verkehrung des marxschen Denkens, das dem Projekt einer Arbeiterunion von Flora Tristan näher war als den parteibezogenen oder staatlichen Übersetzungen derer, die sich als seine Schüler bezeichnen? So gesehen, hat der Zusammenbruch der marxistischen Regime, die sich missbräuchlich als sozialistisch ausgaben, unter anderen positiven Effekten den, uns Marx »zurückzugeben«, einen Marx, der von ideologischen Konkretionen, die zwischen ihm und uns eine wahre Mauer errichtet haben, befreit ist. Doch streng genommen, hat diese Form der Rückkehr zu Marx oder vielmehr die Wiederentdeckung von Marx jenseits des Marxismus diesen Zusammenbruch nicht abgewartet. So haben Maximilien Rubel und Michel Henry auf ihre je eigene Weise Wege eröffnet, um uns die Stimme von Marx wieder zu Gehör zu bringen.

Im Falle von Michel Henry eine philosophische Stimme; sein Urteil könnte kaum klarer sein: »Der Marxismus ist die Gesamtheit der Verzerrungen, die man Marx angedeihen ließ.«[11] Eine lange währende Verkennung, die dadurch begünstigt wurde, dass das philosophische Werk von Marx lange Zeit unbekannt war, denn, wie Michel Henry immer wieder betont, das Unglaubliche ist, dass der Marxismus sich ohne eine Bezugnahme auf das philosophische Denken von Marx konstituiert und definiert hat, in völliger Unkenntnis dessen. Tatsächlich wurden die philosophischen Hauptwerke von Marx erst in den 20er Jahren des 20. Jahrhunderts von Riazanov entdeckt. Ausgehend von dieser Feststellung schlägt Michel Henry eine revolutionäre Lektüre von Marx vor, die zum einen

---

11 Michel Henry, Marx, I: *Une philosophie de la réalité*, Paris: Gallimard, 1976, S. 9.

behauptet, dass die historisch-politischen Texte von Letzterem auf Begriffen aufbauen, die nicht grundlegend sind, zum anderen, dass die wesentlichen Begriffe des Marxismus in keiner Weise die für Marx grundlegenden sind, da sie für ihn weder Realitäten noch Erklärungsprinzipien darstellen. So wird uns der Weg zu einer Philosophie von Marx eröffnet, die auf der Suche nach einer Realität ist, die sowohl durch Hegel als auch durch Feuerbach verlorenging und die nichts anderes wäre als die Praxis, das heißt das reine Handeln als solches.

Im Falle Maximilien Rubels handelt es sich um eine unmittelbarere politische Stimme. Er weist den geringsten Versuch, Marx mit dem Marxismus zu identifizieren, so vehement zurück, dass er Marx geradezu zu einem Kritiker des Marxismus macht. Ist der Autor des *Kapitals* erst einmal vom Mythos des Gründervaters des Marxismus befreit, vom Mythos der Oktoberrevolution, das heißt von der Transformation seines kritischen Denkens in eine Partei- und Staatsideologie, dann wird er wieder zu dem, was er nie aufgehört hat zu sein: der Denker der Emanzipation der Arbeiter, der auf das zweifache ethische Gebot der Utopie und der Revolution antwortet.[12]

Wenn man die restaurative Form betrachtet, die das Wiederaufleben der politischen Philosophie in Frankreich annimmt, kann man sicher befürchten, dass diese Rückkehr zu Marx abseits des Marxismus auf eine Neutralisierung seines Denkens hinausläuft, auf seine Aufnahme in den akademischen Korpus, nunmehr abgeschnitten von der grundlegenden Verknüpfung mit der Revolte und dem Messianismus. So lautet jedenfalls eine berechtigte

---

12 Maximilien Rubel, *Marx critique du marxisme*, Paris: Payot, 1974.

Furcht Jacques Derridas.[13] Aber diese Neutralisierung ist nicht zwangsläufig, denn die Rückkehr zu Marx formuliert aufs Neue die Frage und den Imperativ der Emanzipation.

Das ist auch die Form der Rückkehr, die eigentlich eher eine Reaktivierung denn eine Rückkehr darstellt, die der vorliegende Essay verfolgt. Wir wenden uns in erster Linie einem herausragenden Text von Marx zu, der lange nach der Entstehung des Marxismus publiziert wurde, dem Manuskript *Zur Kritik der Hegelschen Rechtsphilosophie*, das wahrscheinlich im Sommer 1843 entstanden ist und 1927 von Riazanov veröffentlicht wurde. Marx unternimmt hier quasi Zeile für Zeile eine Kritik der Rechtsphilosophie Hegels, genauer gesagt des Dritten Abschnitts des Dritten Teils, §§ 261-313, der sich mit dem Staat befasst. Dabei geht es uns weniger darum, eine neue Interpretation des Gesamttextes vorzulegen, als vielmehr darum, eine Antwort auf zwei essenzielle Fragen zu finden: 1. Welchen Status erkennt Marx in diesem Text, in dem er in Absetzung von der hegelschen Logik die Eigenlogik des Politischen freizulegen versucht, dem Politischen zu? 2. Welche Form von politischer Gesellschaft verbindet Marx mit der »wahren Demokratie«, deren Einführung für ihn mit dem Untergang des Staates einhergeht? So als würde sich die wahre Demokratie das mit der Französischen Revolution aufgekommene Rätsel wieder aufladen und es auf seinen Höhepunkt treiben.

Es besteht eine Diskrepanz zwischen Marx und dem Marxismus, könnten wir noch immer sagen. Denn wir haben im Zuge einer Analyse des gegenwärtigen machi-

---

13 Jacques Derrida, *Marx' Gespenster. Der Staat der Schuld, die Trauerarbeit und die neue Internationale*, Frankfurt/M.: Fischer Taschenbuch Verlag, 1996, S. 58f.

avellischen Moments, dessen Aufkommen man als eine Kritik am Marxismus betrachten kann, die das Ziel verfolgt, das – sei es im Rahmen einer Geschichtsphilosophie, sei es im Rahmen eines Unternehmens der Verwissenschaftlichung – verlorengegangene Politische wiederzuentdecken, bemerkt, dass es schon bei Marx ein erstes machiavellistisches Moment gab. Ein Moment, das dem Abenteuer der junghegelianischen Bewegung, die eine der Quellen der politischen Moderne – oder eines ihrer Laboratorien – ist, nicht fremd war; denn diese Bewegung hat in nur wenigen Jahren einen radikalen politischen Liberalismus (Ruge, Marx), den Sozialismus und den Kommunismus (Moses Hess, Engels, Marx), den Anarchismus (Bakunin, Stirner?) und den Zionismus (Moses Hess) hervorgebracht.

Genauer gesagt, geht es hier nicht darum, Marx noch einmal im Licht einer externen Referenz zu lesen, sondern darum, eine interne Lektüre vorzuschlagen, eine Reaktivierung seiner Begriffe und Einsichten, die – berücksichtigt man die Verbindung mit Machiavelli und Spinoza – eine nachdrückliche Frage nach dem Politischen und einen praktischen Willen erkennen lassen, die *res publica* vom Theologisch-Politischen sowie von feudalen Überresten zu befreien.

Kurz, was passiert mit diesem Text, in dem das Denken des Politischen und das Denken der Demokratie so eng miteinander verknüpft erscheinen, wenn er mit so bedachten Kritikern konfrontiert wird wie Hannah Arendt, Claude Lefort und T. W. Adorno, die gegenüber Marx in demselben Sinne respektvoll waren, in dem Benjamin Constant Rousseau respektierte, auch wenn er ihn kritisierte? Ist es wahr, dass Marx, *brevitatis causa*, versucht hat, das Politische mit dem Sozialen zu überdecken, dass er das Politische aus dem Ökonomischen abgeleitet hat oder dass er sich in einen Quietismus geflüchtet hat, sobald es um das Ende der Herrschaft ging? In der *Negativen Dialektik* schreibt Adorno: »Ökonomie habe den Primat vor der Herrschaft, die nicht anders denn ökonomisch abgeleitet werden dürfe. [...] Er [Engels] und Marx wollten die Revolution als eine der wirtschaftlichen Verhältnisse in der Gesellschaft als ganzer, [...], nicht als Änderung der Spielregeln von Herrschaft, ihrer politischen Form.«[14] Doch ist die wahre Demokratie nicht eher in den Begriffen von Unruhe und Infragestellung zu denken?

Demokratie gegen den Staat? Dieser Titel ist in einem wörtlichen Sinne bewusst paradoxal. Zunächst bricht er mit der *doxa* der Anhänger der Demokratie, für die Demokratie und Staat eine Einheit, ein Herz und eine Seele sind. Sie identifizieren das eine dermaßen mit dem anderen, dass sie, wie es scheint, ohne Probleme den Ausdruck »der demokratische Staat« prägen. Die Allianz dieser beiden Begriffe, die sich von selbst zu verstehen scheint, versteht sich jedoch keineswegs von selbst. Weshalb sollte zwingend eine vorgängige Übereinstimmung zwischen Staat und Demokratie bestehen, wenn Letztere mit der griechischen Stadt entstanden ist? So hat der Staat in seiner Souveränität den Umständen und den Eingebungen seiner Führer entsprechend die Wahl, entweder auf demokratische oder auf autoritäre Formen der Machtausübung zurückzugreifen.

Aber reduziert sich die Demokratie auf Formen der Machtausübung des Staates, gewissermaßen auf eine

14 T. W. Adorno, *Negative Dialektik*, Frankfurt/M.: Suhrkamp Verlag, [3]1982, S. 315 f.

Form des Regierens? Kann man die Demokratie so sehen? Wenn das nicht der Fall ist, wenn die Demokratie eine bestimmte politische Instituierung des Gesellschaftlichen ist, tauchen dann nicht sogleich Konflikte, Spannungen, ja sogar ein Gegensatz zwischen Demokratie und Staat auf?

Drehen wir die Begriffe um und rollen die Frage von der Demokratie her und nicht mehr vom Staat her auf. Kann man sich ohne Weiteres den Ausdruck »staatliche Demokratie« vorstellen? Der Gegensatz zwischen einer politischen Demokratie und einer »gesellschaftlichen Demokratie« ist leicht nachzuvollziehen, ja sogar der Pleonasmus einer Volksdemokratie, der eine grausame Verhöhnung erfuhr, ist zu verstehen, aber eine »staatliche Demokratie« ist unvorstellbar. So als würde sich in diesem Widerstand in der Sprache ein tiefgreifender, untergründiger, impliziter Gegensatz zwischen Demokratie und Staat offenbaren, als würde diese Erfahrung deutlich machen, dass der Staat sicher nicht die beste Ausdrucksform der Demokratie ist. Unsere Gesellschaft verfügt über einen seltsamen Mechanismus, der an Rechtsausschluss grenzt: Wenn eine Situation Probleme bereitet, wird sie sofort in einen unüberschreitbaren Horizont oder, schlimmer, in ein unüberwindbares Hindernis verwandelt. Daher die Praktik, die Durchbrüche, die das Unüberschreitbare ins Wanken bringen, vergessen zu machen und zu begraben. So auch hinsichtlich des Staates. Wer spricht noch über die gute Nachricht, die Pierre Clastres unter dem Titel *La société contre l'État* verkündet hat?

Demokratie gegen den Staat, dieser Titel richtet sich zweitens gegen die *doxa* der Gegner der Demokratie – gegen das, was sie »Demokratismus« nennen. Auch sie identifizieren, ohne weiter darüber nachzudenken, die Demokratie mit dem Staat. Indem sie den Staat ablehnen, verwerfen sie gleichzeitig auch die Demokratie. Sie versteifen sich umso leichter auf deren Ablehnung, als sie zwischen beiden keinerlei Diskrepanz sehen und überhaupt nicht in Betracht ziehen, dass sich die Demokratie von ihrer ursprünglichen Ausrichtung her spontan gegen den Staat richten kann. Eines der großen Verdienste des marxschen Manuskripts von 1843 ist so die Einladung, die Demokratie auf der Grundlage der Trümmer des Staates zu denken. Er schlägt damit eine Bresche, die man weiterverfolgen muss, um einen Zugang zu dieser eigentümlichen Erfahrung des Politischen zu gewinnen und das Rätsel der wahren Demokratie zu lösen.

Wenn Marx auch sein ganzes Leben lang von Gespenstern getrieben wurde, so hat er doch – wie viele seiner Zeitgenossen, die für Emanzipation gekämpft haben – nie aufgehört, nach einer Lösung der Rätsel zu suchen. War es nicht Moses Hess, ein Mitarbeiter von Marx bei der *Rheinischen Zeitung*, der in einem Artikel vom 19. April 1842 den rätselbehafteten Horizont des 19. Jahrhunderts auf den Punkt gebracht hat:

> Die französische Revolution hat der Neuzeit ein Räthsel zu lösen gegeben. *Freiheit* und *Gleichheit* will ich, sagte diese Weltrevolution [...]. Aber das Räthsel war nicht so leicht zu lösen, als man anfangs glaubte. Die erste, ursprüngliche, naturwüchsige, rohe Form der Freiheit und Gleichheit – der Sansculottismus – hatte bald ausgelebt; das Kaiserreich war die Krankheit, die aus ihr entstand, die Restauration ihr Grab. Nun aber begann die eigentliche *Geschichte* des Räthsels oder vielmehr seiner Lösung. Die Julimonarchie – was ist sie anders, als der erste vernünftige, *geistige* Versuch zur Realisierung der Freiheit und Gleichheit? [...] Aber sieht man, welche Metamorphosen seit 1830 in der französischen, englischen und deutschen *Nation* stattgefun-

den haben, so darf man sich schon der Hoffnung hingeben, daß das Räthsel einen Schritt vorwärts nach seiner Lösung hin gethan.[15]

Der Unterschied zwischen dem 19. und dem 20. Jahrhundert ist, dass ersteres glaubte, die Lösung zu besitzen oder besitzen zu können, während letzteres sich in dem Bewusstsein, dass die Geschichte und die Politik eine ewige, unabschließbare Aufgabe darstellen, im Rätsel einrichtete.

15 »Das Räthsel des 19. Jahrhunderts«, in: Moses Hess, *Philosophische und sozialistische Schriften, 1837-1850*, hg. v. Auguste Cornu und Wolfgang Mönke, Berlin: Akademie-Verlag, 1961, S. 175.

Einleitung

I

Die moderne Demokratie ist denjenigen, die sie zu denken versucht haben, sofort als ein Rätsel oder als eine Verkettung von Paradoxa erschienen. Das gilt für Tocqueville wie für Marx.

Der Autor von *Über die Demokratie in Amerika* (1835) interpretiert die demokratische Revolution so als »ein Werk der Vorsehung«, das »sich täglich der Macht der Menschen entzieht«.[16] Trotz seines Verlangens nach Klarheit gesteht Tocqueville, dass er angesichts dieser »unaufhaltsamen Umwälzung« eine »Art religiösen Erschauerns« empfindet.[17] Als Illustration der Demokratie selbst repräsentieren die Vereinigten Staaten »das Schlüsselwort des großen sozialen Rätsels«, das die moderne Welt aufwühlt.[18] Zielt Tocquevilles Ruf nach Schaffung einer neuen politischen Wissenschaft nicht eher darauf ab, die »wilden Instinkte« der Demokratie zu bändigen und zu korrigieren, um diese Revolution brauchbar zu machen, sie der Zivilisation zu unterwerfen, als darauf, ihr die Möglichkeit zu geben, sich frei, anarchisch gegen diese zu richten?[19] Die Alternative besteht nunmehr gemäß

16 Alexis de Tocqueville, *Über die Demokratie in Amerika*. Aufgrund der französischen historisch-kritischen Ausgabe herausgegeben von Jacob P. Mayer in Gemeinschaft mit Theodor Eschenburg und Hans Zbinden, München: Deutscher Taschenbuch Verlag, 1976, S. 8.

17 Ebd.

18 Ebd., S. 43.

19 Ebd., S. 9.

Tocqueville nicht länger in einer aristokratischen oder demokratischen Gesellschaft, sondern in einer Demokratie, die der Ordnung und Moral unterworfen ist, oder einer »zügellosen«, »sittlich verdorbenen«, »phrenetischen Rasereien ausgelieferten« Demokratie.[20]

Bringt die Formulierung »der demokratische Staat«, die in der Einleitung zu seinem Werk auftaucht, das Projekt von Tocqueville nicht am besten zum Ausdruck, so als ginge es darum, den reißenden Strom der Demokratie in das Bett des Staates zurückzuführen? Möchte Tocqueville die Demokratie, indem er sie mit dem Staat assoziiert, nicht von der Revolution trennen? Denn ist das Bett des Staates für die Demokratie nicht ein Prokrustesbett? Tocqueville, der darauf bedacht ist, die Ambiguität der Demokratie ans Licht zu bringen, präsentiert ihre Ausdrucksformen, indem er sich bemüht, ihre Gegenstücke und Paradoxa aufzudecken.

So wird die Demokratie, die auf dem Prinzip der Volkssouveränität beruht, gleichwohl als Geburtsstätte einer neuen Form des Despotismus betrachtet, die schwer zu fassen ist. Sie markiert eher eine vormundschaftliche denn eine tyrannische Macht und führt eine neue Art der Knechtschaft ein, die »regelmäßig, vorsorglich und mild« ist.[21] Auf diese Weise ist die demokratische Revolution – weit entfernt davon, sich in einer permanenten revolutionären Bewegung fortzusetzen – dazu bestimmt, die revolutionären Leidenschaften auszutrocknen, um sie durch neue Leidenschaften zu ersetzen, die weniger

---

20 Alexis de Tocqueville, Brief vom 21. Februar 1835 an E. Stoffels, zit. n. Jacob P. Mayer, *Alexis de Tocqueville*, Paris: Gallimard, 1948, S. 48 f.

21 Alexis de Tocqueville, *Über die Demokratie in Amerika*, a. a. O., S. 814.

der Subversion denn der Bewahrung dessen gelten, was ist.

Für Dr. Marx, einen jungen deutschen Philosophen, der dafür kämpft, das französische politische Modell nach Deutschland zu importieren, ist die Demokratie gemäß den Formulierungen des Manuskripts von 1843, das der Kritik der hegelschen Rechtsphilosophie gewidmet ist, »das aufgelöste Rätsel aller Verfassungen«. Aber eigentlich wurde dieses Rätsel weniger gelöst denn verdoppelt, da Marx, indem er sich den französischen Theoretikern seiner Zeit zuwendet, das Auftauchen eines neuen Rätsels bemerkt. »In der Demokratie ist der Staat als Besondres *nur* Besondres, als Allgemeines das wirkliche Allgemeine [...]. Die neueren Franzosen haben dies so aufgefaßt, daß in der wahren Demokratie der *politische Staat untergehe.*«[22] Wir werden noch ausführlich auf diese rätselhafte Formulierung zurückkommen, um sie aufzuklären. Wo die Demokratie wächst und sich voll entfaltet, wird der Staat schwächer. Für den Moment soll hierzu eine erste Frage genügen: Wie könnte eine politische Gemeinschaft, in diesem Fall die zu ihrer Wahrheit gelangte Demokratie, im Untergang des Staates zum Ausdruck kommen? Wie kann sich eine politische Gemeinschaft in Form eines Untergangs des Staates entfalten? Bedeutet das nicht, dass man zwischen dem Politischen und dem Staat differenzieren muss? Muss man die moderne Demokratie *gegen* den Staat denken, indem man gleichzeitig den Ausdruck »demokratischer Staat«, der spontan aus Tocquevilles Feder geflossen ist, zurückweist, so als würde das Aufkommen der Demokratie selbst dazu führen, die Grenzen des

22 Karl Marx, *Zur Kritik der Hegelschen Rechtsphilosophie*, a. a. O., S. 231 f.

Staates zu überschreiten, in einen Bereich jenseits dessen zu gehen, so als bestünde die Berufung der Demokratie darin, diese Grenzen zu übertreten, das Bett des Staates zu verlassen, um sich – wie ein fruchtbarer und ergiebiger Fluss – über sämtliche Sphären des Gesellschaftlichen zu ergießen?

Indem Marx die Richtigkeit der Formulierung der modernen Franzosen anerkennt, macht er sich deren Analyse zu eigen. Seine enge Verbindung mit der linksrheinischen Seite ist keine »Schwalbe«, die mit dem Frühling der Völker vor 1848 keinen Zusammenhang hätte, vielmehr ist sie im Herzen dieses Frühlings verankert und hat, wenn wir die im Zeichen der *res publica* stehenden politischen Interventionen von Marx in dieser Zeit bedenken, an dem teil, was wir als »machiavellisches Moment« bezeichnen könnten. Bezogen auf Marx mag dieser Begriff überraschen, wenn nicht doppeldeutig erscheinen. Daher einige Vorbemerkungen, die es erlauben, das Ziel, das wir mit der Lektüre der politischen Texte des jungen Marx zwischen 1842 und 1844 verfolgen, besser einordnen zu können.[23]

Wie man sehen wird, geht es hier nicht darum, einen Beitrag zu einer marxistischen Politikwissenschaft oder zu einer »regionalen Wissenschaft« des Politischen zu lie-

---

23 Der hier untersuchte Textkorpus umfasst vor allem: 1. die von dem Journalisten Marx zwischen Mai 1842 und März 1843 in der *Rheinischen Zeitung* veröffentlichten Artikel; 2. *Zur Kritik der Hegelschen Rechtsphilosophie*, ein Manuskript, das vermutlich von März bis August 1843 verfasst wurde, und ergänzend »Zur Kritik der Hegelschen Rechtsphilosophie. Einleitung« sowie »Zur Judenfrage«, zwei Texte, die auf Deutsch geschrieben wurden und in Frankreich in den *Deutsch-Französischen Jahrbüchern* publiziert wurden (Paris, Februar 1844). Diese Texte werden im Folgenden nach MEW, Bd. 1 zitiert.

fern. Letzteres hat vor einigen Jahren die angelsächsische Kritik unternommen, die mit Recht auf die allzu oft vernachlässigte Bedeutung der Dimension des Politischen bei Marx verwiesen und versucht hat, diese im Hinblick auf eine materialistische Theorie der Gesellschaft und der Geschichte zur Geltung zu bringen. Auch wollen wir uns nicht an der Ausarbeitung einer materialistischen Theorie des Staates beteiligen, als gälte es, eine bedauerliche Lücke zu schließen oder die in verschiedenen Schriften verstreuten Elemente zusammenzutragen, um eine kohärente Theorie zu schaffen, die bei Marx nur fragmentarisch vorhanden gewesen wäre.[24]

Das heißt, wir wahren bewusst Distanz zum Marxismus, genauer gesagt, zu den hochentwickelten Formen des Marxismus, die versuchen, mit der ökonomistischen Verkürzung des Politischen Schluss zu machen, was ihnen jedoch nicht wirklich gelingt. Sie respektieren zwar eine Pluralität von Instanzen, deren Realität und Effektivität, reihen das Politische aber letztlich doch in das Ökonomische ein und begünstigen damit eine Soziologisierung des Politischen.

Uns geht es eher darum, die politischen Texte des jungen Marx im Sinne von Claude Lefort als ein »Werk des Denkens« zu begreifen, als ein Werk, das von einem Erkenntnisinteresse geleitet wird und für das die Sprache wesentlich ist. Aufgrund von Marx' Verbindung mit der Tradition der politischen Philosophie ist es außerdem legitim, dieses Werk aus der Sicht dieser Tradition zu interpretieren oder, besser noch, im Lichte dessen, wie es sich in das Schicksal der modernen politischen Philosophie

24 Vgl. zum Beispiel John Maguire, *Marx' Theory of Politics*, Cambridge: Cambridge University Press, 1978.

eingeschrieben hat. Aus dieser Darlegung des Projekts folgt, dass wir versuchen werden, uns gegen zwei Strömungen einen Weg zu bahnen, die sich trotz ihrer Gegensätzlichkeit in einem Punkt treffen: einerseits gegen die Marxisten, die Marx als denjenigen preisen, der das Verdienst hat, das Politische nicht mehr in Form einer philosophischen Spekulation zu denken; andererseits gegen diejenigen, für die Marx einer der Theoretiker ist, die der Tradition des politischen Denkens ein Ende bereitet haben. Mittels eines Weges zwischen diesen beiden Polen gilt es, eine verdeckte, verborgene Dimension seines Werkes wiederzuerlangen – die philosophische Frage nach dem Politischen, nach dem Wesen des Politischen. Diese war zwischen 1842 und 1844 sehr stark betont, scheint aber auch das gesamte Werk zu durchziehen und tritt in den wenigen Ausnahmen, die die genuin politischen Schriften darstellen, wieder offen zutage. Diese Dimension – und das ist die erste Hypothese – kann man am besten zur Geltung bringen, wenn man das Werk von Marx mit der modernen politischen Philosophie, so wie Machiavelli sie begründet hat, verknüpft.

Der Name Machiavelli darf nicht zu Missverständnissen führen. Er bezeichnet hier weder den Verweis auf die Begründung einer positiven, objektiven Politikwissenschaft, deren Erbe Marx wäre, noch den Verweis auf einen »politischen Realismus«, dem zufolge die politische Theorie eine Reflexion über Machtbeziehungen wäre, die Machiavelli und Marx teilen, der eine im Hinblick auf den Aufbau eines modernen Nationalstaates, der andere im Hinblick auf die Emanzipation des Proletariats. Wenn man Machiavelli nicht auf den Realismus reduzieren kann, so kann man die Verbindung zwischen Marx und Machiavelli noch weniger auf eine Neuauflage dieses Realismus und auf seine Übertragung auf ein anderes historisch-gesellschaftliches Umfeld mit anderen Akteuren reduzieren und die These vertreten, Marx sei der Machiavelli des Proletariats. Wir würden eher sagen, dass der junge Marx aufgrund seiner philosophischen Frage nach dem Politischen eine wesentliche Verbindung mit Machiavelli als Begründer einer modernen normativen politischen Philosophie unterhält, die sich auf andere Kriterien und Prinzipien der Bewertung stützt als die klassische politische Philosophie.

Deshalb ist es auch legitim, zu fragen, wie sich Marx in ein machiavellisches Moment einschreibt.

Éric Weil hat 1951 im Rahmen einer Reflexion über *Machiavelli heute* angeregt, zwei mögliche Arten der Präsenz von Machiavelli in unserer Kultur zu unterscheiden: zum einen die in der akademischen Welt, wo Wissenschaftler und Spezialisten über die Entstehung des Werkes, seine Bedeutung etc. diskutieren, zum anderen die in der Öffentlichkeit, wo Machiavelli plötzlich wieder auf der politischen Bühne auftaucht und sein Name als mögliche Antwort auf aktuelle Probleme genannt wird. In letzterem Fall ist eine Veränderung des Status von Machiavelli zu beobachten, der quasi zum Zeitgenossen derer wird, die sich auf ihn berufen – über den Zeitunterschied und eine andere Art des Denkens hinweg –, da es nicht mehr darum geht, über Machiavelli nachzudenken, sondern darum, Machiavelli zu denken beziehungsweise, besser, mit Machiavelli die politischen Fragen der Gegenwart zu denken. »Doch es kommen andere Zeiten und verleihen demjenigen, der bislang nur ein Autor unter anderen war, ein neues Leben: ihm stellt man die leidenschaftliche Frage nach dem Wesen der Politik, mit ihm diskutiert man wie mit einem Zeitgenossen […].«[25] Es geht um Grundsätzliches: In diesem Dialog mit Machiavelli stünde jenseits der Fragen *Was sollen wir tun?* oder *Wie sollen wir handeln?* die grundsätzliche Frage zur Debatte: Sollen wir handeln oder nicht handeln? Was legitimiert das politische Handeln? Verleitet der Verdacht einer möglichen Verbindung des Politischen mit dem Bösen nicht dazu, sich für das Nicht-Handeln zu entscheiden? Es geht nicht um diese oder jene politische Option, sondern um die Politik selbst, die einem berühmten Machiavellisten zufolge – Napoleon – das Schicksal des modernen Menschen ist.

In diesem grundsätzlichen Sinne kann man entschieden auf eine Partizipation von Marx an einem zu seiner Zeit bestehenden machiavellischen Moment schließen, zumal die Bewegung der Junghegelianer, der er angehörte, bis zu einem gewissen Punkt mittels dieser Kategorie analysiert werden kann. Es ist der Autor von *Der Fürst* und der *Discorsi*, an den Marx, indem er die Philosophie mit einem kämpferischen Journalismus verbindet, »die leidenschaftliche Frage nach dem Wesen der Politik« stellt, die er in unterschiedliche Richtungen diskutiert:

– Was sind die Bedingungen für ein philosophisches Denken des Politischen?
– Wie kann man die politischen Dinge denken?
– Welchen Status hat die Politik? Welcher Natur ist sie, was ist ihr Wesen?
– Welche Rolle spielt die Politik bei der Konstitution der Gesellschaft?
– Was ist das Spezifische der politischen Moderne?

---

25 Éric Weil, »Machiavel aujourd'hui«, in: *Essais et conférences*, Paris: Librairie du Vrin, 1991, Bd. II, S. 190.

Ausgehend von diesen Fragen ergibt sich eine besondere Beziehung von Marx zu Machiavelli, der Leo Strauss zufolge die erste Welle der Moderne repräsentiert und eine wahre »Machiavellisierung« des politischen Denkens nach sich zieht, an der Marx aktiv beteiligt ist.[26]

Tatsächlich bekennt Marx in einem Artikel vom Juli 1842, in welchem Umfang die zeitgenössische politische Philosophie, das Denken der Emanzipation, sich in Anlehnung an die Tradition konstituiert. Die Idee des Staates, das, was Marx als »die Verselbständigung des Staatsbegriffs« bezeichnet, ist weit davon entfernt, eine freie Erfindung der neuesten politischen Lehren zu sein, sondern erweist sich bei genauerem Hinsehen als die Frucht einer lebendigen Beziehung zu einer jahrhundertealten Tradition, die von Machiavelli und Campanella begründet wurde, kurz, als Frucht der durch Machiavelli ins Leben gerufenen modernen politischen Philosophie.[27] Streng genommen, ist diese letzte Formulierung wesentlich befriedigender als der Begriff »Machiavellisierung«, der kaum beziehungsweise nur schwer von der von Strauss vorgenommenen Periodisierung der politischen Philosophie der Moderne zu trennen ist, das heißt von der Idee eines Verfallsprozesses, der als Verlust, als Einschränkung und Verengung des Horizonts begriffen wird.

Nach dieser – kritischen – Präzisierung kommen wir auf unsere Frage nach der Verortung von Marx zurück

---

26 Leo Strauss, »The Three Waves of Modernity«, in: *Political Philosophy. Six Essays by Leo Strauss*, hg. von Hilail Gildin, Indianapolis: Pegasus, 1975. Vgl. zu der Verbindung mit Marx auch den Aufsatz »N. Machiavelli«, in: Leo Strauss und Joseph Cropsey, *History of Political Philosophy*, Chicago: University of Chicago Press, 1972, S. 273.

27 Karl Marx, »Der leitende Artikel in Nr. 179 der ›Kölnischen Zeitung‹«, in: MEW, Bd. 1, S. 103.

und versuchen, sie voranzutreiben. Hatte Marx nicht auch in einem anderen, genauer gefassten, maßgeblicheren und inhaltlich präziseren Sinne an einem machiavellischen Moment teil? Wobei die Thematik hier nicht nur offener und ergiebiger wäre als die der Machiavellisierung und einen nicht mehr zwingen würde, in Marx den Vollstrecker einer Tradition zu sehen, sondern auch komplexer als die von Éric Weil ins Spiel gebrachte. Hat die Analyse von Weil nicht unrecht, wenn sie das Wiederaufleben Machiavellis als eine Art unstrukturierte, nahezu arbiträre Bewegung darstellt, obwohl dieses Wiederaufleben oder, besser, diese machiavellischen Konstellationen in der modernen Geschichte bei genauerer Betrachtung das Auftauchen einer veritablen Strömung des politischen und philosophischen Denkens offenbaren? Genau darauf hebt das bedeutende Werk von J.G.A. Pocock ab, das dem *Machiavellischen Moment* gewidmet ist.[28] Es hat das klassische Erscheinungsbild der modernen politischen Philosophie, die bislang vollständig unter dem Einfluss eines juridisch-liberalen Modells stand, völlig verändert, indem es deren »verborgene Seite« aufgedeckt hat, das heißt die Existenz eines anderen Modells: das bürgerliche Paradigma, das humanistisch und republikanisch ist. Im Kielwasser der Arbeiten von Hans Baron über den »Bürgerhumanismus« hat Pocock eine andere moderne politische Philosophie zum Vorschein gebracht, die, wie er darlegt, vom florentinischen Humanismus bis zur Ame-

---

28 J. G. A. Pocock, *The Machiavellian Moment: Florentine Political Thought and the Atlantic Republican Tradition*, Princeton: Princeton University Press, 1975. Vgl. zu diesem Werk auch den bemerkenswerten Artikel von Jean-Fabien Spitz, »La face cachée de la philosophie politique moderne«, in: *Critique*, Mai 1989, Nr. 504, S. 307-334.

rikanischen Revolution reicht und über Machiavelli und Harrington führt; sie konstituiert sich, indem sie die politische Natur des Menschen behauptet und nicht nur die Verteidigung der Rechte, sondern auch die Aktivierung dieser ursprünglichen »Politizität« in Form einer aktiven Teilnahme der Bürger am Staatswesen als Ziel der Politik definiert.

Dieses machiavellische Moment und die daraus resultierenden Konstellationen weisen drei verschiedene Grundzüge auf:

1. Die Bewegung, mittels welcher Denker und politische Akteure im Laufe mehrerer Jahrhunderte daran gearbeitet haben, die *vita activa* der Antike, genauer gesagt, den *bios politikos,* das dem Politischen gewidmete Leben, zu reaktivieren – als Gegenbewegung zum Primat der *vita contemplativa* und zum Christentum, das die Politik im Namen des Himmelreichs in Verruf gebracht hat. Diese Rehabilitierung des bürgerlichen Lebens – des Lebens in der Stadt und für die Stadt – beruht auf einem Rückgriff auf die aristotelische Definition des Menschen als politisches Tier, das nur in und durch eine Existenz als Bürger (citoyen) Exzellenz erlangen kann. Neben der Distanzierung von der platonischen Tradition und von dem der *vita contemplativa* eingeräumten Privileg impliziert diese Wiederentdeckung der Politik eine geistige Revolution: Der Mensch des Mittelalters bezog sich auf die Vernunft, um mit Hilfe der Kontemplation die immerwährenden Hierarchien einer unveränderlichen Ordnung aufzudecken, innerhalb derer ihm ein fester Platz zukam. Dabei lehnte er die Welt der Kontingenz und der historischen Partikularität als Sphäre des Irrationalen ab, von dem man sich fernzuhalten hatte. Der Anhänger des Bürgerhumanismus entdeckte im Zuge der Verschiebung

vom kontemplativen zum aktiven Leben hingegen einen neuen Typus von Vernunft, der im Handeln die Möglichkeit sieht, eine humane, politische Ordnung zu schaffen, die das Chaos des Universums der Kontingenz und der Partikularität gestaltet. In ihrem Bestreben, Entscheidungen gemeinsam zu treffen, erkannte diese neue bürgerliche Existenzform die sprachliche Natur des Menschen an und war darauf ausgerichtet, den Zugang zur Wahrheit als Frucht des freien Austausches zu begreifen, bei dem die Rhetorik, die in den Städten der Antike so präsent war, ihre alte Rolle wiedererlangte. Das Sprichwort *civitas facit legem* definierte das neue Prinzip, das sowohl dem Patriotismus Dantes, seiner Vision von der Verwirklichung einer ewigen Ordnung, als auch dem Synkretismus des römischen Demagogen Cola di Rienzo widersprach. Die spezifisch politische Dimension dieses machiavellischen Moments, das eine neue irdische Stadt begründet, fasst Pocock mit einer nahezu arendtschen Begrifflichkeit: »Dieses Buch erzählt zum Teil die Geschichte einer neuen Blütezeit, die das antike Ideal des *homo politicus* zu Beginn der abendländischen Moderne erlebte, das *zoon politikon* von Aristoteles, dessen Sein und Tugend im politischen Handeln zum Ausdruck kommt und dessen nächster Verwandter der *homo rhetor* und dessen Antithese der *homo credens* christlichen Glaubens ist.«[29]

2. Die Wahl der Republik, insofern sie die einzige Form der *politeia* ist, die den Anforderungen des Menschen als politisches Tier, das dazu bestimmt ist, sich im *vivere civile* zu entfalten, sowie den Erfordernissen einer säkularen Geschichtlichkeit genügen kann. Der Gegen-

29 J. G. A. Pocock, *The Machiavellian Moment*, a. a. O., S. 550.

satz zu Dante wird dadurch noch verstärkt, denn wollte dieser mittels seiner Option für eine universelle Monarchie nicht die Geschichtlichkeit blockieren, um einen besseren Schutz der ewigen Ordnung – als Gegenstand der Kontemplation – zu ermöglichen? Jenseits der Revision des Mythos von der Gründung von Florenz – der Republikaner Brutus, ein Held der Freiheit, nimmt Caesars Platz ein – geht es darum, dank der Wahl der Republik, eine herrschaftsfreie politische Gemeinschaft zu schaffen und den Zugang zu einer wirklichen Zeitlichkeit zu eröffnen. Anders als das Reich oder die universelle Monarchie, für die eine Ablehnung der Zeit charakteristisch ist, ist die republikanische Idee mit einer Bejahung der Zeit verknüpft, genauer, mit einer Idee des menschlichen Handelns, das sich in der Zeit entfaltet und im Endeffekt sogar daran arbeitet, die politische Ordnung von der natürlichen Ordnung zu trennen.

3. Diese Rehabilitierung der republikanischen Form geht daher mit einem Eintritt in das Reich der Zeitlichkeit einher. Als potenzielle Urheberin der Geschichte ist die Republik damit zugleich der Ewigkeit entzogen, der Krise ausgeliefert, transitorisch; zudem ist sie nicht universell und kommt daher in Form einer bestimmten historischen Gemeinschaft zum Ausdruck. Die republikanische Form, die dem Willen entspringt, abseits des Christentums eine weltliche, säkulare, der Kontingenz des Ereignisses unterworfene Ordnung zu schaffen, ist so der zeitlichen Endlichkeit ausgesetzt, der Prüfung der Zeit. Daraus folgt eine neue Frage: Ist die Republik, die bis zu einem gewissen Punkt eine Reaktivierung der aristotelischen *politeia* darstellt, eine Form von politischer Gemeinschaft, die in der Lage ist, Stabilität in der Zeit zu ermöglichen, das heißt, kann sie trotz Schicksalsschlägen und Zerfalls-

erscheinungen dank einer Politisierung der Tugend den Willen aufbieten, weiterzubestehen?

Diese Rückbesinnung der politischen Sphäre auf sich selbst ist also das, was Marx 1842 beim Werk Machiavellis begrüßte, und dies umso nachdrücklicher, als er versuchte, diese Geste gegenüber den theologisch-politischen Relikten seiner Zeit zu wiederholen. Darüber hinaus wollte Marx den Blick auf die große, mit dem Namen von Aristoteles verbundene Entdeckung der Antike lenken, den Menschen als politisches Tier.

Die Mischung von Aristoteles und Machiavelli kommt dem geistigen Tenor einer machiavellischen Konstellation sehr nahe. Um beurteilen zu können, ob sich Marx in dieses nun spezifischer gefasste machiavellische Moment einschreibt, wollen wir folgenden Fragen nachgehen:

- In welchem Maße bleibt Marx dem machiavellischen Willen treu, eine irreduzible politische Sphäre, einen politischen Ort oder Ort der Politik abzustecken?
- In welchem Maß wird Marx tatsächlich dem Willen der modernen politischen Philosophie gerecht, die Politik für autonom zu erklären, oder, um mit seinen eigenen Worten von 1842 zu sprechen, den Begriff vom Staat zu einem selbständigen Begriff zu machen?
- Schließlich, in welchem Maße ist seine Wiederentdeckung des Politischen gegenüber dem christlichen Feudalstaat, seine Art, die politische Emanzipation gegenüber dieser Staatsform zu begreifen, die in Wahrheit ein Nicht-Staat ist, im staatsbürgerlichen, humanistischen und republikanischen Paradigma verwurzelt? Ist es über diese Mischung von Aristoteles und Machiavelli, über Marx' »griechische Inspiration« hinaus legitim, eine Verbindung zwischen der »wahren Demokratie«

von 1843 und den Zielen des republikanischen Humanismus zu sehen?[30]

II

Im Gegensatz zu den meisten Interpreten, für die Marx' gesellschaftspolitische Schriften 1843 mit *Zur Kritik der Hegelschen Rechtsphilosophie* beginnen, unterscheiden wir, zumindest mit Blick auf vorliegende Fragestellung, zwei Konstellationen von Texten: jene von 1842 und jene von 1843-1844, die durch eine veritable Krise voneinander getrennt sind, die Krise von 1843. Die erste Konstellation umfasst die Texte, die sich mit der Utopie des vernünftigen Staates befassen; man kann das Ende dieser Konstellation auf den 25. Januar 1843 datieren, das Datum, an dem Marx an Ruge geschrieben hat: »In Deutschland kann ich nichts mehr beginnen. Man verfälscht sich hier

30 Man muss hierzu anmerken, dass Pocock, ohne dies näher auszuführen, das marxsche Ideal eines Menschen, der die Entfremdung überwunden hat, mit dem bürgerlichen Ideal eines – im politischen Sinne des Begriffs – tugendhaften Menschen verbindet (ebd., S. 502 und 551). Sein französischer Vermittler ist hier wesentlich klarer; er schreibt mit Blick auf den Kampf zwischen bürgerlichem Humanismus und der Ideologie des Marktes: »Deshalb gibt es hier keinen Hiatus, und die proletarische und marxistische Kritik ist die direkte Erbin der These, dass die Arbeitsteilung dazu führt, dass der Mensch seine Fähigkeiten als Staatsbürger und seine Tugend verliert, womit sie zugleich zu einer Verarmung seiner Persönlichkeit beiträgt, insofern er nicht mehr als politisches Tier definiert wird; das erlaubt, Marx in die Tradition des europäischen Humanismus einzureihen, anstatt ihn als ein einsames Genie ohne Vorläufer darzustellen.« (Jean-Fabien Spitz, »La face cachée …«, a. a. O., S. 333 f.) Vgl. dazu auch das Werk von Ernesto Grassi, *Humanismus und Marxismus. Zur Kritik der Verselbständigung von Wissenschaft*, Reinbek bei Hamburg: Rowohlt, 1973.

selbst.« Die zweite Konstellation erstreckt sich auf die großen Texte von 1843, die der Kritik der politischen Philosophie Hegels gewidmet sind, ferner auf »Zur Judenfrage« sowie »Kritische Randglossen zu dem Artikel ›Der König von Preußen und die Sozialreform. Von einem Preußen‹« (August 1844), wobei diese Texte wiederum im Kontext der Korrespondenz von Marx und Ruge zu lesen sind (März bis September 1843, veröffentlicht im Februar 1844 in den *Deutsch-Französischen Jahrbüchern*). Indem man die Theorie des modernen Staates herausarbeitet, das Denken des Politischen, so wie es in diesen ersten Texten zum Ausdruck kommt, kann man die Bedeutung des späteren Projekts einer Kritik der Politik besser erfassen; so wie man mittels einer Konfrontation der Texte von 1842 mit denen von 1843-1844 bei Marx in Bezug auf den Status des Politischen gewissermaßen auf das Vorhandensein von zwei Positionen schließen kann, wobei die zweite Position eine Kritik an der ersten darstellt. Unterlässt man es, zwischen diesen beiden Textserien zu unterscheiden, dann verpasst man die Krise von 1843, ihre Herausforderung und die sich daraus ergebende Neuerung; ja, dann verpasst man die Änderung der Perspektive, die Marx zu Beginn des Jahres 1843 vollzieht.

Von zwei Positionen kann man zunächst in dem Sinne sprechen, dass die Texte von 1842 weit davon entfernt, innerhalb des Spektrums politischer Positionen lediglich ein mehr oder weniger deutliches Bekenntnis zur Demokratie abzugeben, in theoretischer Hinsicht weniger auf die politische Emanzipation ausgerichtet sind als auf die *Emanzipation des Politischen vom Theologischen*, die Emanzipation vom Komplex des christlichen Staates. Wenn dieses grundsätzliche Bekenntnis zur Autonomie des Politischen in dem Versuch zum Ausdruck kommt, die republikanische Idee in die germanische Welt zu importieren, führt es darüber hinaus auch zu einer echten Wiederentdeckung des Politischen; der Ort des Politischen wird als etwas Irreduzibles gedacht, als etwas, das einen eigenen Inhalt besitzt, und – der Logik dieser Autonomie entsprechend – als etwas, das bestimmend ist. Kurz, Marx, der damit Rousseau nahekommt, für den »alles von Grund auf der Politik entstammt«, verlegt die politische Welt wieder in ihren Bereich zurück, rückt sie sozusagen erneut in den Mittelpunkt, indem er seinerseits eine neue Form des machiavellischen Moments ausarbeitet.

Von zwei Positionen kann man aber auch insofern sprechen, als die Texte von 1843 im Gegensatz zu den Thesen von 1842 diese alles bestimmende Macht des Politischen in Frage zu stellen beginnen, zumindest wenn sie mit dem Staat identifiziert wird. Die Kritik des modernen Staates, die mit Blick auf die Autonomie der bürgerlichen Gesellschaft erfolgt, bereitet einem neuen Typus der Dezentrierung des Politischen den Weg. Angesichts dieses Hiebs gegen die Autonomie des Staatsbegriffs taucht eine neue Frage auf: Was bleibt dann vom machiavellischen Moment?

Gemäß dem Vorwort zur *Kritik der Politischen Ökonomie* von 1859 war es übrigens diese Krise von 1843, die Marx zur Entdeckung einer allgemeinen Erkenntnis geführt hat, die seinen weiteren Studien als »Leitfaden« diente. Wenn wir seinen Ausführungen folgen, unternahm er nach den Artikeln für die *Rheinische Zeitung* und dem Verbot dieses Organs »zur Lösung der Zweifel, die mich [Marx] bestürmten«, eine erste Arbeit, nämlich »eine kritische Revision der Hegelschen Rechtsphilosophie«. Im Zuge einer Bilanz dieser Krise schreibt Marx die berühmten Sätze, die gleichsam den Kern dessen darstellen, was die Marxisten mit dem Begriff »historischer Materialismus« bezeichnen, und zu deren Folgen unter anderem die explizite Leugnung einer Autonomie des Politischen und Juristischen gehört, der zufolge

> Rechtsverhältnisse wie Staatsformen weder aus sich selbst heraus zu begreifen sind noch aus der sogenannten allgemeinen Entwicklung des menschlichen Geistes, sondern vielmehr in den materiellen Lebensverhältnissen wurzeln [...], [der] ›bürgerliche[n] Gesellschaft‹ [...], daß aber die Anatomie der bürgerlichen Gesellschaft in der politischen Ökonomie zu suchen sei. [...] In der gesellschaftlichen Produktion ihres Lebens gehen die Menschen bestimmte, notwendige, von ihrem Willen unabhängige Verhältnisse ein, Produktionsverhältnisse, die einer bestimmten Entwicklungsstufe ihrer materiellen Produktivkräfte entsprechen. Die Gesamtheit dieser Produktionsverhältnisse bildet die ökonomische Struktur der Gesellschaft, die reale Basis, worauf sich ein juristischer und politischer Überbau erhebt und welcher bestimmte gesellschaftliche Bewußtseinsformen entsprechen.[31]

Die Krise ist somit verwickelt. Sie scheint zwei unterschiedliche Interpretationen zu erlauben:

- Wenn man diesen quasi »kanonischen« Text liest, Marx' eigene Interpretation der Kritik von 1843, sehen wir uns genötigt, eine wahre Dezentrierung des Politischen zu verzeichnen, das nunmehr als ein abgeleitetes und gewissermaßen sekundäres Phänomen begriffen wird. Wenn Marx die Autonomie des Politischen bestreitet, naturalisiert er es zugleich, indem er es in die Sphäre der Abhängigkeit von einem infrastrukturellen Sachzwang oder von einer Gesamtheit von Kräftever-

31 Karl Marx, *Zur Kritik der Politischen Ökonomie*, in: MEW, Bd. 13, S. 8.

hältnissen eingliedert. Ein Bruch mit der machiavellischen Neuerung tritt zutage: Die Verbindung mit der modernen politischen Philosophie löst sich auf und macht schließlich einer objektiven Wissenschaft vom gesellschaftlichen Ganzen Platz.

– Aber in demselben Text von 1859 schreibt Marx auch: »Sowenig man das, was ein Individuum ist, nach dem beurteilt, was es sich selbst dünkt [...].« Ist ein Interpret, der sich nicht, wie Marx dies 1859 tat, an das Resultat hält, sondern stattdessen den *Weg nachvollzieht, der Marx zu diesem Resultat geführt hat,* und dies ohne jede Einschränkung, insofern er Spuren verfolgt, die nicht notwendig zu der 1859 verkündeten und gepriesenen Erkenntnis führen, nicht empfänglich für eine andere Dimension des Textes von 1843, die der Marx von 1859 vergessen oder verdrängt hat? Entdeckt ein Interpret, wenn er bei der Kritik von 1843 dem Prozess des Denkens die Priorität einräumt, nicht in Form einer durchgehenden Frage nach dem Politischen eine im eigentlichen Sinne philosophische Dimension? Diese Herangehensweise impliziert freilich eine spezielle Lektüre von Marx, fernab von bestehenden Orthodoxien und jeglichem Versuch, den Text zu beherrschen, eine Lektüre, die sich von den marxschen Fragen leiten lässt, ohne sie durch eine Antwort zu besiegeln, eine Lektüre, die sich eher mit Widersprüchen, mit Spannungen, die den Text durchziehen, und mit lateralen Implikationen befasst, um sich so der Arbeit einer Entsiegelung zu widmen.

Wenn man diese Herangehensweise wählt und zur Selbstinterpretation von 1859 auf Distanz geht, hat man dann das Recht, ohne Weiteres davon auszugehen, dass Marx, nachdem er 1842 dem Bereich des Politischen wieder einen eigenen Inhalt gegeben und ihn durch die Trennung des modernen Staates vom Theologischen erneut in den Mittelpunkt gerückt hat, 1843 die entgegengesetzte Richtung einschlägt und die Achse des Politischen verschiebt, indem er es aus dem Ökonomischen ableitet. Kann man dann tatsächlich zu dem Schluss kommen, dass das Politische, das 1842 durch eine Auflösung der Verbindung mit dem Theologischen wieder auf seine eigenen Füße gestellt wurde, 1843 durch die Unterordnung unter das Ökonomisch-Gesellschaftliche erneut dezentriert und aus der Bahn geworfen wird?

Kurz, handelt es sich 1843 um eine epistemologische Krise, während deren Marx eine neue Grundlage gesucht und gefunden hat, auf der man »wissenschaftlich« Klarheit über das Politische erlangt, oder handelt es sich eher um eine politische und philosophische Krise, während deren Marx ein neues politisches Subjekt sucht, eine Alternative zum Staat, die das, was Marx selbst »das Prinzip der Politik« nennt, auf seinen Höhepunkt führt? Uns bietet sich ein idealer Ort, um über die tatsächliche Beschaffenheit der Dezentrierung von 1843 und ihre Folgen zu befinden: Außer-Kraft-Setzung, Auslöschung des machiavellischen Moments – was dieses Moment auf ein einfaches Stadium innerhalb der Entwicklung von Marx reduzieren würde und hauptsächlich von historischem Interesse wäre – oder Verlagerung, Abwandlung des machiavellischen Moments – was diesem Moment die Qualität einer durchgehenden Dimension im Werk von Marx verleihen würde. Dieser theoretische Ort konstituiert sich 1843 mit der Formulierung der Frage nach der Demokratie und mit dem Rätsel ihrer Beantwortung, das wir aufzuklären versuchen und das wir mit Blick auf die Entdeckung der modernen Franzosen von Anfang an vor Augen hatten.

Hat man hier nicht eine ganz neue Einschreibung in das machiavellische Moment vor sich, die durch eine Suche nach dem eigentlichen Milieu des Politischen gekennzeichnet ist und die an dem rätselhaften Ort der »wahren Demokratie« am besten sichtbar wird? Von der Beantwortung dieser Frage hängt die Verbindung ab, die man zwischen der Kritik der Politik und der Emanzipation des Menschen herstellen und gegebenenfalls aufrechterhalten muss. Ohne auf diese Frage jetzt eine endgültige Antwort geben zu wollen, sei lediglich gesagt, dass man bei Marx eine Tendenz zur Verdunkelung des Politischen in Form einer Naturalisierung, einer Einreihung des Politischen in eine dialektische Theorie von der gesellschaftlichen Totalität beobachten kann, gleichzeitig scheint sein Werk jedoch auch von einer entgegengesetzten Orientierung durchzogen zu sein. So als hätten die Heterogenität und die Gründungsmacht des Politischen ihn sein ganzes Leben lang umgetrieben – wovon der Reichtum und die Komplexität seiner politischen Schriften zeugen –, ja, als hätte Marx nie aufgehört, dem Rätsel der Grundlage der politischen Gemeinschaft, des menschlichen Zusammenlebens nachzugehen.

Unsere Lektüre stützt sich, vor allem im zweiten Teil, auf *Zur Kritik der Hegelschen Rechtsphilosophie*, ein Manuskript, das, wie wir bereits hervorgehoben haben, erstmals 1927 erschienen ist und nicht mit »Zur Kritik des Hegelschen Rechtsphilosophie. Einleitung« verwechselt werden darf, einem kurzen und pointierten Text, in dem die Entdeckung der dem Proletariat eigenen Negativität verkündet wird und der wie auch der Briefwechsel mit Ruge und »Zur Judenfrage« 1844 von Marx in den *Deutsch-Französischen Jahrbüchern* veröffentlicht wurde.

Beim Publikum ist dieser Text auf ein verhaltenes Echo

gestoßen. Während die *Manuskripte aus dem Jahre 1844* zahlreiche Interpretationen hervorgerufen haben – angefangen bei der des jungen Marcuse bis hin zu christlichen oder spiritualistischen Lektüren – und zu antibürokratischen Kämpfen gegen die totalitäre Herrschaft angeregt haben, ist *Zur Kritik der Hegelschen Rechtsphilosophie* eher akademisch, als eine wichtige Etappe innerhalb der Genese des marxschen Denkens rezipiert worden – aber eben nur als eine Etappe.[32] Sicher hat die *Kritik* von 1843 nicht die Tragweite der Manuskripte von 1844, in denen sich die Kritik der Ökonomie in eine einheitliche Kritik der modernen Gesellschaft transformiert; nichtsdestotrotz ist die *Kritik* von 1843 ein außergewöhnlicher Text in dem Sinne, dass sie über die hegelsche Rechtsphilosophie – das Denken des modernen Staates als Denken der Gegenwart – eine Kritik der im Zeichen der Demokratie ste-

---

32 Doch es gibt auch einige Ausnahmen: die deutsche Ausgabe *Kritik der Hegelschen Staatsphilosophie*, in: Karl Marx, *Die Frühschriften*, hg. v. Siegfried Landshut, Stuttgart: Alfred Kröner Verlag, 1953, S. 20-149; eine bemerkenswerte englische Ausgabe, Karl Marx, *Critique of Hegel's Philosophy of Right*, hg. v. Joseph O'Malley, Cambridge: Cambridge University Press 1970; ebenso Maximilien Rubel, der die Arbeit von O'Malley berücksichtigt, *Critique de la philosophie politique de Hegel*, in: Karl Marx, *Œuvres, III: Philosophie*, Paris: Gallimard, Bibliothèque de la Pléiade, 1982, S. 863-1018; die Ausgabe von Kostas Papaioannou mit einem Vorwort, *Critique de l'État hégélien*, Paris: »10 / 18«, 1976; schließlich Albert Baraquins Ausgabe, Karl Marx, *Critique du droit politique hégélien*, Paris: Editions Sociales, 1975. Gesamtinterpretationen dieses Textes finden sich bei: Jean Hyppolite, »Le concept hégélien de l'État et sa critique par K. Marx«, in: *Etudes sur Marx et Hegel*, Paris: Marcel Rivière, 1955, S. 120-141; Shlomo Avineri, »Marx's Critique of Hegel's philosophy of right in its systematic setting«, in: *Cahiers de l'ISEA*, 10. Jg., Nr. 176, August 1966, S. 45-81; Michel Henry, *Marx, I: Une philosophie de la réalité*, Paris: Gallimard, 1976, S. 35-83.

henden politischen Moderne ausarbeitet, ein einzigartiger Text, der gemäß Michel Henry von einer grenzenlosen philosophischen Bedeutung ist.

Weshalb also dieses relative Desinteresse? Muss man daraus schließen, dass der von Marx publizierte Text »Zur Kritik der Hegelschen Rechtsphilosophie. Einleitung« einen Schatten auf das Manuskript von 1843 geworfen hat, indem er es auf das Stadium einer Vorübung reduziert? Oder hatte das Urteil von Marx von 1859 den Effekt, den Weg zu jeglicher Lektüre, die seiner Selbstinterpretation widerspricht, zu versperren?

Vielleicht gibt es aber auch einen wesentlich tieferen Grund. Verändert eine offene und aufmerksame Lektüre der *Kritik* von 1843 nicht das Bild, das man sich von Marx gemacht hat? Was, wenn bei Marx parallel zu einer Naturalisierung der Politik die »leidenschaftliche Frage nach dem Wesen der Politik« fortbesteht und ebenso eine nicht weniger leidenschaftliche Frage nach den Gesichtern der Freiheit, die unter dem Namen der »wahren Demokratie« oder des Untergangs des Staates zutage treten?

Unsere Untersuchung hat ihren Ursprung ganz ohne Zweifel in der Frage nach unserem Heute. Befinden wir uns in einem machiavellischen Moment, das sich über die Verbindung Marx – Machiavelli oder über den Gegensatz dieser beiden Arten des Denkens konstituiert? Darüber hinaus wollen wir, noch bevor wir diesen Gegensatz zur Geltung bringen, das Dispositiv Machiavelli – Marx bei Marx selbst herausarbeiten, es als eine innere Spannung seines Denkens wieder zutage treten lassen und dank dieses Kurses im marxschen Werk das Vorhandensein mehrerer Entwicklungsmöglichkeiten einer Moderne aufdecken, die als ein Spannungsfeld begriffen wird.

1. Kapitel
Die Utopie des vernünftigen Staates

Auf den ersten Blick kann man die Texte von Marx von 1842 und Anfang 1843 (ein Artikel über die Winzer von der Mosel) als Ausdruck einer vollendeten und kohärenten Theorie des vernünftigen und demokratischen Staates betrachten, als eine Art Zusammenfassung der praktischen Kämpfe der demokratischen Bewegungen während der Französischen Revolution und der theoretischen Kämpfe der deutschen Philosophen, die sich im Kielwasser derer bewegten, die Walter Benjamin als die »Deutschen von 1789« bezeichnet hat.[33] Marx, der sich zu einem radikalen Journalisten entwickelt hat, bringt ein Thema auf, das als Leitmotiv der Bewegung der Linkshegelianer wiederkehrt: Die gegenwärtige Zeit ist – oder, besser, muss sein – die Zeit der Politik. 1841 begrüßt Arnold Ruge die neue Strömung – in erster Linie Bruno Bauer und Ludwig Feuerbach – als ein Auftauchen des Banners der *Montagnards* auf deutschem Boden. Und in den *Deutschen Jahrbüchern* eröffnet derselbe Ruge 1842 seine Kritik der hegelschen Rechtsphilosophie mit einer Erklärung zum Charakter des Zeitalters: »Unsre Zeit ist politisch, unsre Politik will die Freiheit dieser Welt. Wir bauen nicht

---

33 Man muss hierzu anmerken, dass diese Texte in der Entwicklung von Marx nicht nur den Stellenwert einer Etappe haben – der liberaldemokratische Anfang; er entschied tatsächlich selbst, einige dieser Artikel in den Band *Gesammelte Aufsätze*, der 1851 in Köln publiziert wurde, aufzunehmen, namentlich den Artikel über die preußische Zensurinstruktion und einen Teil seiner Kritik der Pressdebatten des 6. rheinischen Landtags (Pressefreiheit, Holzdiebstahl).

mehr am Kirchenstaat, sondern an dem Weltstaat, und das Interesse an dem öffentlichen Wesen der Staatsfreiheit wächst mit jedem Atemzug der Menschheit.«[34]

In den Augen Ruges ist diese Entdeckung der Politik, genauer des Elements des Politischen, Ausdruck einer geistigen Revolution, die sich mit dem Eintritt in ein neues Leben erfüllt, das im Zeichen der politischen Tugend steht. Im Namen dieses neuen Lebens kritisiert er die deutschen Philosophen, in diesem Fall Kant und Hegel, und ihren Hang zum diplomatischen Kompromiss. »Ihre Systeme sind Systeme der Vernunft und der Freiheit mitten in der Unvernunft und Unfreiheit.«[35] Außerdem unterstreicht Ruge die Widersprüche Hegels: Er, der es verstanden hat, das Wesen des Staates als Realisierung einer ethischen Vorstellung zu denken, der die politische Praxis als förderlich erachtet und die Deutschen wegen ihres politischen Nicht-Seins an den Pranger stellt, hat sich gleichwohl in einen einseitig theoretischen Standpunkt eingeschlossen, blind für die Verbindung zwischen Theorie und Leben und von der Vorstellung beseelt, dass es nur in der Sphäre des Geistes in Form einer spekulativen Vermittlung eine Versöhnung geben kann. Es ist an der neuen Bewegung, diese Widersprüche zu überwinden, indem sie sich der Realisierung der Vernunft im Leben widmet und den rein theoretischen Standpunkt aufgibt, um sich dem Willen der Menschen zuzuwenden. Die neue kritische Gesinnung – und in diesem Punkt ist sie fest im

34 Arnold Ruge, »Die Hegelsche Rechtsphilosophie und die Politik unserer Zeit«, in: *Deutsche Jahrbücher für Wissenschaft und Kunst*, Nr. 190-192, 1842; zitiert nach dem Wiederabdruck in: Manfred Riedel (Hg.), *Materialien zu Hegels Rechtsphilosophie*, Frankfurt/M.: Suhrkamp Verlag, 1975, Bd. 1, S. 323-349, hier S. 323.

35 Ebd., S. 331.

Element des Politischen verankert – präsentiert sich als Einheit von Wille und Denken und hat die Absicht, die Philosophie des Geistes durch eine Philosophie des Willens und des Handelns zu ersetzen.

Es ist dieser Glaube der Junghegelianer, gegen den Stirner in *Der Einzige und sein Eigentum* in einem recht polemischen Ton seine kritischen Pfeile richtet: »Staat! Staat! so lautete der allgemeine Ruf, und fortan suchte man die ›rechte Staatsverfassung‹, die beste Konstitution, also den Staat in seiner besten Fassung. Der Gedanke des Staats zog in alle Herzen ein und weckte Begeisterung; ihm zu dienen, diesem weltlichen Gotte, das ward der neue Gottesdienst und Kultus. Die eigentlich *politische* Epoche war angebrochen.«[36] Es ist daher legitim, wenn Arthur Rosenberg in seiner *Geschichte des Bolschewismus* bei Marx einen jakobinischen Einfluss erkennt, wobei er den Begriff in einem allgemeinen Sinn verwendet. Für Marx als Redakteur der *Rheinischen Zeitung* ging es darum, das französische Modell des revolutionären Staates nach Deutschland zu importieren, darum, einen vernünftigen Staat aufzubauen und seine Landsleute, die noch im »politischen Tierreich« untergetaucht waren, in die politische Moderne zu führen, das heißt, sie in ein Volk von Staatsbürgern zu verwandeln. Im März 1842 kündigt Marx gegenüber Ruge seine Absicht an, eine Kritik des hegelschen Naturrechts auszuarbeiten, vor allem hinsichtlich der inneren Verfassung. Er schreibt: »Der Kern ist die Bekämpfung der constitutionellen Monarchie als eines durch und durch sich widersprechenden und aufhebenden Zwitterdings. *Res publica* ist gar nicht deutsch zu über-

36 Max Stirner, *Der Einzige und sein Eigentum. Ausführlich kommentierte Studienausgabe*, hg. v. Bernd Kast, Freiburg und München: Verlag Karl Alber, 2009, S. 108.

setzen.«[37] Der Prüfung des Scheiterns unterzogen, gesteht Marx kurz vor seiner Abreise nach »Paris, der Hauptstadt des 19. Jahrhunderts«, wo er in Zusammenarbeit mit Ruge ein einziges Heft der *Deutsch-Französischen Jahrbücher* herausbringt, auf diese Weise die Vergeblichkeit eines solchen Vorhabens im Deutschland Friedrich Wilhelms IV. ein: »[...] Deutschland [ist] tief in den Dreck hineingeritten und wird es noch immer mehr [...], so fühlt man doch Nationalscham, sogar in Holland. Der kleinste Holländer ist noch ein Staatsbürger gegen den größten Deutschen.«[38] Die Bezugnahme auf Holland sollten wir als Wink verstehen, da sie in Marx' Entwicklung nicht ohne Bedeutung ist: Holland ist zunächst das Land Spinozas, des Autors des *Tractatus theologico-politicus*, zu dem Marx 1841 ein wichtiges Heft mit Exzerpten angelegt hat. Ferner war Holland innerhalb des absolutistischen Europa eines der wenigen Beispiele für die Verwirklichung des republikanischen Modells und erlaubte damit die Republik nicht nur als eine schöne Einrichtung der Vergangenheit zu betrachten, sondern auch als ein mögliches Schicksal der modernen Welt.

Die Beiträge von Marx als politischem Journalisten können so auf einer ersten Analyseebene als eine harmonische Verbindung von Jakobinismus und Linkshegelianismus betrachtet werden; diese bezeugt gleichzeitig den Willen, den Staat durch die Schaffung einer säkularen politischen Gemeinschaft von der Religion zu befreien, und den Wil-

---

37 Karl Marx an Arnold Ruge, 5. März 1842, in: Karl Marx und Friedrich Engels, *Gesamtausgabe* (= MEGA), herausgegeben vom Institut für Marxismus-Leninismus beim ZK der SED, Berlin: Dietz Verlag, 1975, Bd. III/1, S. 22.

38 Karl Marx an Arnold Ruge, im März 1843, in: MEW, Bd. 1, S. 337.

len, die politischen Formen des Ancien Régime zu zerschlagen – die hierarchischen Strukturen, die Herrschaft der Privilegien –, um sie durch eine demokratische Republik zu ersetzen, die auf politischer Gleichheit beruht.

Aber eine Lektüre dieser Texte unter ausschließlich politischen Gesichtspunkten ist, so genau sie auch sein mag, offenkundig unzureichend. Denn die hier zum Ausdruck kommenden politischen Positionen sind in gewisser Weise *abgeleitet*. Tatsächlich – und das ist das, was uns dazu berechtigt, in dieser neuen Strömung das Auftauchen eines machiavellischen Moments zu sehen – bemerkt man bei dieser politischen Thematik über die Opposition gegenüber dem christlichen Staat und gegenüber den politischen Formen des Ancien Régime hinaus die Reaktivierung beziehungsweise Wiederholung eines Phänomens von ganz anderer Tragweite, insofern das Wesen des gesellschaftlichen Seins selbst, die Verbindung zwischen Denken und Handeln, zwischen Philosophischem und Politischem, hinterfragt wird. Gemäß Claude Lefort ist dieses Phänomen die Bedingung für das Auftreten eines rationalistischen und universalistischen Konzepts von Politik, in diesem Fall des florentinischen Humanismus. Ein ursprüngliches Phänomen, denn es geht »um eine radikale Veränderung, die nicht nur das politische Denken betrifft, sondern auch die Kategorien, mittels derer das Reale bestimmt wird«.[39] Im Zuge des Bruchs mit der theologischen Repräsentation der Welt entwickelt sich »für das Denken ein *Ort* der Politik und in Konsequenz dessen ein Einbrechen des Realen in den ureigensten Bereich der Politik. Was so realisiert werden kann, ist eine

39 Claude Lefort, »La naissance de l'idéologie et de l'humanisme«, in: *Les formes de l'histoire*, Paris: Gallimard, 1978, S. 236.

Verbindung mit diesem Ort – kein neuer politischer Diskurs, sondern ein Diskurs über die Politik als solche.«[40]

Um diese »maximale« Lektüre zu legitimieren und die Herausbildung des machiavellischen Moments zu begreifen, ziehen wir zwei Texte heran, einen von Feuerbach und einen von Marx, die aufs Beste zeigen, dass der politische Diskurs, der »in modernem Französisch« auf der deutschen Bühne zwischen 1841 und 1843 geführt wurde, aus einem Diskurs zur Begründung der Politik, genauer des Ortes der Politik, hervorgeht, der vollständig darauf ausgerichtet ist, die Dimension des Politischen als die für die Humanität konstitutive Dimension zurückzuerobern.

1842 ruft Feuerbach in dem Aufsatz »Notwendigkeit einer Reform der Philosophie« zu einem Umbau der Philosophie auf und unterscheidet, um die Radikalität und Neuheit seines Vorhabens zu unterstreichen, zwei Formen der Reform: eine interne Reform der Philosophie, als »Kind eines philosophischen Bedürfnisses«, und eine externe Reform, die sich auf die Welt der Geschichte außerhalb des philosophischen Feldes bezieht und insofern auf die Befriedigung eines Bedürfnisses nach Humanität ausgerichtet ist. Es ist eine Reform des zweiten Typs, zu der Feuerbach einlädt; ihre Notwendigkeit liegt für ihn in zwei miteinander zusammenhängenden Entwicklungen, die die Gegenwart kennzeichnen: zum einen ein religiöser Wandel in Form einer Lossagung vom Christentum, zum anderen das Aufkommen eines neuen Bedürfnisses nach Humanität: das Bedürfnis nach politischer Freiheit oder schlicht das politische Bedürfnis. Er führt aus, dass zwischen dem Christentum und dem neuen fundamentalen Bedürfnis nach Humanität eine prinzipielle Feindschaft

40 Ebd.

besteht, eine Feindschaft, die er in machiavellischen Begriffen beschreibt: »Die Menschen werfen sich gegenwärtig auf die Politik, weil sie das Christentum als eine den Menschen um die politische Energie bringende Religion erkennen.«[41] Die Politik hat, so Feuerbach, die Religion ersetzt. Aus dieser Umkehrung des menschlichen Blicks, der von nun an auf die Erde und nicht mehr auf den Himmel gerichtet ist, leitet er die Notwendigkeit einer Reform der Philosophie sowie die Richtung dieser Reform ab. Der Philosophie kommt demnach die Aufgabe zu, sich in eine Religion umzuwandeln oder, besser, ein »oberstes Prinzip« auszuarbeiten, das es der Politik erlaubt, sich in eine Religion umzuwandeln, das heißt nicht nur den Kopf der Menschen zu erreichen, sondern sie auch in ihrem Herzen zu berühren.

So ist es das politische Bedürfnis, das den Status eines Bedürfnisses nach einem neuen Zeitalter in der menschlichen Geschichte erhält, das die Reform der Philosophie leitet und einfordert. Außerdem kann man eine wahrhafte Umwandlung feststellen, die Feuerbach im Zuge einer typisch dialektischen Vorgehensweise vollzieht, insofern die Negation der Religion als Bedingung der Möglichkeit einer Wiederaneignung des Politischen geltend gemacht wird: Die Auflösung der Verschränkung von Politischem und Theologischem, die Emanzipation des Politischen vom Religiösen gilt als vorbereitendes Moment einer Umwandlung der Politik in Religion, die sich dem Eingreifen der Philosophie verdankt. Ja mehr noch, diese neue Sakralisierung des Politischen orientiert sich durch und durch an dem von Feuerbach entworfenen Begriff des Staates.

---

41 Ludwig Feuerbach, »Notwendigkeit einer Reform der Philosophie«, in: *Anthropologischer Materialismus. Ausgewählte Schriften I*, herausgegeben und eingeleitet von Alfred Schmidt, Frankfurt/M., Berlin und Wien: Ullstein Verlag, S. 79.

Vom Standpunkt seiner Genese betrachtet, leitet sich der Staat, folgt man Feuerbach, aus einer Negation der Religion ab: Wenn die religiöse Bindung in die Brüche geht oder sich auflöst, kann die politische Gemeinschaft entstehen, wenn sich die Beziehung zu Gott auflöst, kann sich eine Bindung zwischen den Menschen entwickeln. So arbeitet das neue oberste Prinzip in seiner negativen Form, dem Atheismus.

Vom Standpunkt seines Aufbaus selbst her betrachtet – wo sich die Arbeit des obersten Prinzips in ihrer positiven Form abspielt, dem »Realismus« –, unterliegt der Staat einer komplexen Folge von zwei ineinandergreifenden Prozessen, so als hätte das Ende der religiösen Bindung zu einem Zerbersten, einer Trennung oder einer Loslösung geführt, durch die eine neue Bindung entsteht, die politische Bindung, die Bindung, die sich in und durch die Politik herstellt. Tatsächlich ist das Theologisch-Politische letztlich eine unfassbare Mischung, da es zwei Logiken, die in entgegengesetzte Richtungen arbeiten, zusammenbringen möchte. »Die Religion im gewöhnlichen Sinne ist so wenig das Band des Staates, daß sie vielmehr die Auflösung desselben ist.« Gott als Vater, Versorger, »Regent und Herr der Weltmonarchie« anzusetzen macht das für das politische Feld charakteristische zwischenmenschliche Band zu einer Nichtigkeit. »Der Mensch bedarf daher nicht des Menschen [...]. Er verläßt sich auf Gott, nicht auf den Menschen [...]. Der Mensch ist daher nur zufällig mit dem Menschen verknüpft.« Nur die Auflösung des religiösen Bandes, das Moment der Trennung, macht das politische Band, das Moment einer neuen Vereinigung, möglich. Betrachtet man die subjektive Genese des Staates, dann wird deutlich, dass zwischen der Lösung vom Religiösen und der Bildung des Staates ein Zusammenhang besteht. »[S]o treten die Menschen nur deshalb zusammen, weil sie an keinen Gott glauben, weil sie […] ihren religiösen Glauben negieren. Nicht der Glaube an Gott, die Verzweiflung an Gott hat die Staaten gegründet. Subjektiv erklärt den Ursprung des Staates der Glaube an den Menschen als den Gott des Menschen.«[42] Der Ausgang aus dem Theologisch-Politischen vollzieht sich mithin in einer Bewegung der Trennung und der Vereinigung, der Entbindung und der Verbindung, die im gleichen Augenblick, in dem sie den menschlichen Subjekten ihre Endlichkeit zurückgibt, eine neue aufsteigende Sequenz aufmacht und dem Auftreten eines neuen unendlichen Subjekts den Weg bahnt, das sich über das Terrain der Unvollkommenheit der endlichen Subjekte erhebt. Die Eigenschaften, die diesem neuen Subjekt zugesprochen werden, das der wieder sich selbst überantworteten menschlichen Bindung entspringt, sind bemerkenswert. Der Staat wird als unendliches Wesen angesetzt, als Ganzheit, als reines Wirken, als Selbstbestimmung, kurz als mit allen Attributen der Göttlichkeit ausgestattet.

Der Staat ist der Inbegriff aller Realitäten, der Staat die Vorsehung des Menschen. Im Staate vertritt einer den anderen, einer ergänzt den anderen […] ich bin umfangen von einem allgemeinen Wesen, bin Glied eines Ganzen. Der [wahre] Staat ist der unbeschränkte, unendliche, wahre, vollendete, göttliche Mensch. Der Staat ist erst der Mensch – der Staat der sich selbst bestimmende, sich zu sich verhaltende, der *absolute Mensch*. […] der Staat [ist] den Menschen Gott […], daher er sich mit Recht das göttliche Prädikat der »Majestät« vindiziert.[43]

---

42 Ebd., S. 78 f.
43 Ebd., S. 79.

Dieser Text ist für unsere Zwecke grundlegend:

Neben der Anerkennung des politischen Bedürfnisses als eines spezifischen Bedürfnisses der Moderne zeigt sich hier auf den Trümmern der theologischen Repräsentation der Welt in der Tat eine *philosophische Konzeption des Politischen*, so als wäre das Politische dergestalt erhöht auf das Niveau eines in die Tat umgesetzten neuen philosophischen Prinzips, »des Realismus«, letztlich imstande, die Frage, die die Geschichte unaufhörlich umtreibt, zu denken und zu lösen: das Zu-sich-Kommen eines universalen Subjekts, das sich selbst völlig transparent ist und in der Übereinstimmung mit sich die Ära der irdischen Versöhnung einläutet. Eine sehr moderne Aufwertung des Politischen, in der man unstrittig die Denkbewegung erkennen kann, die gemäß Jacques Taminiaux die Moderne charakterisiert, nämlich »den Entschluss zu einer Entwertung und sogar Ausschließung der Endlichkeit«, die selbst innerhalb eines Denkens auftreten kann, das sich die Endlichkeit eingesteht – in diesem Fall in Form von Feuerbachs Anrufung des Herzens als Quelle der Zuneigung, des Bedürfnisses, der Empfindsamkeit.[44] Schließlich scheint uns dieser Text bestens das geistige Klima zu beschreiben, in dem der junge Marx zu denken und zu schreiben begonnen hat, so als hätte diese Aufwertung des Politischen den Horizont gebildet – eine theoretische Matrix vielleicht –, von dem aus Marx sukzessive den modernen Staat, die »wahre Demokratie«, den Kommunismus gedacht hat, lauter Begriffe, die besagen wollen, dass das

---

44 Jacques Taminiaux, »Modernité et finitude«, in: *Recoupements*, Brüssel: Ousia, 1982, S. 74-90. Ein Teil dieses Aufsatzes wurde in einem Sammelband zu Ehren von Jacques Taminiaux veröffentlicht mit dem Titel *Phénoménologie et politique*, Brüssel: Ousia, 1989.

Rätsel der Geschichte endlich gelöst ist, dass sie zu sich selbst gekommen ist, dass erreicht ist, was Feuerbach mit dem Begriff des Realismus meint: die »unmittelbare Einheit mit uns selbst, mit der Welt, mit der Wirklichkeit«.[45] Deshalb ist es legitim, Marx' Text von 1842 mit dem Titel »Der leitende Artikel in Nr. 179 der ›Kölnischen Zeitung‹« im Licht dieser Rehabilitierung des Politischen zu interpretieren. Er liest sich wie ein kleines machiavellisch-spinozistisches Manifest und ist überdies auf den 14. Juli datiert.[46] Marx wollte hier gegen einen Leitartikel zu Felde ziehen, der von der Logik des christlichen Staates inspiriert war und von daher der Philosophie das Recht absprach, in der Presse politische Fragen unter dem Gesichtspunkt der Vernunft abzuhandeln.

Ein machiavellisch-spinozistisches Manifest ist dieser Text, da Marx als ein eifriger Leser Spinozas, vor allem des *Tractatus theologico-politicus* während des Jahres 1841, die gesamte Argumentation seiner Gegenattacke, die das Ziel hat, der Philosophie sehr wohl das Recht zur Behandlung politischer Fragen zuzusprechen, auf Prinzipien aufbaut, die Spinoza entliehen sind, der, wie man weiß, einer der Ersten war, die in Machiavelli eine Liebe zur Freiheit erkannten (*Politischer Traktat*, Kap. 5).[47] Zunächst stößt man auf eine mehrfach wiederholte scharfe Kritik der Ignoranz, deren dämonische Macht in der Geschichte unzählige Tragödien verursacht. Aber vor allem greift Marx das spinozistische Thema einer rechtmäßigen Trennung

45 Feuerbach, »Notwendigkeit einer Reform der Philosophie«, a. a. O., S. 80.

46 Der 14. Juli ist als Tag des Sturms auf die Bastille ein symbolträchtiges Datum (Anm. d. Übersetzerin).

47 Maximilen Rubel, »Marx à la rencontre de Spinoza«, in: *Cahiers Spinoza*, Nr. 1, Sommer 1977, S. 7-28.

von Theologie oder Glaube und Philosophie auf, wobei die eine es mit Gehorsam und Inbrunst im Verhalten zu tun hat, die andere mit Wahrheit (Vorwort zum *Tractatus theologico-politicus* und Kap. XV). Daraus leitet Marx die Berufung der Philosophie zur Erkenntnis der Wahrheit nach dem Modell der Naturerkenntnis ab. »Gibt es keine *allgemein menschliche* Natur, wie es eine allgemeine Natur der Pflanzen und Gestirne gibt? Die Philosophie fragt, was wahr, nicht was gültig ist.«[48] Daher der spezifische Charakter des philosophischen Diskurses: als ein Werk der Vernunft möchte er der Vernunft Gehör verschaffen. »Ihr sprecht ohne Studium, sie spricht mit Studium, ihr wendet euch an den Affekt, sie wendet sich an den Verstand.«[49] Hieraus folgt für Marx auch das Recht der menschlichen Vernunft, der Philosophie, sich mit den menschlichen Angelegenheiten zu befassen, mit der Organisation des Gemeinwesens, und dies nicht »in der trüben Sprache der Privatmeinung«, sondern »in der läuternden Sprache des öffentlichen Verstandes«. Dementsprechend klar ist für ihn, »daß die Zeitungen politische Gegenstände nicht nur besprechen dürfen, sondern auch müssen. Es scheint von vornherein die Weisheit der Welt, die Philosophie, mehr Recht zu haben, sich um den Staat zu bekümmern, als die Weisheit jener Welt, die Religion.«[50] Von Spinoza übernimmt Marx somit nicht nur die zentrale These des *Tractatus theologico-politicus* – die Freiheit der philosophischen Untersuchung –, sondern auch die Idee, dass die Gründung der *res publica* eine Auflösung des theologisch-politischen Nexus erfordert, dieser unreinen

48 Karl Marx, »Der leitende Artikel in Nr. 179 der ›Kölnischen Zeitung‹«, in: MEW, Bd. 1, S. 94.
49 Ebd., S. 99.
50 Ebd., S. 100.

Mischung aus Glauben, Überzeugung und Diskurs, die zur Unterwerfung auffordert, dieser speziellen Allianz des Theologischen und Politischen (zur Zeit von Marx verkörpert im christlichen Staat), bei der die Theologie sich unter Berufung auf die göttliche Autorität des Gemeinwesens bemächtigt, die politische Gemeinschaft versklavt und, schlimmer noch, deren Ordnung vollkommen aus dem Gleichgewicht bringt, indem sie deren eigene Logik mit einer fremden Logik überlagert.

So zeigt sich eine durchgehende Linie, die von Machiavelli über Spinoza zu Marx führt. Sie besteht in einer Befreiung der politischen Gemeinschaft vom theologischen Despotismus, um dem Politischen seinen eigenen Inhalt zurückzugeben und so die Einführung eines vernünftigen Staates zu ermöglichen. Dafür genügt es, so Marx, »den Staat aus der Vernunft der menschlichen Verhältnisse zu entwickeln, ein Werk, was die Philosophie vollbringt«. »Also«, schreibt Marx, »nicht aus dem Christentum, aus der eigenen Natur, aus dem eigenen Wesen des Staates müßt ihr das Recht der Staatsverfassungen entscheiden, nicht aus der Natur der christlichen, sondern aus der Natur der menschlichen Gesellschaft.«[51]

Man hat umso mehr das Recht, diese Kontinuität herauszustellen, als dies exakt die Front ist, die Marx in seiner Offensive gegen die Verfechter des christlichen Staates aufmacht. Dennoch möchte Marx nicht einfach eine strategische Position einnehmen, sondern sein eigenes Verständnis der Geschichte der politischen Philosophie zum Ausdruck bringen, definieren, worin aus seiner Sicht der spezifische Beitrag der Moderne zum Denken des Politischen besteht. Betrachten wir einige bemerkenswerte

51 Ebd., S. 102.

Formulierungen, die diesem Text den Charakter eines Manifests verleihen; Marx möchte hier tatsächlich das *initium* umreißen, von dem aus es von nun an möglich ist, die politischen Dinge zu denken. Für ihn geht es um eine wahrhaft kopernikanische Revolution:

Gleich vor und nach der Zeit der Entdeckung des großen Kopernikus vom wahren Sonnensystem *wurde zugleich das Gravitationsgesetz des Staats entdeckt, man fand seine Schwere in ihm selbst* [...] so begannen früher Machiavelli, Campanella, später Hobbes, Spinoza, Hugo Grotius, bis zu Rousseau, Fichte, Hegel herab, *den Staat aus menschlichen Augen zu betrachten und seine Naturgesetze aus der Vernunft und der Erfahrung zu entwikkeln, nicht aus der Theologie.*[52]

Die Legitimität, philosophisch nach dem Politischen zu fragen, gründet in der Autonomie des Politischen. Umgekehrt muss die Autonomie des Staatsbegriffs mit der kritischen Arbeit der Philosophie verbunden werden, mit der Emanzipationsbewegung, die die Bildung eines weltlichen Wissens vom Politischen in seiner Eigenständigkeit ermöglicht hat. Es ist die Bildung dieses weltlichen Wissens vom Politischen, an die Marx die moderne Theorie vom Ausgleich der Kräfte anknüpft. Deshalb reiht er die Entdeckung des politischen Systems in die allgemeine Entwicklung einer Emanzipation der Wissenschaften von der Offenbarung und vom Glauben ein, die er mit Baco von Verulam ansetzt, der es ihm zufolge verstanden hat, die Physik von der Theologie zu befreien. Doch auch wenn Marx das Neue der Moderne anerkennt, darf man nicht übersehen, dass er die Beziehung betont, die jene mit dem klassischen politischen Denken unterhält, so als

52 Ebd., S. 103, Herv. Miguel Abensour.

hätte die Moderne das Christentum übersprungen, um eine für die Antike charakteristische Form des Fragens wiederaufzunehmen. »Die neueste Philosophie hat nur eine Arbeit weitergeführt, die schon Heraklit und Aristoteles begonnen haben.«[53] Sokrates, Platon und Cicero werden ebenfalls als Symbole kultureller Höhepunkte in der Geschichte zitiert, als Symbole von Momenten, in denen Blütezeiten im Leben des Volkes mit dem Aufstieg der Philosophie und dem Untergang der Religion einhergingen. Diese Bezugnahme auf die »Alten« ist wichtig, da sie die Komplexität, wenn nicht Ambiguität dieses Textes veranschaulicht, in dem die Beziehung zur modernen Wissenschaft und – unter dem Namen Machiavellis – eine Wiederentdeckung der Autonomie des Politischen nebeneinander bestehen, der aber noch weit davon entfernt ist, das Denken in die Bahnen des Empirismus zu lenken. Ja, das Gegenteil ist der Fall. Tatsächlich stammt die Idee von der Autonomie des Staatsbegriffs aus einer anderen, genauer gesagt, spekulativen Richtung. Den Staat mit menschlichen Augen zu betrachten, das Gravitationsgesetz des Staates zu entdecken, davon auszugehen, dass die Schwere in ihm selbst liegt, das sind alles Schlüsselthemen, die man in einem zweifachen Sinne zu verstehen hat: 1. Um die Logik des Staates zu begreifen, muss man sich vom Theologischen befreien; 2. ist diese Befreiung nicht nur eine Befreiung in Form einer Loslösung, sondern sie muss sich auf das Niveau einer *Position* erheben, zur Freiheit ja sagen. Ist diese Freiheit erst einmal erreicht, muss man sich mit anderen Worten davor hüten, diese Logik der Politik auf Ordnungen zu übertragen, die nicht dem Bereich des Politischen entstammen und eine

53 Ebd.

empirische Genese des Staates entfalten, andernfalls wird diese Dimension, die das Denken gerade erst wiederentdeckt hat, sogleich erneut verdunkelt.

Das ist der Grund, weshalb Marx bewusst Distanz wahrt gegenüber den modernen Theorien des Naturrechts (Hobbes, Grotius, Kant), die über ihre Unterschiede hinweg darin übereinstimmen, dass sie eine Vorstellung vom Staat entwickeln, die auf einer soziopsychologisch gefassten empirischen Genese beruht. »Wenn aber die früheren philosophischen Staatsrechtslehrer aus den Trieben, sei es des Ehrgeizes, sei es der Geselligkeit, oder zwar aus der Vernunft, aber nicht aus der Vernunft der Gesellschaft, sondern aus der Vernunft des Individuums den Staat konstruierten«,[54] so entscheidet sich Marx dementgegen dafür, einem Beispiel aus der jüngsten Philosophie, das eine »ideellere und gründlichere Ansicht« – zweifelsohne die Hegels – zum Ausdruck bringt, zu folgen und sich einem spekulativen Konzept des Politischen zuzuwenden.

Marx begreift den Staat als ein organisches Ganzes, als ein Wesen, dessen spezifische Daseinsweise das System ist. Deshalb darf die Einheit der Vielheit, die das System des Staats oder der Staat als System realisiert, nicht als ein Einheitsresultat verstanden werden, das auf einen Zusammenschluss oder eine Verbindung der Vielheit, sei diese nun harmonisch oder konfliktvoll (gemäß dem Standpunkt der Empiristen), zurückgeht, sondern muss nach dem Modell einer organischen Einheit aufgefasst werden. Die Idee des Staates, sprich: ihr spekulatives Ideal, wird von der Idee des Ganzen oder, wie Marx auch schreibt, von der »Vernunft der Gesellschaft« her gedacht. Eine andere Folge dieses spekulativen Staatsbegriffs ist, dass

54 Ebd., S. 104.

jegliches Denken einer Trennung, einer Exteriorität von Staatsbürger-Individuum und dem Ganzen des Staates zurückgewiesen wird zugunsten einer Einbindung der Singularität in die organische Einheit oder, genauer, der Anerkennung einer perfekten Übereinstimmung von individueller Vernunft und der Vernunft der Institution Staat, die selbst ein Werk der menschlichen Vernunft ist.[55] Diese Verankerung in einem spekulativen Denken des Staates verdient hervorgehoben zu werden, da man so der Dimension, in der man die Idee der Autonomie ansiedeln muss, recht nahekommt. Man muss die Idee der Autonomie des Staatsbegriffs in einem doppelten Sinn verstehen: Negativ betrachtet, impliziert die Behauptung der Autonomie die Ablehnung einer empirischen Genese, ebenso die Ablehnung des Vertragsmodells oder einer Genese, die auf dem Wettstreit der Vernunft von Individuen basiert. Positiv betrachtet, erfordert ein Denken des Staates gemäß diesem Konzept, nämlich als erste Form, als integrative, gestaltende Form, die Autonomie in ihrer stärksten Form zu denken, damit dieses Konzept sich mit all seinen Implikationen entfalten kann, bis zu dem Punkt, in der politischen Gemeinschaft die Gründungsmacht des Sozialen zu sehen. Den Staat als *»großen Organismus«* zu betrachten, ihn jenseits jeglicher Ableitung anzusiedeln, bedeutet damit zugleich, seinen Vorrang einzugestehen und ihn an dem Ort zu installieren, an dem sich das Soziale herausbildet.

Der Text von Marx ist nüchterner als der von Feuerbach. Beim einen wie beim anderen stellt man gleichwohl fest, dass der Kampf gegen eine theologische Repräsentation der Welt den Weg für eine Wiederentdeckung des

55 Ebd.

Politischen frei macht, auch wenn die von Feuerbach explizit ausgesprochene Forderung, »die Politik muß unsere Religion werden«,[56] zeigt, dass in der Moderne die Frage nach den Verbindungen zwischen dem Politischen und dem Religiösen nicht geregelt ist.

56 Ludwig Feuerbach, »Notwendigkeit einer Reform der Philosophie«, a. a. O., S. 78.

2. Kapitel
Die politische Intelligenz

Die Bedeutung der Autonomie des Staatsbegriffs offenbart sich in ihrem ganzen Ausmaß, wenn man nicht mehr der Konstitution des machiavellischen Moments bei Marx nachgeht, sondern stattdessen den Beitrag untersucht, den er in Form einer Reflexion über die Presse und einer theoretischen Abhandlung über den Wiederaufbau des Staates hierzu leistet. Wenn der Staat über die Vernunft zu sich gekommen ist, stellt einzig der Standpunkt der Vernunft eine legitime Perspektive zur Formulierung eines Denkens des Staates dar. Das heißt, dass in diesen Texten des jungen Marx die politische Kritik von der philosophischen Kritik und die Kritik des Privatinteresses von der Kritik des Empirismus abhängt. »[...] so wenig darf und kann der Staat, dieses natürliche Geisterreich, in einer Thatsache der sinnlichen Erscheinung sein wahres Wesen suchen und finden.«[57] Um »das Recht der jungen Bäume« den Menschenrechten unterzuordnen, entwickelt Marx eine Theorie der »politischen Intelligenz«. Die politische Intelligenz bezeichnet die Tätigkeit des Geistes, mittels derer die Gegenstände der sinnlichen Erfahrung interpretiert, geordnet und organisiert werden. Ein Gegenstand der sinnlichen Erfahrung kann mit anderen Worten nur in und durch die Tätigkeit der politischen Intelligenz einen Sinn erlangen. Sofern der Gesetzgeber auf der Höhe der modernen Weltsicht ist, also weit davon

57 Karl Marx, »Die Artikel Nr. 335 und 336 in der Ausgabe der Augsburger ›Allgemeinen Zeitung‹ über die ständischen Ausschüsse in Preußen«, in: MEGA, Bd. I/1, S. 275.

entfernt, die Gegenstände in ihrer Unmittelbarkeit zu erfassen, muss er sie durch die Brille des Staates wahrnehmen und ihnen einen Sinn verleihen, indem er sie auf das geistige Terrain des Staates befördert. Die politische Intelligenz ist ein *Prinzip*, und zwar in doppelter Hinsicht: als Ursprung und Grund; sie ist die »organisierende Seele«. Die politische Intelligenz bezeichnet ein neues Vermögen, das einer kopernikanischen Revolution in der Politik korrespondiert: Sie definiert das Zentrum, um das sich alle vom Gesetzgeber behandelten Gegenstände drehen müssen, den Sinnhorizont, von dem aus sie zu begreifen und zu formen sind. »Die politische Intelligenz wird zum Beispiel das Grundeigenthum nicht nach seinem Privategoismus, sondern nach seiner Staatsnatur geltend machen, sie wird nicht nach diesem besondern Wesen das allgemeine Wesen, sondern sie wird nach dem allgemeinen Wesen dies besondere Wesen bestimmen.«[58] Die politische Intelligenz, die jede Exteriorität aufhebt und als Organ des Ganzen fungiert, ist das, was es dem Geist erlaubt, in und durch die Form des Staates zu sich zu kommen. »Für die Intelligenz gibt es nichts Aeußerliches, weil sie die innere bestimmende Seele von allem ist.«[59]

Die politischen Folgen eines solchen Standpunkts sind leicht vorauszusehen: Die für das Eigentum getroffene Regel – die politische Intelligenz muss das Eigentum kritisieren und überwinden – gilt für jedes Element, das die Absicht hat, sich auf seine Exteriorität zu berufen, um sich dem Prozess der Totalisierung und Universalisierung zu entziehen. Als Gegenentwurf zur Logik des Privatinteresses definiert Marx die Logik des Staates als

58 Ebd., S. 284.
59 Ebd.

eine Sphäre der bewussten Organisation oder, genauer gesagt, vollzieht er einen Schnitt zwischen dem Standpunkt des Privatinteresses und dem des Staates. Die Sphäre des Staates ist autonom, lichtvoll, ja sogar erhaben und kann nur um den Preis des Verlustes ihrer Würde, ihrer Identität und ihrer spezifischen Seinsweise auf enge Grenzen und auf die armselige Dimension des Interesses oder des Privateigentums reduziert werden. »Wenn der Staat sich auch nur an einem Punkt so weit herabläßt, statt in seiner eigenen Weise in der Weise des Privateigentums tätig zu sein, so folgt unmittelbar, dass er sich in der Form seiner Mittel den Schranken des Privateigentums akkommodieren muß.«[60] Mindestübereinkommen, ein wenn auch nur teilweiser Verzicht auf die Mittel und die Seele des Staates können notwendigerweise nur eine Vermischung von zwei heterogenen Ordnungen nach sich ziehen. Entsprechend dieser Unabhängigkeit des Staates von Bestimmungen, die auf die Interessen zurückgehen, die die bürgerliche Gesellschaft konstituieren, sowie mit Blick auf die Heterogenität des Staates definiert Marx die politische Moderne als Epoche des öffentlichen Rechts.

Dem Prinzip des Privatinteresses, »das Recht und die Freiheit mögen zu Grunde gehen«, stellt Marx dessen genaues Gegenteil gegenüber, das Prinzip, »besser gehe das Privatinteresse zu Grunde«. Die Bestimmung des Staates liegt nicht in der Beseitigung der Brüchigkeit der weltlichen Verhältnisse. Soll heißen, die Garantien, die der Staat dem Privatinteresse gewährt, haben Grenzen; sie sind der Bestimmung des Staates, universal zu sein, unterzuordnen. Marx mahnt die Waldbesitzer, »gegen den Staat ist

---

60 Karl Marx, »Verhandlungen des 6. Rheinischen Landtags. Von einem Rheinländer. Dritter Artikel: Debatten über das Holzdiebstahlsgesetz«, in: MEW, Bd. 1, S. 126.

der größte Baum kaum ein Holzsplitter«,[61] und im Falle einer Nichtbehebung des Schadens muss das unsterbliche Interesse des Rechts gegenüber dem sterblichen Recht des Interesses die Oberhand behalten. »Die Welt fällt deswegen nicht aus ihren Angeln, der Staat verläßt deswegen nicht die Sonnenbahn der Gerechtigkeit.«[62] In den Texten von 1842 spricht sich Marx als Theoretiker des politischen Idealismus oder der Aufwertung des Politischen immer für politische Lösungen aus, das heißt für Lösungen, die beim Auftreten materieller Konflikte in der Lage sind, sich über die Sphäre, in der diese Konflikte auftreten, zu erheben und den rationalen Standpunkt des Ganzen durchzusetzen. Dennoch wäre es falsch, diese Beziehung zwischen dem Staat und der Sphäre der Privatinteressen als eine externe Beherrschung autoritären Stils anzusehen. In Kenntnis der Konflikte zwischen dem Privatinteresse und dem Recht stellt Marx die Theorie des grundlegenden Phänomens der »politischen Transsubstantiation« auf, das mit der Natur des modernen Staates selbst einhergeht. In der katholischen Theologie bezeichnet die Transsubstantiation die Wandlung der Substanz von Brot und Wein in den Leib und das Blut Christi beim Sakrament der Eucharistie. Eine Operation gleicher Art vollzieht sich an der Wurzel des Staates. Sie ermöglicht eine Wandlung der Substanz, so dass der Staat permanent die Funktion einer Vermittlung zwischen dem Menschen und seiner Freiheit ausübt und eine transformierende Tätigkeit alle Probleme und alle Fragen, die die bürgerliche Gesellschaft bewegen und teilen, durchdringt. Durch seine Eingliederung in die Sphäre des Staates wird das Privatinteresse so nicht unter-

---

61 Ebd., S. 141.
62 Ebd., S. 142.

geordnet oder unterdrückt, sondern erfährt eine Transformation, eine Vergeistigung, die gleichzeitig seine Exteriorität aufhebt. Es geht nicht so sehr darum, das Interesse zu unterdrücken, es abzutöten, was bei einem Staatsinterventionismus der Fall wäre, sondern darum, das Privatinteresse aus den finsteren Tiefen der bürgerlichen Gesellschaft in das Licht des Staates zu überführen. Im geistigen Milieu des Staates angekommen, legt das Privatinteresse sein prosaisches Kleid, sein rohes Erscheinungsbild eines Privatinteresses ab, um nunmehr in das Kleid des Staates zu schlüpfen. Innerhalb der Moderne gibt es gemäß Marx dennoch einen Konflikt zwischen zwei Logiken, der Logik des Privatinteresses, so wie er sie in dem Artikel über das Holzdiebstahlsgesetz definiert (Oktober bis November 1842), und der Logik der Wiederherstellung des Politischen, so wie er sie in dem Artikel über die Verhältnisse in Preußen (Dezember 1842) präsentiert. Bleibt man bei den organischen Bildern von Marx, kann man sagen, dass im einen Fall – der Logik des Privatinteresses – der politische Körper sich auflöst und zersetzt, um dem repressiven Körper des Eigentümers Platz zu machen. Parallel zur Auflösung des politischen Körpers ereignet sich ein Verfall, ein Abstieg nach unten.[63]

Im anderen Fall – der Logik des Staates – trifft man auf das Phänomen der Transsubstantiation, das einen tatsächlichen Wiederaufbau des Staates beziehungsweise eine Wiederherstellung des Politischen bewirkt. Dabei löscht es die Materialität, die Passivität und die Abhängigkeit aus und lässt die Elemente des Staates einen aufsteigenden Kurs nehmen, der sie in eine Sphäre fortträgt, in der sie nunmehr die Sonne der Freiheit und der Gerechtig-

63 Ebd., S. 130f.

keit umkreisen und so eine unaufhaltsame Metamorphose erfahren. »In einem wahren Staate gibt es kein Grundeigenthum, keine Industrie, keinen materiellen Stoff, die als solche rohe Elemente mit dem Staat ein Abkommen treffen könnten, es gibt nur *geistige Mächte* und nur in ihrer staatlichen Auferstehung, in ihrer politischen Wiedergeburt sind die natürlichen Mächte stimmfähig im Staate.«[64]

Das Metaphernreservoir, auf das Marx zurückgreift, bietet Zugang zu den philosophischen Grundlagen seines politischen Denkens und macht hinreichend deutlich, dass die Autonomie des Staatsbegriffs für ihn in der Wiederherstellung des Politischen kulminiert. Betrachtet man diesen Kulminationspunkt, kann man ermessen, welch beachtlichen Umfang er diesem Begriff beimisst und wie viel die Idee der Autonomie – nicht mehr auf der Ebene der Genese des Staates, sondern auf der Ebene seiner Natur und Funktionsweise – einer spekulativen Auffassung des Politischen verdankt, von der sie vollkommen geprägt ist. Die »Wiederherstellung des Politischen«, die »Auferweckung des Sozialen«, was ist dies, wenn nicht die Umsetzung eines Denkens des Staates nach dem Modell eines organischen Ganzen?

Aufgrund der Verbindung, die Marx in diesen Texten zwischen der Natur, der Einheit der Natur und dem Staat herstellt, haben wir Grund zu der Annahme, dass für Marx das System der Freiheit den Status eines veritablen politischen Kosmos erreicht. Kurz, das Charakteristische der Moderne besteht darin, auf der Ebene des Politischen den Weg zu gehen, den das Selbstbewusstsein

64 Karl Marx, »Die Artikel Nr. 335 und 336 in der Ausgabe der Augsburger ›Allgemeinen Zeitung‹ über die ständischen Ausschüsse in Preußen«, a. a. O., S. 285.

auf der Ebene der Natur gegangen ist, um von der ersten sinnlichen Wahrnehmung zur rationalen Wahrnehmung des organischen Lebens der Natur zu gelangen.[65] Ein erwachsenes, das heißt spekulatives Denken kann jenseits des Chaos unterschiedlicher Interessen den Geist einer lebendigen Einheit erkennen; es kann den für den Staat charakteristischen Prozess verstehen, wonach das Einzelne sich um das Allgemeine dreht. In dieser Hinsicht hätte Machiavelli für die Politik dasselbe getan, was Kopernikus für die Natur getan hat.

Was nun die Natur des Staates betrifft, so werden ihm alle Merkmale eines organischen Ganzen zugeschrieben.

1. Der Staat wird nicht als eine Aneinanderreihung gedacht, die aus heterogenen, starren, verknöcherten, getrennt voneinander existierenden Teilen besteht, die die politische Struktur nur mechanisch und oberflächlich umfassen kann, das heißt, ohne sie zu transformieren und in ein einheitsstiftendes Gewebe zu integrieren.

2. Im Gegenteil begreift Marx die innere Struktur des Staates, den »öffentlichen Organismus«, das »öffentliche Leben«, als ursprünglich – nicht in einem chronologischen Sinne, sondern im Sinne einer Bedingung der Möglichkeit – in Bezug auf die tatsächlich existierenden Unterschiede. »Sie sind zwar Glieder, aber keine Theile, sie sind Bewegungen, aber keine Stände, sie sind Unterscheidungen der Einheit, aber sie sind keine Einheiten des Unterschieds.«[66]

---

65 Karl Marx, »Die Verhandlungen des 6. Rheinischen Landtags. Von einem Rheinländer. Erster Artikel: Debatten über Preßfreiheit und Publikation der Landständischen Verhandlungen«, in: MEW, Bd. 1, S. 31.

66 Karl Marx, »Die Artikel Nr. 335 und 336 in der Ausgabe der Augsburger ›Allgemeinen Zeitung‹ über die ständischen Ausschüsse in Preußen«, a. a. O., S. 276.

3. Das Leben des Staates, ein geistiges Leben, besteht aus einem komplexen Prozess von Unterscheidung und Vereinheitlichung, wobei das Moment der Unterscheidung der Vereinheitlichung untergeordnet ist, da der Unterschied nur gegenüber der Einheit als Unterschied auftreten kann, als Beitrag zur Einheit des Ganzen, als Gegenstand einer Transformation, die zu einer Vereinheitlichung höherer Art führt, nämlich zu einer politischen Einheit.

4. Die Bewegung des Staates, der Prozess des Staates (diese dynamischen Metaphern sind wichtig, weil sie deutlich machen, dass das Leben des Staates sich genau dadurch entfaltet, dass es zerstört, die vergegenständlichten Teilungen zunichtemacht) kann somit als eine Art kontinuierliche Selbsterschaffung, als großer organischer Prozess oder geistiger Stoffwechsel analysiert werden, der alles, was der Materialität, der Vergangenheit, der Notwendigkeit entstammt, mischt, um diese einer Metamorphose unterzogenen Elemente bei der täglich neuen Erschaffung eines kraftvollen vereinheitlichenden Gewebes wieder auftauchen zu lassen.

Dies ist die spekulative Grundlage, auf der man den Prozess der Transsubstantiation verstehen kann, der im modernen Staat die materiellen Teile in Organe des geistigen Ganzen verwandelt.

Es besteht kein Zweifel, dass in dieser marxschen Konzeption des Staates eine Metaphysik der Subjektivität zum Ausdruck kommt. In Übereinstimmung mit dem modernen Systemdenken wird der Staat als eine organische Einheit verstanden. Und er wird unter Bezugnahme auf die Eigenschaften, die man als charakteristisch für den Menschen betrachtet (Vorstellung, Wille), nach dem Modell einer systematisierenden Tätigkeit des Menschen gedacht. Aus dieser Perspektive zeigt sich eine enge Korrelation zwischen dem Staat als organischem Ganzen und der politischen Intelligenz als einem auf das Ganze ausgerichteten, architektonischen Vermögen, als »Seele, die alles leitet und bestimmt«, schreibt Marx. Es lohnt die Mühe, diese Verankerung des frühen marxschen Denkens in der Metaphysik der Subjektivität hervorzuheben, denn indem man den spekulativen Ort ans Licht bringt, von dem es ausgeht, bestimmt man, auf welcher Grundlage es innerhalb der Ökonomie dieses Denkens legitim ist, die Instituierung des Gesellschaftlichen auf die Politik zurückzuführen. Indem man den philosophischen Weg rekonstruiert, der Marx zur Theorie der Wiederherstellung des Politischen führt – aus seiner Sicht die einzige Theorie, die in der Lage ist, durch Vergeistigung eine gesellschaftliche Auferweckung zu bewerkstelligen –, entdeckt man, wie sehr dieses neue Ziel des Politischen bei Marx in der Philosophie verwurzelt und begründet ist, wie sehr es dem Wesen seines Denkens entspricht. Kurz, hier handelt es sich nicht um eine politische Position, die die Ausrichtung des jungen Marx zeigt, vielmehr handelt es sich um ein Denken des Politischen, das eine Logik des Staates ausarbeitet, die eine doppelte Quelle hat: das moderne Konzept des Systems und die Philosophie der Subjektivität. Der Staat ist Subjekt und wird als solches als reine Tätigkeit gedacht, als Geist, als integrierendes Ganzes, als Aufhebung der Exteriorität, als Ziel einer Übereinstimmung mit sich, als Ort, an dem das Zu-sich-Kommen des Geistes sich ereignet und erfüllt.[67]

Man kann wohl zu Recht von einer spekulativen hege-

---

67 Alain Renaut, »Système et histoire de l'être«, in: *Les Études philosophiques*, Nr. 22, 1974, S. 254-264.

lianischen Matrix sprechen. Wobei man noch hinzufügen muss, dass die Sphäre des Politischen, die bei Hegel durch ihre Unterordnung unter das Wissen des absoluten Geistes ein Bedingtes bleibt, bei Marx zum Absoluten erhoben wird.

In diesem Sinne könnte man von einem »politischen Absoluten« im Kielwasser des junghegelianischen Projekts sprechen. Die Junghegelianer wollten im Namen einer Philosophie der Praxis oder des Handelns die Philosophie in Politik transformieren und zu diesem Zweck die Phänomenologie des Geistes durch eine Phänomenologie des Willens ersetzen. Das politische Leben muss seine universale Oberhoheit behaupten, schreibt zur gleichen Zeit August von Cieszkowski.[68]

Marx' Beitrag zum machiavellischen Moment ist auf der Höhe dessen, was ihm die Konstitution dieses Moments bedeutet; er ist eine punktgenaue Umsetzung dieses neuen Denkens des Politischen, das eine doppelte Kritik formuliert: eine Kritik des Ancien Régime und eine Kritik des christlichen Staates.

Wenn man also dem Weg von Marx folgt, scheint es, dass er über eine Kritik des Theologisch-Politischen und die damit verbundene Wiedererlangung der Autonomie des Politischen das Gravitationsgesetz des Staates, die auf ihn selbst hin orientierte zentripetale Bewegung des Staates entdeckt hat. Dabei hat sich Marx nicht damit zufrieden gegeben, zwei geistige Sphären klar voneinander zu trennen, um das Politische vom Religiösen zu befreien. Vielmehr hat er die dem Zugriff der Religion entrissene Autonomie in all ihren Dimensionen auf dem

68 August von Cieszkowski, *Prolegomena zur Historiosophie* (1838), Hamburg: Meiner Verlag, 1981.

gesellschaftlichen Feld ausgespielt, sie verallgemeinert, auf andere Bereiche ausgedehnt und sie schließlich zu einem allgemeinen Gesetz erhoben, das gleichermaßen für alle Bereiche gilt, mithin auch für die materiellen. Wenn die Autonomie des Staatsbegriffs ein so beachtliches Ausmaß erlangt hat, dass sie Marx zu einer tatsächlichen Wiederentdeckung des Politischen geführt hat, verdankt Marx dies, so unsere Hypothese, dem spekulativen Feld, auf dem er den Kampf für die Autonomie ausgefochten hat. Indem er – im Zeichen des modernen Systemdenkens – den Staat als großen Organismus gedacht hat und indem er – unter dem Einfluss der Philosophie der Subjektivität – den Staat als Subjekt gedacht hat, konnte Marx die Unabhängigkeit des Staates vom gesamten gesellschaftlichen Feld postulieren und den Staat als einen autonomen Bereich verstehen oder mehr noch als einen geistigen Bereich, als ein Ideal und in diesem Sinne als voll handlungsfähig, in der Lage, die Gegensätze zu überwinden und eine Gemeinschaft jenseits gesellschaftlicher Spaltungen zu schaffen. Weil Marx entschieden hat, die Philosophie durch eine Übertragung auf das politische Feld zu retten – wie Themistokles entschied, Athen durch eine Übertragung all seiner Schlagkraft auf den Bereich der Marine zu retten –, konnte er das *politische Element* denken, und zwar als Aufwärtsbewegung, im Sinne von Aufstieg und Erhabenheit und zugleich im Zeichen eines transfigurierenden Lichts; Marx ist hier offensichtlich von der Thematik der Vision beeinflusst, bei der sich Bezugnahmen auf das Auge und auf den Spiegel abwechseln.

Schließlich kann kein Zweifel daran bestehen, dass dieses Denken des Politischen, das ständig mit den Gegensätzen von Materie und Form, Natur und Staat, Materiellem und Geistigem arbeitet, in dem verankert ist, was Robert

Legros in seiner Studie *Le jeune Hegel* als Denken der Versöhnung bezeichnet, das heißt im Projekt einer »irdischen Verwirklichung des Intelligiblen, der Form, des Allgemeinen, des Unendlichen«,[69] die im Fall von Marx durch eine revolutionäre Bewegung zustande kommt. Damit stellt sich sogleich die Frage: Wenn das Politische auf diese Weise der materialistischen Verneinung entrinnt, Irreduzibilität erlangt und so absolut wird, verliert es dann nicht seine Identität? Denn kann man bei Marx nicht dieselbe paradoxe Wendung beobachten wie bei Feuerbach; fängt er nicht mit einer Kritik des Theologisch-Politischen an und endet, indem er die Autonomie des Politischen bis zu dessen Verabsolutierung treibt, damit, aus der Politik unsere Religion zu machen? Verlässt Marx, der »Enthusiast der Politik« (das sind seine eigenen Worte), berauscht und mitgerissen vom religiösen Tenor seines Enthusiasmus, damit nicht den Boden der Politik? Vielleicht kann diese ihre Identität tatsächlich nur dadurch bewahren, dass sie sich davor hütet, den »sublimen Punkt« zu besetzen, der Merleau-Ponty zufolge ein illusionärer Ort ist, an dem sich alle Gegensätze auflösen und aufheben.

---

69 Robert Legros, *Le Jeune Hegel et la Naissance de la pensée romantique*, Brüssel: Ousia, 1980, S. 9.

3. Kapitel
Von der Krise von 1843 zur Kritik der Politik

Vollzieht sich beim Übergang von der Krise zur Kritik eine grundlegende Verwandlung des machiavellischen Moments? Wenn wir uns jetzt der Krise von 1843 zuwenden, können wir sie auf Anhieb als Versuch interpretieren, den Staat zu entsakralisieren, und zwar in einem doppelten Sinn. Zum einen scheint Marx den Staat nicht länger nach dem Modell eines unendlichen, bestimmenden, jegliche Exteriorität integrierenden, mit sich selbst übereinstimmenden Subjekts zu begreifen. So öffnet sein Verständnis der Presse als eines pluralistischen Organes der Vermittlung bereits die Tür für ein Element der Passivität und Endlichkeit. Zum anderen versucht Marx gleichzeitig zu verhindern, dass sich auf dem Feld der Politik erneut eine sakrale Struktur herausbildet, eine zugleich dualistische und vertikale Struktur, wonach der politische Raum nach dem Kriterium des Aufstiegs geordnet wird, mit einer Basis – dem profanen Leben – und einem Gipfel – dem Himmel des Staates. Anders gesagt, ein Zugang zur Krise von 1843 könnte darin bestehen, die Neuordnung des politischen Raums zu untersuchen, deren Wasserzeichen die Vorherrschaft der horizontalen Dimension ist, die Ersetzung der Vertikalität durch Horizontalität. Es geht darum, zu erforschen, wie im Denken von Marx eine politische Plattform entsteht, die sich um ein Thema dreht, das sich aus einer Vielzahl von Punkten zusammensetzt und in ganz unterschiedliche Richtungen ausstrahlt. Marx nennt dies »wahre Demokratie«.

Die Krise von 1843 ist zunächst eine politische Krise.

Neben einem Bruch mit der junghegelianischen Utopie vom vernünftigen Staat, die Marx 1842 geteilt hat, geht auf die Meditation von Kreuznach auch ein beachtlicher Korpus von Texten zurück, die über ihre Unterschiedlichkeit hinweg in einem zentralen Punkt konvergieren: der Verabschiedung von der politischen Revolution zugunsten einer radikalen Form von Revolution. In dem in den *Deutsch-Französischen Jahrbüchern* in Paris veröffentlichten Aufsatz »Zur Kritik der Hegelschen Rechtsphilosophie. Einleitung« erklärt Marx: »Nicht die *radikale* Revolution ist utopischer Traum für Deutschland, nicht die *allgemein menschliche* Emanzipation, sondern vielmehr die teilweise, die *nur politische* Revolution, die Revolution, welche die Pfeiler des Hauses stehenläßt.«[70]

---

70 Karl Marx, »Zur Kritik der Hegelschen Rechtsphilosophie. Einleitung«, in: MEW, Bd. 1, S. 388. Die Krise von Kreuznach ist in mehrerlei Hinsicht zu sehen: Zunächst war es eine subjektive Krise; sie fiel in einen Moment des Rückzugs nach dem Verbot der *Rheinischen Zeitung* (Mai 1843) und vor der Abreise nach Paris (Oktober 1843). Marx versucht auf die Zweifel, die ihn plagen, eine Antwort zu finden, indem er eine kritische Studie zur politischen Philosophie Hegels abfasst, um sich über diesen Umweg mit den Problemen der Gegenwart auseinanderzusetzen. Ferner befasst er sich mit der Geschichte der Französischen Revolution und mit Autoren, die für eine Kritik der Politik fruchtbar sein könnten, Machiavelli, Rousseau, Hamilton. Die Krise war jedoch auch objektiv, weil der Rückzug von Kreuznach mit der Entdeckung einer spezifischen Krise korrespondiert, die die moderne Welt erschüttert: »Das Verhältnis der Industrie, überhaupt der Welt des Reichtums, zu der politischen Welt ist ein Hauptproblem der modernen Zeit« (ebd., S. 382). So kommt es zu einer Verflechtung von Kritik und Krise, indem die Kritik bestrebt ist, auf das praktische Interesse, die Krise zu lösen, zu antworten. Vgl. hierzu Maximilien Rubel, *Karl Marx. Essai de biographie intellectuelle*, Paris: M. Rivière, 1971, S. 43-50; Karl Marx, *Œuvres, I: Économie, Chronologie*, Paris: Gallimard, 1982, S. LXIIII f.; Jürgen Habermas, »Zwischen Philosophie und Wissenschaft: Marxismus

Marx zieht aus seiner Erfahrung in Deutschland eine Schlussfolgerung, die für die moderne Gesellschaft insgesamt gilt: Von nun an geht es darum, die politische Emanzipation als eine Form der Emanzipation zu kritisieren, die die bürgerliche Klasse als revolutionäre Klasse in die Welt gesetzt hat. Dieser Form der Emanzipation sind Grenzen gesetzt, weil eine bestimmte Klasse die allgemeine Emanzipation auf der Grundlage des begrenzten Inhalts und der Bedingungen, die ihre besondere historische Situation charakterisieren, denkt.

Ja, mehr noch wird diese politische Kritik zu einer *Kritik der Politik*. Es ist in der Tat derselbe Text, in dem Marx den Übergang von einer Kritik der Religion zu einer Kritik der Politik erkennen lässt. Die Aufgabe der Philosophie im Dienste der Geschichte lautet von jetzt an, »die Selbstentfremdung in ihren *unheiligen Gestalten* zu entlarven. Die Kritik des Himmels verwandelt sich damit in die Kritik der Erde.«[71] Es scheint, als käme es in der Entwicklung von Marx zu einer Bewegung des Rückzugs von der 1842 eingenommenen Position, als würde auf ein übersteigertes Interesse am Politischen, das zu einer Wiederentdeckung des Politischen geführt hat, zwar kein Desinteresse, aber doch eine andere Art des Interesses am Politischen folgen. Tatsächlich muss man sich davor hüten, diese Bewegung als Abkehr zu verstehen oder, quantitativ ausgedrückt, als Übergang von einem Mehr zu einem Weniger. Deshalb passt der Begriff des Desinteresses auch nicht und noch weniger der einer Auslöschung des Politischen. Besser ist es, die Komplexität dieser Vorge-

---

als Kritik«, in: ders., *Theorie und Praxis*, Frankfurt/M.: Suhrkamp Verlag, 1972, S. 245 f.

71 Karl Marx, »Zur Kritik der Hegelschen Rechtsphilosophie. Einleitung«, a. a. O., S. 379.

hensweise zu erfassen, mittels deren Marx, weit davon entfernt, das zu verwerfen, was er einst bewundert hat, versucht einem Auswuchs des Politischen vorzubeugen, es gewissermaßen zu retten, indem er ihm seine Grenzen aufzeigt. Das ist das Ziel, das, wofür das Projekt einer Kritik der Politik steht, das sich auf mehreren Ebenen entfaltet. 1. Auf einer soziohistorischen Ebene hat der moderne Staat einerseits ständig mit einem insgeheimen Makel zu tun, den Reminiszenzen des Ancien Régime, die dazu führen, dass er unterhalb seiner Möglichkeiten bleibt; andererseits ist er mit einem neuen bedeutenden Problem konfrontiert, dem »Verhältnis der Industrie, überhaupt der Welt des Reichtums, zu der politischen Welt«, das innerhalb der gegebenen Strukturen Zeichen für eine unüberwindbare gesellschaftliche Spaltung ist. Kurz, der moderne Staat lässt aufwärts wie abwärts einen zweifachen Fokus der Unvollkommenheit erkennen. 2. Auf einer philosophischen Ebene kritisiert Marx die Wiederholung der religiösen Entfremdung in einer profanen Form, so dass das Produkt – der Staat – seinem Produzenten – dem Menschen – entgleitet und sich gegen ihn richtet, indem es sich zu einer fremden Macht aufwirft. Um sich an dem Platz einzunisten, den die Kritik der Religion unbesetzt ließ – den Platz des *théo* –, hat der Staat eine wahrhafte Staatsidolatrie erzeugt. Wiederaneignung der im Himmel der Politik vergeudeten menschlichen Kräfte, Entsakralisierung des Staates, Neuausrichtung der Emanzipation mit Hilfe einer neuerlichen kopernikanischen Wende, damit der Mensch nicht mehr um die illusorische Sonne des Staates kreist, sondern um sich selbst – dies sind die Stoßrichtungen, in die diese neue Phase der Kritik weist. Es ist die Kritik von Hegels Rechtsphilosophie, mittels deren Marx glaubt, dieses Projekt umsetzen zu können, denn auf dem Feld der Theorie, und nur auf diesem Feld, sind die Deutschen für ihn auf der Höhe der modernen Zeit. Daraus folgt, dass Marx mit seiner Kritik der hegelschen Theorie zugleich auch die Abstraktheit des deutschen Staatsbegriffs – die wiederum nur ein bestimmter Ausdruck für die Abstraktheit des modernen Staates überhaupt ist – und das soziohistorische Phänomen der politischen Entfremdung angreift. Definiert man die Aufgabe so, dann wird deutlich, dass die Kritik des modernen Staates in der Vermittlung Hegels auch als eine Kritik an Marx' eigenen Positionen von 1842 zu betrachten ist, als hätte die historische Unmöglichkeit einer politischen Emanzipation in Deutschland ihm zugleich auch die Augen für den mit diesem Projekt verbundenen Grundfehler geöffnet. Wenn man jedoch mit Hilfe des an Ruge adressierten Brief-Programms vom September 1843 Einblick in die Methode gewinnt, derer sich Marx bei seiner Kritik bedient, wird deutlich, dass der Enthusiasmus für die Emanzipation in keiner Weise den Enthusiasmus für die Politik außer Kraft setzt, sondern ihn im Gegenteil als ein notwendiges und sozusagen unauslöschliches Moment einschließt. Die politische Verbindung mit den Griechen ist sehr präsent: »Das Selbstgefühl des Menschen, die Freiheit, wäre in der Brust dieser Menschen erst wieder zu erwecken. Nur dieses Gefühl, welches mit den Griechen aus der Welt und mit dem Christentum in den blauen Dunst des Himmels verschwindet, kann aus der Gesellschaft wieder eine Gemeinschaft der Menschen für ihre höchsten Zwecke, einen demokratischen Staat machen.«[72] Besonders wichtig ist hier die Bezugnahme

72 Karl Marx an Arnold Ruge, Mai 1843, in: MEW, Bd. 1, S. 338 f. Man muss vermerken, dass hier der Begriff »demokratischer Staat« auftaucht; wird er neutral verwendet, als Wiederaufnahme einer

auf Aristoteles, der als Topos für eine Kritik der deutschen Philisterwelt fungiert, deren Mangel an »Politizität« so weit geht, dass man den politischen Traktat neu schreiben müsste: »der deutsche Aristoteles, der seine Politik aus unsern Zuständen abnehmen wollte, würde an ihre Spitze schreiben: ›Der Mensch ist ein geselliges, jedoch völlig unpolitisches Tier.‹«[73] Der Hinweis auf diesen typisch deutschen Irrtum zeigt, wie sehr Marx, getreu dem Anfang von Platons *Politeia*, darauf bedacht ist, zwischen der »Stadt der Schweine« und der der Menschen zu unterscheiden, zwischen der Soziabilität und der Politizität, dem eigentlichen politischen Band. Marx bemüht sich, seinen Landsleuten, die den Menschen mit irgendeinem Herdentier verwechseln und das menschliche Zusammenleben allein unter dem Gesichtspunkt des Gattungserhalts betrachten, diesen Unterschied in Erinnerung zu rufen. In der deutschen Philisterwelt, »der politischen Tierwelt«, wie Marx sagt, geht es einzig darum, zu leben und sich zu vermehren. »Griechisch« und im französischen Stil republikanisch zu sein, ist eine Überschreitung dieses Lebens, dieser Verdinglichung des Lebens. Marx begreift so das Zusammenleben der Stadt in Form einer Unterscheidung, einer irreduziblen Differenz zwischen dem Leben und dem guten Leben, das nach modernem Verständnis ein der Freiheit gemäßes Leben ist.

Nach dem Brief vom September 1843 besteht die kritische Arbeit darin, darauf hinzuwirken, dass jede einzelne Form der existierenden Wirklichkeit, sei es nun eine Form

Formulierung von damals, oder ist er ein Zeichen dafür, dass Marx sich des Gegensatzes zwischen Demokratie und Staat, den er im Rekurs auf die modernen Franzosen entdeckt, noch nicht bewusst war?

73 Ebd., S. 339.

des theoretischen Bewusstseins oder eine Form des praktischen Bewusstseins, die tatsächliche Wirklichkeit, auf die sie sich erstreckt, anerkennt; es geht darum, jede Form von Wirklichkeit mit der Bewegung, die sie hervorgebracht hat, tendenziell in Übereinstimmung zu bringen. Soll heißen, es geht darum, die Wirklichkeit dazu zu bewegen, dem, was ihr zugrunde liegt, der übergeordneten Form *in statu nascendi*, die sie nur unvollkommen und unvollendet zum Ausdruck bringt, freien Lauf zu lassen, zum Beispiel die konstitutionelle Monarchie dazu herauszufordern, die Demokratie als die Wahrheit des Prinzips, das sie trägt, des politischen Prinzips, anzuerkennen. »Der Kritiker kann also [...] aus den *eigenen* Formen der existierenden Wirklichkeit die wahre Wirklichkeit als ihr Sollen und ihren Endzweck entwickeln.«[74] Das Ziel dieser Kritik, die sehr klar einen historizistischen Ansatz vertritt, besteht daher nicht darin, das Terrain der politischen Revolution zu verlassen, um sich dem Feld der sozialen Revolution zuzuwenden, und dies umso weniger, als Ersteres, sofern man es zu deuten versteht, auf Letzteres verweist.

Die Kritik orientiert sich gemäß dem Programm, das Marx in dem so grundlegenden Brief vom September 1843 öffentlich verkündet, am Modell einer emanzipatorischen Hermeneutik. Ohne jetzt dem Zusammentreffen eines kritischen Standpunkts – die Aufgabe der Gegenwart ist »die rücksichtslose Kritik alles Bestehenden« – und eines hermeneutischen Standpunkts im Einzelnen nachzugehen, soll es uns genügen, festzuhalten, dass die Arbeit, der Marx hier nachgeht, viel eher den Charakter einer Selbstinterpretation in Bezug auf die Humanität sei-

74 Karl Marx an Arnold Ruge, im September 1843, in: MEW, Bd. 1, S. 345.

ner eigenen Kämpfe und Beiträge als den Charakter einer Ideologiekritik hat. Insbesondere ist die Ablehnung einer dogmatischen Distanziertheit zu beobachten, welche die Kritik in Bezug auf die Welt, die sie auf den Prüfstand stellt, in eine Position der Exteriorität bringen würde.

Unser Wahlspruch muß also sein: Reform des Bewußtseins nicht durch Dogmen, sondern durch Analysierung des mystischen, sich selbst unklaren Bewußtseins, trete es nun religiös oder politisch auf. [...] Es wird sich zeigen, daß es sich nicht um einen großen Gedankenstrich zwischen Vergangenheit und Zukunft handelt, sondern um die *Vollziehung* der Gedanken der Vergangenheit. Es wird sich endlich zeigen, daß die Menschheit keine *neue* Arbeit beginnt, sondern mit Bewußtsein ihre alte Arbeit zustande bringt.[75]

Diese Position bedeutet hinsichtlich der Politik, dass die Kritik – im Gegensatz zu den »krassen Sozialisten«, die für diese Sphäre nichts als Verachtung übrig haben – sich nicht von politischen Fragen abwenden darf, sondern im Gegenteil auf sie eingehen muss, um mittels der Arbeit der Interpretation ihre Herausforderungen und ihre wahre Bedeutung aufzudecken.

Es ist also durchaus nicht unter der *hauteur des principes*, die speziellste politische Frage – etwa den Unterschied von ständischem und repräsentativem System – zum Gegenstand der Kritik zu machen. Denn diese Frage drückt nur auf *politische* Weise den Unterschied von der Herrschaft des Menschen und der Herrschaft des Privateigentums aus. Der Kritiker kann also nicht nur, er muß in diese politischen Fragen [...] eingehn.[76]

75 Ebd., S. 346.
76 Ebd., S. 345.

Der Weg zu einer höheren Form der Kritik führt aufgrund der spezifischen Natur des modernen Staates notwendig über die Kritik der Politik. Denn der moderne Staat ist ein Ort permanenter Widersprüche zwischen seinem Ziel der Universalität, seinen rationalen Ansprüchen und seinen realen Voraussetzungen. Das heißt, die Kritik der Politik muss diese Widersprüche ausspielen, sie muss den Staat ernst nehmen, seiner Berufung Glauben schenken und ihn gleichzeitig in der Falle, deren Köder er selbst ausgelegt hat, fangen. In gewisser Weise geht es darum, innerhalb der politischen Illusion, innerhalb der im politischen Idealismus herrschenden Spannungen Effekte zu produzieren, die die Grenzen des politischen Staates überschreiten. Insofern der Staat eine politische Bühne darstellt, auf der Konflikte zum Vorschein kommen und ausgetragen werden, ist er der ideale Ort für die Arbeit eines Interpreten, der einen emanzipatorischen Anspruch verfolgt. »Aus diesem Konflikt des politischen Staates mit sich selbst läßt sich daher überall die soziale Wahrheit entwickeln.«[77]

Auf einer tiefer liegenden Ebene scheint der politische Staat für Marx aufgrund seines Ziels, der Intentionalität selbst, die ihm zugrunde liegt, einem *Bedeutungsüberschuss* zu unterliegen, so als ließe ihn ein ungeahnter Horizont, der jenseits des Staates liegt, nicht zur Ruhe kommen. Emmanuel Lévinas hat hinsichtlich Husserls Begriff der Intentionalität gezeigt, dass das Denken, das mit unzähligen Horizonten verknüpft und mit dem Impliziten verbunden ist, »unablässig mehr ›Dinge‹ denkt als den Gegenstand, mit dem es sich befasst«.[78] In Anlehnung an

77 Ebd.

78 Emmanuel Lévinas, *En découvrant l'existence avec Husserl et Heidegger*, Paris: Vrin, 1967, S. 130.

diese Analyse könnte man sagen, dass die politische Intelligenz »mehr denkt, als sie denkt«, dass der politische Staat von einem impliziten Prinzip durchströmt wird, das ihn dazu bringt, seine Grenzen zu überschreiten, das ihn aus seinen eigenen Grenzen herauskatapultiert. Deshalb ist der Staat für die Kritik in doppelter Hinsicht ein bevorzugtes Objekt: als Bühne, auf der Konflikte auftreten, und als Ort, der von einer intentionalen Bewegung durchdrungen ist, die über ihn hinausgeht, die schwanger ist mit einem Mehr, die in Richtung des Zu-sich-Kommens eines Prinzips durch ihn hindurchgeht, des politischen Prinzips. Dieses Prinzip umfasst den Staat, geht aber über ihn hinaus und breitet sich außerhalb des Staates aus. Indem er das wirkliche Leben betrifft, ist es gerade der *politische Staat* – auch wenn er von den sozialistischen Forderungen noch nicht bewusstermaßen erfüllt ist –, der in all seinen modernen Formen den Forderungen der Vernunft genügt.[79] Man muss somit anerkennen, dass der Staat über seine Verbindung mit dem Impliziten die metastaatlichen Horizonte seiner Implikationen in sich trägt. So versteht man nun den komplexen Horizont der Kritik der Politik besser: Es geht Marx nicht darum, sich von dem abzuwenden, was Victor Considérant 1843, die *alte Politik* genannt hat, das ist in der Sprache der Publizisten »die Natur, die Form, die Verfassung und die Zusammensetzung der Macht«, um sich den sozialen Fragen im eigentlichen Sinne zu widmen, der »Gesamtheit der Dinge, die den Staat ausmachen, die Natur, die Wirtschaft und die Gesellschaft«. Vielmehr möchte er eine Brücke bauen zwischen der hochspezialisierten Politik und dem Politischen, das im weitesten Sinne, um mit Considérant zu

79 Karl Marx an Arnold Ruge, im September 1843, a. a. O., S. 345.

sprechen, als »Regelung aller Elemente des sozialen Lebens« zu verstehen ist. Wieder in den Zusammenhang dieser emanzipatorischen Hermeneutik gerückt, hat die Kritik der Politik, indem sie – worum Marx sich hier bemüht – eine Allianz schmiedet zwischen dem deutschen Kopf und dem französischen Herzen, die Aufgabe, die dem Staat innewohnenden Spannungen auszuspielen und alles für die Selbstüberschreitung des Staates zu tun. Sie muss, anders formuliert, den Bahnen, in denen der Bedeutungsüberschuss verläuft, der Erleuchtung, die den politischen Staat durchwaltet, so nahe wie möglich kommen, indem sie sich an dem *telos* orientiert, dem der Staat *nolens volens* folgt: der vollen Entfaltung des politischen Prinzips. »Der politische Staat drückt also innerhalb seiner Form *sub specie rei publicae* alle sozialen Kämpfe, Bedürfnisse, Wahrheiten aus.«[80] Der Kritik kommt somit die Aufgabe zu, sich bei jeder politischen Frage an die Arbeit der Interpretation zu machen, die darin besteht, die Sprache der Politik in die »allgemeinere« Sprache der Emanzipation zu übersetzen. Mit Blick auf diesen Bedeutungsüberschuss und diese Bewegung der Selbstüberschreitung, die den modernen Staat charakterisieren, schreibt Marx zum Thema Repräsentation: »Indem er das repräsentative System aus seiner politischen Form zu der allgemeinen Form erhebt und die wahre Bedeutung, die ihm zugrunde liegt, geltend macht, zwingt er zugleich diese Partei, über sich selbst hinauszugehen, denn ihr Sieg ist zugleich ihr Verlust.«[81] Wenn das Rätsel auch noch lange nicht explizit gelöst ist, durchschaut man doch besser, wie der politische Staat, indem er seine Grenzen offen bekennt, damit zu-

80 Ebd.
81 Ebd.

gleich auch offen bekennen kann, zu welchem Horizont ihn die Bewegung, die ihn übersteigt, fortträgt; und er kann damit auch das Ziel dieses dramatischen Übergangs von der politischen Form zur allgemeinen Form benennen – mit dem Namen »wahre Demokratie«.[82]

Die Kritik der Politik in diesem Sinne zu verstehen bedeutet keinen Ausgang aus dem machiavellischen Moment, sondern seine Abwandlung, um nicht zu sagen, seine Vertiefung. Die Domäne der Politik wird weder aufgegeben noch dezentriert; sie ist vielmehr der Ort der Interpretation, da hier – und nur hier – die impliziten Horizonte der modernen Vernunft gegebenenfalls ans Licht gebracht werden können. Neben einer stets leidenschaftlichen Frage nach dem Wesen der Politik arbeitet diese Kritik, die sich einerseits an den Griechen und andererseits an den modernen Franzosen orientiert, daran, den Men-

82 Kostas Papaioannou erinnert in seiner Einführung in die *Critique de l'État hégélien. Manuscrit de 1843* (Paris: »10/18«, 1976) hinsichtlich der »neueren Franzosen«, die die wahre Demokratie als Untergang des politischen Staates interpretieren, zu Recht an Victor Considérant (S. 51 und 312). Aber man kann die Anspielung von Marx mit ziemlicher Sicherheit genauer fassen, indem man sich nicht wie Papaioannou auf *Destinée sociale* (1834-1838) bezieht, sondern auf das *Manifeste de la démocratie au XIX*[e] *siècle*, das exakt aus dem Jahr 1843 stammt. Ohne die Thesen von V. Tcherkezov übernehmen zu wollen, der von einem »hochwissenschaftlichen Plagiat« sprach, kommt man doch nicht umhin, das Spiel, das Marx in seiner Kritik von 1843 mit dem Text von Considérant treibt, zur Kenntnis zu nehmen. Man begegnet in Considérants *Manifeste* von 1843 tatsächlich dem Gegensatz falsche Demokratie/wahre Demokratie, verbunden mit der Rede von einem politischen und sozialen Rätsel und bezogen auf den Willen, sich das Wort »Demokratie« im Namen des Volkes anzueignen, das nicht mit einer Klasse, sondern mit dem Ganzen identifiziert wird. Zuletzt sollte man anmerken, dass die »wahre Demokratie« bei Considérant mitnichten den Untergang des Politischen bezeichnet (vgl. *Cahiers du Futur*, Nr. 1, Champ libre).

schen wieder auferstehen zu lassen, das politische Tier oder den aufrechten, aus der Unmündigkeit herausgetretenen Menschen, als Gegenentwurf zu einer Soziabilität, die sich auf die Reproduktion der Gattung beschränkt. Es geht nicht so sehr darum, die Republik als stabile Form zu wählen, die der Brüchigkeit der menschlichen Verhältnisse begegnen kann, sondern darum, eine politische Gemeinschaft zu suchen, die zu einer größtmöglichen Öffnung fähig ist, in dem Sinne, dass sie am besten das »Mehr« zum Ausdruck bringt, das den Staat über sich hinaustreibt, die Formen der Emanzipation, die keine Liquidation der Politik darstellen, sondern uns stattdessen mit einer neuen Frage konfrontieren: Wie kann man die Instanzen der allgemein menschlichen Emanzipation namhaft machen? Sosehr es Marx für notwendig erachtet, »die sozialistischen Forderungen«, die den modernen Staat in Unruhe versetzen, lesen und erkennen zu können, so sehr erachtet er es auch für geboten, diese Forderungen nicht in einen neuen Dogmatismus zu kleiden, also ein System im Stil von Cabets *Reise nach Ikarien* zurückzuweisen. »Unser Wahlspruch muß also sein: Reform des Bewußtseins nicht durch Dogmen, sondern durch Analysierung des mystischen, sich selbst unklaren Bewußtseins, trete es nun religiös oder politisch auf.«[83]

Der Fehlschlag des radikalen Journalismus, das Scheitern der junghegelianischen Bewegung und der Rückzug nach Kreuznach haben ohne Zweifel dazu beigetragen, die Krise der modernen Gesellschaft und die für sie typische Spaltung ans Licht zu bringen. Wenn die Antwort auf diese Krise lautet, Kurs in Richtung Emanzipation zu nehmen, dann besteht die Ausübung der Kritik der Poli-

83 Karl Marx an Arnold Ruge, im September 1843, a.a.O., S. 346.

tik, die sich an ein hermeneutisches Modell anlehnt und weit davon entfernt ist, zu einer Verwerfung der politischen Emanzipation zu führen, darin, die Politik der Interpretation zu unterziehen, um sie dazu zu bringen, den Bedeutungsüberschuss, den sie in sich trägt, offen zu erkennen zu geben, und diesen schwer zu fassenden Ort außerhalb des modernen Staates zu beschreiben, an dem die Demokratie sich in ihrer Wahrheit verwirklichen kann.

4. Kapitel
Eine Lektüre-Hypothese

Entgegen denjenigen, die die politische Philosophie von Hobbes aus den Naturwissenschaften ableiten wollten und eine wissenschaftliche Lektüre vorgeschlagen haben, wurde gezeigt, dass diese Philosophie eine moralische Grundlage hat, dass sie streng genommen auf einer Erfahrung des menschlichen Lebens beruht, deren Kern die Furcht vor einem gewaltsamen Tode ist.[84] Gilt für die Kritik von 1843 nicht dasselbe? Kann man, anstatt für eine wissenschaftliche Lektüre zu optieren, die in dem kritischen Text zur hegelschen Rechtsphilosophie die ersten Bausteine einer materialistischen Kritik der Gesellschaft und des Staates erblickt, darin nicht eher die leidenschaftliche und schwierige Suche nach einer antihegelianischen politischen Philosophie sehen, die sich auf die politische Erfahrung der modernen Freiheit stützt, wie sie in der revolutionären Bewegung zum Ausdruck kommt?

Wenn man sich an Marx' eigene Interpretation hält, die er 1859 hinsichtlich seiner Studien von 1843 vorgelegt hat, kann man auf einen Wechsel seines Standpunkts von 1842 und auf die Geburt einer neuen kritischen Wissenschaft schließen. Das Gesetz der Schwerkraft des Staates wäre so nicht mehr in ihm selbst zu suchen, sondern in den materiellen Bedingungen des Lebens und der bürgerlichen Gesellschaft sowie in der ökonomischen Struktur der Gesellschaft. Diese »Verlagerung« des Poli-

84 Leo Strauss, *Hobbes' politische Wissenschaft*, in: *Gesammelte Schriften*, Bd. 3, hg. v. Heinrich und Wiebke Meier, Stuttgart: Metzler Verlag, 2001.

tischen hin zu einer anderen Ordnung ist in dem Text von 1843 sicherlich präsent. Sie könnte sogar das Ergebnis einer Anwendung von Feuerbachs transformativer Methode auf die Kritik der Politik sein. Doch dieser Bezug sollte uns alarmieren, denn er situiert die kritische Arbeit von Marx in einem Kontext, der, selbst wenn es sich um eine soziologische Kritik handelt, einer wissenschaftlichen Herangehensweise fremd ist. Feuerbach hat die transformative Methode 1842 in »Vorläufige Thesen zur Reform der Philosophie« definiert. Sie besteht darin, die spekulative Philosophie umzukehren, das heißt, »das *Prädikat* zum *Subjekt*, und so als *Subjekt* zum *Objekt* und Prinzip [zu] machen«.[85] Die Kritik der Politik vollzieht, indem sie diese Methode auf die spekulative Rechtsphilosophie anwendet, um so zur »puren Wahrheit« zu gelangen, folgende Umkehrung: Der reale Mensch – der in die Zusammenhänge der bürgerlichen Gesellschaft und der Familie eingelassene Mensch – wird zum wahren Subjekt, und der Staat, den Hegel fälschlicherweise als Idee zum Subjekt gemacht hat, wird zum Prädikat.[86] Schon Feuerbach schrieb in seinen »Vorläufigen Thesen zur Reform der Philosophie«: »Der Mensch ist das *Hen kai pan* des Staates. Der Staat ist die realisierte, ausgebildete, explizierte Totalität des menschlichen Wesens.«[87]

---

85 Ludwig Feuerbach, »Vorläufige Thesen zur Reform der Philosophie«, in: *Kleine philosophische Schriften (1842-1845)*, Leipzig: Felix Meiner, 1950, S. 56.

86 Siehe Henri Avron, *Ludwig Feuerbach*, Paris: PUF, 1957; Shlomo Avineri, *The Social and Political Thought of Karl Marx*, Cambridge: Cambridge University Press, 1968; sowie Joseph O'Malley's Einführung in Karl Marx, *Critique of Hegel's Philosophy of Right*, Cambridge: Cambridge University Press, 1970, S. XXXVIII f.

87 Ludwig Feuerbach, »Vorläufige Thesen zur Reform der Philosophie«, a. a. O., S. 78.

Marx beginnt seine Kritik mit der ungelösten Antinomie zwischen zwei Bestimmungen, die der Staat gemäß Hegel hat: Einerseits – hinsichtlich der bürgerlichen Gesellschaft und der Familie – ist der Staat eine äußere Notwendigkeit, andererseits ist er ihr immanenter Zweck. Aufgrund dieser nicht gelösten Antinomie zeigt der Staat ein doppeltes Gesicht: Aufseiten der äußeren Notwendigkeit herrschen Abhängigkeit und Unterordnung, die Autonomie der bürgerlichen Gesellschaft und der Familie wird von außen dem Staat untergeordnet, die Identität von bürgerlicher Gesellschaft und Familie mit dem Staat ist nur äußerlich, da ihr Zustandekommen nicht frei von Gewalt ist. Aufseiten des immanenten Zwecks gibt es weder Abhängigkeit noch Unterordnung, sondern eine harmonische, innere Identität, da die Familie und die bürgerliche Gesellschaft nur Momente des Aufstiegs zur Idee, zur objektiven Universalität des Staates sind.

Marx begnügt sich nicht damit, diesen Widerspruch herauszustellen, sondern bezweifelt auch die idyllische Vision, dass im modernen Staat eine Koinzidenz zwischen Rechten und Pflichten herrscht. Entgegen Hegel, für den sich der Staat selbst in die für ihn charakteristischen Bestimmungen der bürgerlichen Gesellschaft und der Familie ausdifferenziert, kehrt Marx die Sichtweise um, indem er auf die Umstände, auf das Zufällige verweist, in dem sich die Vermittlung abspielt: Der Staat ist nicht das Subjekt, das sich selbst hervorbringt und sich in der bürgerlichen Gesellschaft und in der Familie verkörpert. Marx tauscht – gemäß der charakteristischen Bewegung der kritischen Umkehrung, die die Frage nach dem Ursprung beantworten möchte – das mystifizierende, die Dinge auf den Kopf stellende hegelsche Schema gegen die realen Verhältnisse aus und bringt in diesem Zusammenhang die wohlbekannten Formulierungen zu Papier, die den Staat in einer Abhängigkeit von den Sphären sehen, aus denen er hervorgeht: »Familie und bürgerliche Gesellschaft sind die Voraussetzungen des Staats; sie sind die eigentlich Tätigen; aber in der Spekulation wird es umgekehrt.«[88]

[...] Familie und bürgerliche Gesellschaft sind wirkliche Staatsteile, wirkliche geistige Existenzen des Willens [...]. Sie sind das Treibende. Nach Hegel sind sie dagegen *getan* von der wirklichen Idee. [...] Der politische Staat kann nicht sein ohne die natürliche Basis der Familie und die künstliche Basis der bürgerlichen Gesellschaft; sie sind für ihn eine *conditio sine qua non*; die Bedingung wird aber als das Bedingte, das Bestimmende wird als das Bestimmte, das Produzierende wird als das Produkt seines Produkts gesetzt [...] das Faktum ist, daß der Staat aus der Menge, wie sie als Familienmitglieder und Glieder der bürgerlichen Gesellschaft existiere, hervorgehe.[89]

Für den Marx der Kritik von 1843 liegt das Gravitationszentrum des Staates außerhalb von diesem, bei den »treibenden Kräften«, das heißt bei der Familie und bei der bürgerlichen Gesellschaft. Auf den ersten Blick ist man somit wohl dazu berechtigt, hier eine Umkehrung der Perspektive von 1842 zu sehen. Man erhält eine erste Antwort auf das Hauptproblem der modernen Zeit, das für Marx in dem Verhältnis der Industrie, der Welt des Reichtums, zur politischen Welt besteht. Der Weg für die Einbeziehung der Politik in eine dialektische Analyse der gesellschaftlichen Totalität scheint damit offensichtlich frei zu sein. Aber – und dieser Punkt ist essenziell – dieser

88 Karl Marx, *Zur Kritik der Hegelschen Rechtsphilosophie*, a. a. O., S. 206.

89 Ebd., S. 207.

Weg wird noch nicht beschritten; dass ein Weg frei ist, bedeutet nicht notwendig, dass er auch gegangen wird. Hat man tatsächlich das Recht, in diesem Text den ersten Entwurf einer »wissenschaftlichen« Betrachtung der Beziehungen zwischen dem Staat und der bürgerlichen Gesellschaft zu sehen? Ist das der Gegenstand des Textes? Ist das wirklich das Ziel, das Marx verfolgt hat, so dass es genügen würde, festzustellen, dass es 1843 nicht erreicht wurde?

Wenn Marx diesen Weg noch nicht beschreitet, hängt dies in Wahrheit damit zusammen, dass er in diesem Moment seiner Entwicklung noch nicht so eindeutig den offenkundig souveränen Kurs eingeschlagen hat, den er dem unveröffentlichten Manuskript von 1843 rückblickend beilegen wollte, indem er ihm unter Missachtung der Spannungen und der vielfältigen Lesemöglichkeiten, die diesen unvollendet gebliebenen Text durchziehen, öffentlich eine einzige Lesart zugeschrieben hat. So als wäre es in dieser Selbstinterpretation von 1859, die ebenso verkürzt wie öffentlich war, zu einer Verschiebung, um nicht zu sagen zu einer Verwechslung gekommen, die von einem Verlust begleitet war; einer Verwechslung zwischen einem »soziologischen« Effekt, der den Text möglich, und nur möglich, gemacht hat – nämlich der Einbeziehung des Politischen in eine dialektische Analyse der gesellschaftlichen Totalität –, und den ansonsten komplexeren Zielen des Textes. Eine andere Lektüre ist legitim und in einem gewissen Sinne fruchtbarer. Denn die Behauptung, dass das Gravitationszentrum des Staates bei den treibenden Kräften der Familie und der bürgerlichen Gesellschaft liegt, erlaubt zwei Interpretationen: Entweder wird die Gravitation des Staates auf *soziologische* Instanzen oder auf *politische* Instanzen, auf bestimmende Instanzen oder auf aktive Kräfte zurückgeführt. Man kann die *Kritik der Hegelschen Rechtsphilosophie* gewiss als eine im Wesentlichen epistemologische Kritik lesen, die von einer wissenschaftlichen Zielsetzung geleitet wird und versucht, sowohl die hegelsche Verkehrung aufzuzeigen als auch gleichzeitig gegenüber dieser Verkehrung die Instanzen auszumachen, die für die gesellschaftlichen Verhältnisse in der Geschichte tatsächlich bestimmend sind. Bei einer im weitesten Sinne soziologischen Perspektive ginge es, kurz, darum, in der Familie und in der bürgerlichen Gesellschaft die Ebenen aufzuzeigen, die auf den Staat einwirken. Wenn man jedoch versucht, der Bewegung des Textes zu folgen, ihn in seiner Zeitgenössigkeit zu erfassen, scheint die Kritik, die er entfaltet, anderswo angesiedelt zu sein, nämlich genau an der Schnittstelle zwischen einer philosophischen und einer politischen Kritik. Von einer politischen Kritik kann man insofern sprechen, als Marx einem politischen Willen folgt, der darin besteht, einer bürokratischen Auffassung von der Politik und von der politischen Welt eine demokratische Auffassung von Politik entgegenzusetzen und damit zugleich ein Denken der Demokratie und ein Denken der Politik auszuarbeiten, das mit der Logik der Demokratie in Einklang steht. Marx bekämpft das bürokratische Wissen Hegels als ein Wissen, das von der Esoterik und vom Formalismus befleckt ist. Hinsichtlich der Regierungsgewalt, der Bürokratie, beklagt Marx bei Hegel eine philosophische Unzulänglichkeit: Alles was jener zu diesem Bereich ausführt, lässt keinerlei Originalität erkennen, ja schlimmer noch, es spiegelt einfach die Organisation des Staates wider. Es handelt sich um eine strikt formale Beschreibung und nicht um die Geltendmachung der Eigenlogik der politischen Organisation, so wie sie sich in der Regierungsgewalt entwickelt, denn die meisten Paragraphen sind hier vom preußischen Recht übernommen. Über die Anprangerung der Flachheit und des hegelschen Empirismus hinaus kritisiert Marx aber auch die spezifische Struktur der bürokratischen Denkweise selbst. Tatsächlich verrät Hegels *Philosophie des Rechts*, ihr Begriffsapparat, eine bürokratische Sichtweise der Welt und der gesellschaftlichen Totalität, die den Staat als eine separate, autonome Entität begreift und ihm infolgedessen das ungeheure Privileg verleiht, in der Gesellschaft der einzige Akteur, der einzige Ort für Aktivität zu sein. Diese Art, jedem sich außerhalb der Bürokratie befindenden Element die Kategorie der Passivität zuzuweisen, ist für Marx das spezifische Merkmal der bürokratischen Vorstellung von der Welt. Oder genauer gesagt, führt die Hypertrophie der Bürokratie notwendig dazu, den Bürokraten den Blick für das kleinste Anzeichen einer Aktivität, die spontan innerhalb der Gesellschaft entstehen könnte, zu verstellen.

Erstens betrachtet er [der Bürokrat] das wirkliche Leben als ein *materielles*, denn *der Geist dieses Lebens hat seine für sich abgesonderte Existenz* in der Bürokratie. Die Bürokratie muß daher dahin gehen, das Leben so materiell wie möglich zu machen. [...] Die wirkliche Wissenschaft erscheint als inhaltslos, wie das wirkliche Leben als tot, denn dies imaginäre Wissen und dies imaginäre Leben gelten für das Wesen. [...] sie [die Bürokratie] will Alles machen, das heißt, daß sie den Willen zur *causa prima* macht [...]. Der Bürokrat hat in der Welt ein bloßes Objekt seiner Behandlung.[90]

90 Ebd., S. 249 f.

Hegels Rechtsphilosophie entpuppt sich hier als Phantasieprodukt eines bürokratischen Solipsismus. Es ist ein politischer Wille, der Marx antreibt und ihn drängt, das Politische anders zu denken; ein antibürokratischer Impuls lenkt seinen Blick auf die Autonomie der materiellen und geistigen Sphären und bringt ihn dazu, den Willen zu einer wirklichen Emanzipation mit einem neuen, im Zeichen der Demokratie stehenden Denken der Geschichte zu vereinen, so dass es zu einer Umgruppierung der Pole von Aktivität und Passivität kommt. Daher die bemerkenswerte Wechselbeziehung, die in seinem Denken zwischen der transformativen Methode und dem revolutionären Willen herrscht. Wenn man die Revolution als Umsetzung der transformativen Methode auf dem Feld der Praxis definieren kann, dann konstituiert sich umgekehrt die transformative Methode durch eine revolutionäre Intervention auf dem Feld der Theorie. Eine Notiz, die mit großer Sicherheit mit dem Manuskript von 1843 zeitgleich ist, beschreibt sehr gut diese wechselseitige Zugehörigkeit von revolutionärer Bewegung und kritischer Umkehrung und offenbart damit zugleich, wie sehr sich 1843 Marx' Suche nach dem Bestimmenden einen Weg in das Innere einer Dimension bahnt, der jegliche soziologische Intentionalität fremd ist, einen originär politischen Weg, der von den beiden Polen der Revolution und der Reaktion begrenzt wird.

Unter Ludwig XVIII. die Constitution Gnade des Königs (octroyirte Charte vom König), unter Ludwig Philipp der König Gnade der Constitution (octroyirtes Königthum). Wir können überhaupt bemerken, dass die Verwandlung des Subjects in das Prädicat und des Prädicats in das Subject, die Vertauschung des Bestimmenden und des Bestimmten, immer die nächste Revolution ist. Nicht nur auf der revolutionairen Seite [...]. Auch die Reactionaire.[91]

Indem er mit dem begrifflichen Gegensatzpaar Revolution/Reaktion arbeitet, denkt und verortet Marx die möglichen Vertauschungen von Subjekt und Prädikat somit innerhalb einer im Wesentlichen politischen Perspektive. Die vornehmlich politische Verankerung dieses Textes zu betonen und ihn damit zugleich einer Lektüre zu entziehen, die ihn tendenziell soziologisiert, zielt nicht darauf ab, ihn in ein rein politisches Konzept zu pressen; im Gegenteil stellt die Geltendmachung der politischen Referenz sogleich eine Verbindung zwischen der Kritik der Politik und der Kritik der Religion her. Denn wiederholt der entgegen der These von der Allmacht des Staates geführte Kampf für die Anerkennung der Autonomie der materiellen und geistigen Elemente der Gesellschaft nicht die philosophische Geste, die gegenüber der göttlichen Allmacht die Autonomie des Menschen behauptet? Daher auch das Zusammentreffen von politischer und philosophischer Kritik, denn die Vertauschung von Subjekt und Prädikat möchte, indem sie das poli-

---

91 Karl Marx, »Historisch-politische Notizen (Kreuznacher Hefte), Heft 4, Historisch-politische Zeitschrift. Bd. 1«, in: MEGA, Bd. IV/2, S. 181. Dieser Text, der wahrscheinlich vom August 1843 stammt und den eminent politischen Charakter der Kritik von 1843 unterstreicht, fährt fort: »Dadurch, daß Hegel daher die Momente der Staatsidee zum Subject und die alten Staatsexistenzen zum Prädicat macht, während in der historischen Wirklichkeit die Sache sich umgekehrt verhielt, die Staatsidee vielmehr das Prädicat jener Existenzen war, spricht er nur den allgemeinen Charakter seiner Zeit aus, ihre *politische Theologie*. Es ist dasselbe wie mit seinem philosophisch-religiösen Pantheismus. [...] Diese Metaphysik ist der metaphysische Ausdruck der Reaction, der alten Welt als Wahrheit der neuen Weltordnung.«

tisch Bestimmende aufzuzeigen versucht, jenseits dessen und auf einer tiefer liegenden Ebene gleichzeitig auch die Frage nach dem Ursprung beantworten. Das heißt, Marx möchte eine politische (in diesem Fall die Verfassung), kulturelle oder materielle Verkörperung auf den Fokalpunkt einer ursprünglichen Spontaneität zurückführen, die in gewisser Weise der Knotenpunkt der Umkehrung wäre, der Sockel, von dem aus es künftig legitim wäre, die Umkehrung in die Tat umzusetzen, da man hier endlich die Grundlage hätte, auf der sich die moderne Geschichte in ihrer Wahrheit zeigen würde. Deshalb würde eine Konzentration der Aufmerksamkeit auf die Familie und die bürgerliche Gesellschaft, deren Erhebung zu bestimmenden Instanzen darauf hinauslaufen, die marxsche Analyse vorsätzlich zu blockieren und die Bewegung des radikalen Rückgangs, mittels deren er sich auf die Suche nach einem ursprünglichen, authentischen Subjekt macht, auf die Suche nach dem, was er selbst die »Wurzel« nennt, unterbrechen. Folgt man diesem Marsch in Richtung Ursprung, kann man tatsächlich feststellen, dass Marx die Aufmerksamkeit zunächst dem Staat entzieht, um sich auf die bürgerliche Gesellschaft und die Familie hinzuorientieren, doch ist er gleichwohl weit davon entfernt, in diesem Stadium zu verharren, vielmehr verfolgt er seine Forschung weiter, bis er die bürgerliche Gesellschaft und die Familie, die aus dieser Perspektive als abgeleitet erscheinen, auf ein Subjekt, einen ursprünglichen Fokalpunkt der Aktivität, den *Demos* oder genauer den ganzen *Demos,* zurückführen kann. »Die Individuen als die Menge [...] aus ihnen besteht der Staat.« Dieses Bestehen des Staates wird von Hegel als eine Tat der Idee dargestellt, doch das Gegenteil ist der Fall: »[...] das Faktum ist, daß der Staat aus der Menge, wie sie als Familienglieder und Glieder der bürgerlichen Gesellschaft existiere, hervorgehe.«[92] Eingedenk des philosophischen Prinzips, das Marx in aller Klarheit in der Kritik von 1843 formuliert – es ist »*vom wirklichen Subjekt auszugehn und seine Objektivation zu betrachten*«[93] –, kann man mit Fug und Recht die Auffassung vertreten, dass es nach Marx eine perfekte Übereinstimmung zwischen der Demokratie als Selbstbestimmung des Volkes und dem ihr eigenen philosophischen Prinzip gibt, da mit dem *Demos* das reale Subjekt in seiner Wahrheit Wirklichkeit wird, die »Wurzel« der Geschichte in der Moderne. »Hier [in der Demokratie] ist die Verfassung nicht nur *an sich*, dem Wesen nach, sondern der *Existenz*, der Wirklichkeit nach in ihren wirklichen Grund, den *wirklichen Menschen*, das *wirkliche Volk*, stets zurückgeführt und als sein eignes Werk gesetzt.«[94] Die Demokratie figuriert somit als Ausdruck der auf das Feld des Politischen angewendeten transformativen Methode; ebenso wie die transformative Methode als Umsetzung des demokratischen Prinzips auf dem Feld der Theorie figuriert. Die Interpretation der Kritik der Politik als eine emanzipatorische Hermeneutik bestätigt diese Lektüre-Hypothese. Der Punkt ist nicht, das politische Universum und seine Formen mit den Instanzen der gesellschaftlichen Totalität in Beziehung zu setzen, was eine soziologische Erklärung des Politischen erlauben würde. Zu sagen, dass das Gravitationszentrum des Staates außerhalb seiner selbst liegt, weist vielmehr darauf hin, dass man den Staat auf die Bewegung, die ihn überschreitet und aus den Angeln hebt, beziehen muss,

92 Karl Marx, *Zur Kritik der Hegelschen Rechtsphilosophie*, a. a. O., S. 207.

93 Ebd., S. 224, Herv. Miguel Abensour.

94 Ebd., S. 231.

auf diesen Bedeutungsüberschuss, der ihn durchzieht und dessen wirkliches Subjekt nichts anderes als das aktive Leben des *Demos* ist. Anders gesagt, das wirkliche Volk besitzt das Geheimnis des Bedeutungsüberschusses, das den modernen Staat umtreibt. Das vielfältige, massive, polymorphe Leben des *Demos* erweist sich mit anderen Worten für den modernen Staat als Sinnstifter, als das, was in Form eines impliziten Horizonts dem politischen Staat Sinn verleiht (und ihn damit zugleich relativiert).

Nachdem wir die Denkbewegung von Marx so nachvollzogen und das ursprüngliche, begründende Subjekt benannt haben, wird klar, worum es Marx mit seiner Kritik an Hegel geht: das Wesen des Politischen zu denken, und zwar – diese Präzisierung ist entscheidend – ausgehend vom wirklichen Subjekt, dem *Demos*, und nicht mehr wie Hegel ausgehend von einem Subjekt, das als Entwicklung der Idee begriffen wird. Weit davon entfernt, irgendeiner soziologischen *téchne* zu unterliegen, ist Marx von dem Willen getragen, mit der hegelschen Logik zu brechen, und von dem damit einhergehenden Willen, das Spezifikum des Politischen ausgehend von der Aktivität eines politischen Subjekts aufzudecken. Wenn Marx so auch nicht mehr auf die Idee des Staates als Organismus zurückkommt, kritisiert er Hegel darum nicht weniger, nur einen Teil des Weges zurückgelegt zu haben, indem er die Frage nach dem Wesen des Politischen durch eine logische Entwicklung ersetzt habe. Denn das, worum es geht, ist die Frage nach dem Politischen. Wenn man den Text der Kritik von 1843 mit anderen Schriften aus derselben Zeit konfrontiert, mit dem Briefwechsel mit Ruge, mit »Zur Judenfrage« etc., stellt man fest, dass im Laufe dieser Periode die hauptsächliche Beschäftigung von Marx theoretisch wie praktisch darin besteht, auf die Freilegung des Wesens der modernen Politik oder, noch genauer gesagt, der historisch spezifischen Figur des modernen Staats als politischen Staats hinzuarbeiten. Von besonderer Bedeutung ist in dieser Hinsicht Marx' Kritik an Hegels Ausführungen zur Idee der Verfassung. Gemäß dieser Kritik denkt Hegel die Verfassung nicht in Form einer Entwicklung des Staates, der die verschiedenen Gewalten, aus denen er sich zusammensetzt, in ihrem spezifischen Wesen bestimmt – die gesetzgebende Gewalt, die regierende Gewalt –, womit er sich der Aufgabe entzieht, zu zeigen, wie sich angesichts der tatsächlichen Verschiedenheiten einer jeden Gewalt der politische Organismus als solcher herausbilden kann. Ein weiteres Mal wird die Idee so zum Subjekt gemacht, die verschiedenen Gewalten werden nur als ihr Resultat begriffen, während für Marx die Voraussetzung, das Subjekt, die wirklichen Unterschiede oder die verschiedenen Aspekte der politischen Verfassung sind; und nur wenn man von den Verbindungen zwischen diesen singulären Wesenheiten ausgeht, kann man die Frage nach dem Zusammenhang zwischen der Idee der Verfassung und der des Organismus stellen. Daher wirft Marx Hegel vor, das Politische nicht zu denken, es zu verfehlen: Die Bewegung des hegelschen Denkens entspricht nur einem logischen Schema, nämlich dem der Relationen der Idee und ihrer Momente, jenseits jeglicher Verankerung im politischen Element und jenseits jeglicher Konfrontation mit deren Bestimmungen. »Es wird von der abstrakten Idee ausgegangen, deren Entwicklung im Staat *politische Verfassung* ist. Es handelt sich also nicht von der politischen Idee, sondern von der abstrakten Idee im politischen Element. [...] Ich weiß noch gar nichts von der *spezifischen Idee* der politischen Verfassung«, urteilt

Marx.[95] Aus den hegelschen Bestimmungen geht nichts hervor, da sie das spezifische Wesen nicht erfassen. Hegels Ausführungen gelten ebenso gut für einen tierischen wie für einen politischen Organismus. Die logische Idee funktioniert gleich, egal ob es sich um den Staat oder um die Natur handelt; Hegel verfehlt das Wesen des Politischen und insbesondere das politische Wesen jeder einzelnen Gewalt, da die verschiedenen Gewalten über die Natur des Begriffs bestimmt werden und nicht über ihre eigene Natur. Hegels Rechtsphilosophie wartet so nur mit dem falschen Anschein eines wirklichen Wissens vom Politischen auf. »Er entwickelt sein Denken nicht aus dem Gegenstand, sondern den Gegenstand nach einem mit sich fertig und in der abstrakten Sphäre der Logik mit sich fertig gewordenen Denken. Es handelt sich nicht darum, die bestimmte Idee der politischen Verfassung zu entwickeln, sondern es handelt sich darum, der politischen Verfassung ein Verhältnis zur abstrakten Idee zu geben.«[96] Marx zieht daher den Schluss, dass eine Erklärung, die keine *differentia specifica* gibt, keine Erklärung ist. Weil es Hegel nicht gelungen ist, den Ansprüchen der Dialektik der politischen Erfahrung gerecht zu werden, hat er den Staat nur auf der Grundlage logisch-metaphysischer Bestimmungen gedacht. »Der Gedanke richtet sich nicht nach der Natur des Staats, sondern der Staat nach einem fertigen Gedanken.«[97] Um diese organische Einheit – eine problematische Einheit –, die sich historisch herausbildet und nicht durch die Entfaltung einer logischen Definition, herzustellen, das heißt zu erproben, muss man auf einer ersten Stufe eine quasi phä-

95 Ebd., S. 210.
96 Ebd., S. 213.
97 Ebd., S. 218.

nomenologische Beschreibung der verschiedenen Gewalten geben: »Die verschiedenen Gewalten haben ein verschiedenes Prinzip. Sie sind dabei feste Wirklichkeit.«[98] In einer zweiten Stufe gilt es sodann, die Kollisionen, die zwischen den verschiedenen Gewalten herrschenden Antagonismen auszumachen und deren Einheit herzustellen, und dies nicht im Imaginären, jenseits wirklicher Konflikte oder unter Leugnung des Konflikts, sondern im Durchgang durch den zwischen den unterschiedlichen Gewalten herrschenden Konflikt selbst, denn nur aus ihrer Konfrontation kann ihre wirkliche Einheit hervorgehen.

In den Begriffen von Marx besteht die philosophische Arbeit darin, dem Denken zu erlauben, sich in den politischen Bestimmungen zu verkörpern. Um das ans Licht zu bringen, was Marx selbst als »die Logik des politischen Körpers« bezeichnet, ist es notwendig, das *eidos* der politischen Gegenstände aufzudecken, und zwar in einer Art permanenten Konfrontation des »politischen Elements« selbst mit dem *eidos* der Instanzen, die in ihrem komplexen und differenzierten Spiel – die theoretische Energie ist charakteristisch für die legislative Gewalt, die praktische Energie für die regierende Gewalt – den modernen Staat in seiner Differenz zur antiken Stadt und zum Mittelalter konstituieren.

Folglich muss man anerkennen, dass Marx' Studie, in der Polemik und Affirmation unablässig ineinander übergehen, in einem gewissen Sinn vollständig von dem Willen getragen ist, die Frage zu beantworten: Was ist die *differentia specifica* des politischen Organismus, wenn der Philosoph die politische Welt nicht mehr gemäß der

98 Ebd., S. 261.

logischen Idee des Organismus denkt, sondern wenn er der Spezifik des »politischen Elements« in vollem Umfang gerecht wird? Hier drängen sich sogleich weitere Fragen auf, oder vielmehr muss die Frage nach der spezifischen Differenz, will man sie voll erfassen, in eine bestimmte Form gekleidet werden. Wie kann das politische Element in seiner Spezifität dazu führen, die Idee des Ganzen zu entwickeln? Was wird aus der Idee des Organismus, wenn sie auf diesen besonderen Gegenstand des *Demos* übertragen wird, der sowohl theoretische als auch praktische Energie ist? Kann man hier eine andere Art der Erzeugung des Ganzen erkennen, die mit der Identitätslogik bricht? Kurz, wird die Idee des Systems trotz eines Wechsels des Gegenstands aufrechterhalten, oder untergräbt dieser Wechsel des Gegenstands die Idee des Systems selbst?

Es ist der Ort der »wahren Demokratie«, der in diesem Text eine Art Grenzpunkt darstellt, an dem sich die Logik des Politischen abspielt und an dem man sich befinden muss, um diese Frage zu beantworten.

Wenn man unsere Lektüre-Hypothese akzeptiert, wird deutlich, dass die Kritik von 1843, obgleich sie zur Autonomie des Staatsbegriffs auf Distanz geht, sich nicht außerhalb des machiavellischen Moments ansiedelt und in einem gewissen Sinn die These von Ernesto Grassi bestätigt, der exakt im Rekurs auf eine Analyse der Kritik von 1843 und ihrer feuerbachschen Quellen zu dem Schluss kommt, dass zwischen Marx und dem italienischen Bürgerhumanismus ein kaum bekannter Zusammenhang besteht. Dabei erkennt er mindestens zwei Berührungspunkte: eine übereinstimmende Denunzierung jeglicher apriorischen Philosophie, welche unter Vernachlässigung der Welt der wirklichen Menschen die Dialektik der Idee privilegiert; ferner ein gleiches Interesse für die irdische

Welt, das im einen wie im anderen Fall zu einer neuen Art, die Geschichte zu denken, führt, auch wenn die Historizität auf der Grundlage unterschiedlicher Aktivitäten gedacht wird.[99] Wenn man den Text von 1843 liest und auf die »Rückkehr« des Politischen abhebt, die ihn beflügelt, kann man somit die Ansicht vertreten, dass die Kritik von Hegels Rechtsphilosophie uns eine neue Spielart des machiavellischen Moments vor Augen führt, bei der es darum geht, uns unter dem Namen Machiavellis, wie Merleau-Ponty formuliert, »in das eigentliche Gebiet der Politik« einzuführen.[100]

99 Ernesto Grassi, *Humanismus und Marxismus*, a. a. O., S. 50f. Ein originelles Werk über den Bürgerhumanismus und Marx, das auch eine hervorragende Auswahl von Texten italienischer Humanisten umfasst.

100 Maurice Merleau-Ponty, »Notiz zu Machiavelli«, in: *Zeichen*, Hamburg: Meiner Verlag, 2007, S. 315.

5. Kapitel
Die vier Merkmale wahrer Demokratie

Wir wollen nun auf das Rätsel der »wahren Demokratie« zurückkommen und auf diese Formulierung, die wir zu interpretieren versuchen: »Die neueren Franzosen haben dies so aufgefaßt, daß in der wahren Demokratie der *politische Staat untergehe*. Dies ist insofern richtig, als er qua politischer Staat, als Verfassung, nicht mehr für das Ganze gilt.«[101] Diese Sätze sind, wie wir bereits festgestellt haben, tatsächlich rätselhaft. Marx fordert uns dazu auf, eine paradoxale Situation zu denken, wonach der Untergang des politischen Staates nur in und durch das vollständige Zu-sich-Kommen einer politischen Gemeinschaft, die ihre Wahrheit erlangt, zustande kommt. Kurz, wie kann der Untergang des Staates mit der Einführung einer politischen Form zusammenfallen, die in den Augen des Marx von 1843 zudem die Eigenschaft hat, die vollkommene politische Form zu sein? Der Einsatz ist nicht gering, da man hier zum ersten Mal – und dieser Punkt verdient hervorgehoben zu werden – auf das Thema des Untergangs des Staates in Zusammenhang mit dem Gegensatz zwischen dem politischen Staat und der Demokratie trifft. Das Echo dieser Thematik hallt im gesamten Werk von Marx wider: 1847, in *Das Elend der Philosophie*, beschwört Marx die postrevolutionäre klassenlose Gesellschaft herauf und verkündet, »es wird keine eigentliche politische Gewalt mehr geben«.[102]

101 Karl Marx, *Zur Kritik der Hegelschen Rechtsphilosophie*, a.a.O., S. 232.

102 Karl Marx, *Das Elend der Philosophie*, in: MEW, Bd. 4, S. 182.

1871, in *Der Bürgerkrieg in Frankreich*, ist es mit Blick auf die Pariser Kommune besonders präsent. 1875, in den »Randglossen zum Programm der deutschen Arbeiterpartei«, wird der Untergang des Staates eher in den Begriffen der Umkehrung-Transformation gedacht als in Form einer einfachen Negation: »Die Freiheit besteht darin, den Staat aus einem der Gesellschaft übergeordneten in ein ihr durchaus untergeordnetes Organ zu verwandeln [...]. Es fragt sich dann: Welche Umwandlung wird das Staatswesen in einer kommunistischen Gesellschaft untergehn? In andern Worten, welche gesellschaftliche Funktionen bleiben dort übrig, die jetzigen Staatsfunktionen analog sind?«[103] Marx' Vorhaben in der Kritik von 1843 ist, wie bereits dargelegt, das Wesen des Politischen im Rekurs auf das wirkliche Subjekt, den *Demos*, zu denken. Das bedeutet, die Suche nach dem Wesen des Politischen und die Suche nach der wahren Demokratie decken sich notwendig beziehungsweise gehen ineinander über. Nach dem Wesen des Politischen zu fragen heißt, nach der Demokratie zu fragen; die spezifische Differenz der Demokratie gegenüber den anderen Regierungsformen herauszuarbeiten bedeutet, mit der Logik des Politischen selbst konfrontiert zu sein. Man könnte sagen, dass sich Marx in diesem Text tatsächlich eine Formulierung von Leibniz zu eigen macht: »Demokratie oder Politik«.[104] Die wahre Demokratie – also die Demokratie, die ihre Wahrheit als Form der *politeia* erlangt – ist die Politik *par excellence*, die Selbstverwirklichung und der Höhepunkt des politischen Prinzips. Versteht man die Logik der wahren De-

---

103 Karl Marx, »Randglossen zum Programm der deutschen Arbeiterpartei«, in: MEW, Bd. 19, S. 27 f.

104 Emilienne Naert, *La pensée politique de Leibniz*, Paris: PUF, 1964, S. 21.

mokratie, dann versteht man folglich auch die Logik des Politischen. Die Suche nach dem Wesen des Politischen sowie die Wahl der Demokratie als Form, die in der Lage ist, das Geheimnis dieses Wesens zu lüften, haben für Marx keinen geringen Stellenwert. Zumindest bezeugen sie ein komplexes Denken des Politischen – weshalb der kritische Gestus nicht mit einer einfachen Negation zu verwechseln ist – und eine Untersuchung des Status des Politischen, die sich als umso gehaltvoller erweist, als sie sich innerhalb einer Dreiecksbeziehung zwischen Hegel, Moses Hess und Spinoza zu entwickeln scheint.

Im Folgenden werden wir nun unter Berücksichtigung dieses dreifachen Bezugs vier Merkmale der wahren Demokratie festhalten.

I

Erstes Merkmal: »Souveränität des Monarchen oder des Volkes, das ist die question [...] es handelt sich um zwei *ganz entgegengesetzte Begriffe der Souveränität*.«[105] Marx entscheidet sich im Gegensatz zu Hegel dafür, die Politik aus der Perspektive der Souveränität des Volkes zu denken. Das Volk ist der wirkliche Staat. Marx kehrt die hegelschen Ausführungen systematisch um: Zunächst vertritt er hinsichtlich der Bestimmung des Fortschritts der politischen Formen das Gegenteil der These, die Hegel in § 273 der *Grundlinien der Philosophie des Rechts* aufstellt und die lautet: »Die Ausbildung des Staats zur konstitutionellen Monarchie ist das Werk der neueren Welt, in

105 Karl Marx, *Zur Kritik der Hegelschen Rechtsphilosophie*, a. a. O., S. 230.

welcher die substantielle Idee die unendliche Form gewonnen hat.« Weit davon entfernt, in der Demokratie ein Zeichen dafür zu sehen, dass das Volk in einem zufälligen, nicht organischen Zustand verharrt, betrachtet Marx die demokratische Form im Gegenteil als Höhepunkt der modernen Geschichte als Geschichte der Freiheit. Darüber hinaus macht er die Demokratie zum *telos*, auf das sämtliche modernen politischen Formen ausgerichtet sind, handle es sich nun um die konstitutionelle Monarchie oder um die Republik. Daher stimmt Marx mit Hegel darin überein, dass es sich bei der konstitutionellen Monarchie um das politische Prinzip handelt – das Jean-Luc Nancy als *Beziehung* definiert, den Zusammenschluss als solchen, der »für den Überschuss der spezifischen Natur des *zôon politikon* steht«.[106] Doch, und hier liegt die Divergenz, in der Monarchie existiert das politische Prinzip nur in einer verstümmelten, ja mystifizierenden Form, denn es erzeugt Illusionen.

Theoretisch betrachtet, folgt daraus, dass die Monarchie nicht aus sich selbst heraus verstanden werden kann, sondern nur ausgehend von dem Horizont, dem impliziten Prinzip, das sie leitet: dem demokratischen Prinzip. Wenn also ein Verständnis der Monarchie eine Dezentrierung erfordert, weil nur die Logik der Demokratie den Schlüssel zur Monarchie liefert, so kann sich umgekehrt die Demokratie aus sich selbst heraus erklären, sich selbst erkennen; ihr Zentrum liegt in ihr selbst, ist mit ihr auf einer Ebene, da sie nicht Ausdruck einer übergeordneten Form ist; das wirkliche Subjekt, der *Demos*, bildet sich hier in einem vollkommenen Selbstbezug heraus. Besser

106 Jean-Luc Nancy, »La juridiction du monarque hégélien«, in: *Rejouer le politique*, Paris: Galilée, 1981, S. 55.

gesagt, ist die Demokratie der Ort, an dem sich das politische Prinzip selbst in seiner Vollkommenheit offenbart. Bleibt man bei der Parallelität von Religion und Politik, dann kann man, sofern man die hegelsche Hierarchie der Religionen akzeptiert, die Hierarchie der politischen Formen folgendermaßen beschreiben: Auf dem Feld der Politik nimmt die Demokratie dieselbe Spitzenposition ein wie das Christentum auf dem Feld der Religion. Ebenso wie das Christentum der Inbegriff der Religion ist und wie uns eine Hermeneutik des Christentums das Wesen der Religion erschließen würde, ist die Demokratie der Inbegriff der Verfassung, und ihre Interpretation wird uns das Wesen der Verfassung eröffnen. Wir kommen so zu folgendem Schluss: Das Wesen der Religion liegt, wenn es über eine Interpretation des Christentums erschlossen wird, im deifizierten Menschen; das Wesen der Politik liegt, wenn es über eine Interpretation der Demokratie erschlossen wird, im sozialisierten Menschen, eine etwas obskure Formulierung, auf die wir noch zurückkommen werden.

Diese Positionen des jungen Marx sind relativ bekannt, aber vielleicht hat man das Ausmaß ihrer Implikationen noch nicht wirklich ermessen. Tatsächlich nimmt man vor allem die *politische Opposition* von Marx gegenüber Hegel zur Kenntnis, ohne sich nach dem Hintergrund und dem Ziel der These zu fragen, der zufolge die Demokratie die vollkommene Form der Politik ist – hinsichtlich des Denkens des Politischen wie auch hinsichtlich des *Status des Politischen*. Eine erste Implikation lautet: Nur ein komplexes Denken des Politischen kann als Möglichkeitsbedingung für Marx' These zur Demokratie dienen. Ein komplexes Denken in dem Sinne, dass das Politische gemäß einem doppelten Postulat begriffen wird: Wenn das

Politische in den Begriffen der Beziehung von Herrschaft und Knechtschaft gedacht werden kann – wobei das politische Übel in der Beherrschung des Menschen durch den Menschen liegt –, wird es nichtsdestotrotz einzig als irreduzibel auf den Aspekt der Herrschaft gedacht, denn das, worum es geht, das, was mit und im Politischen zur Debatte steht, ist die Frage, wie das menschliche Zusammenleben zu gestalten ist, damit es den Anforderungen der Freiheit, dem freien Willen entspricht. Und genau hier kann die genannte Dreiecksbeziehung aufklärend wirken.

Moses Hess bricht ebenfalls 1843 in der »Philosophie der That« offen mit der Utopie vom vernünftigen Staat. Er definiert gleichermaßen, mit derselben kritischen Geste Religion und Politik als Formen der Beziehung von Herr und Knecht. »Die Herrschaft und ihr Gegensatz, die Unterthänigkeit, ist das Wesen der Religion und Politik, und in je vollkommenerer Weise sich dieses Wesen manifestirt, desto vollkommener ist die Form der Religion und Politik.«[107]

Dieselbe Verwerfung der Politik findet man auch in *Socialismus und Communismus* (1843), wo Hess mit einem Federstrich die Errungenschaften der Aufklärung, den Rechtsstaat und die Religion der Vernunft vom Tisch wischt.

»Jede Politik, sie mag eine absolutistische, aristokratische oder demokratische sein, muß nothwendig, ihrer Selbsterhaltung wegen, den Gegensatz von Herrschaft und Knechtschaft aufrecht erhalten; sie hat ein Interesse an den Gegensätzen, denn ihnen verdankt sie ihr Dasein.«[108] Die

---

107 Moses Hess, »Philosophie der That«, in: *Philosophische und sozialistische Schriften*, a. a. O., S. 217.

108 Moses Hess, »Socialismus und Communismus«, in: *Philosophische und sozialistische Schriften*, a. a. O., S. 198.

vergangene Geschichte ist nichts als die Wiederholung einer Lüge, nämlich des Dualismus, mit einem abstrakten Allgemeinen auf der einen und einem Individuum ohne Wahrheit, ohne jeglichen Geist auf der anderen Seite. Indem er auf dem Feld des Denkens *la politique du pire* praktiziert, stimmt Hess Hegel zu, dass die Monarchie die Apotheose aller politischen Formen ist und ebenso das Christentum die vollkommenste Religion. Doch dies tut er nur, um sogleich mit Hegel zu brechen: Die Monarchie ist nur dann der Höhepunkt der Politik, wenn die Beziehung von Herr und Knecht das Wesen der Politik ausmacht. Als Herrschaft eines einzigen Herrn (*monos*) wird die Monarchie zur paradigmatischen Form der Politik als Herrschaft. Im Namen des spinozistischen Axioms »gut ist, was die Thätigkeit fördert, die Lebenslust erhöht« lautet die logische Schlussfolgerung von Hess daher, das wahre *initium* der modernen Freiheit in der Anarchie als Verneinung jeglicher Herrschaft im geistigen wie im sozialen Leben zu sehen. Die Anarchie, die Moses Hess vorschwebt, siedelt sich an der Schnittstelle von Atheismus (Fichte) und Kommunismus (Babeuf) an; auf den Begriff gebracht wurde sie von Proudhon, und sie definiert sich als »die Negation jeglicher politischer Herrschaft, die Negation des Begriffes Staat oder Politik«.[109] Hess, der den politischen Atheismus dem politischen Rationalismus entgegensetzt, verabschiedet sich vom Rechtsstaat, selbst in seiner republikanischen Form, da er in ihm aufgrund seiner Teilung in Herrscher und Beherrschte ein Wiederaufleben der Beziehung von Herrschaft und Knechtschaft erblickt. Ebenso lehnt er die Demokratie explizit ab. »Was ist diese Demokratie anders, als die Herrschaft der indi-

109 Ebd., S. 199.

viduellen Willkür unter dem Namen der ›subjektiven‹ oder ›persönlichen‹ Freiheit? Worin unterscheidet sie sich von der Herrschaft des Einen?«[110] Um den »geschlossenen Kreis der Sklaverei« zu durchbrechen und ihm zu entkommen, bezeichnet Hess im Rekurs auf Spinoza das Ende der religiösen und politischen Entfremdung als Horizont einer wahrhaft humanen Geschichte, welche die Tätigkeit als Ziel an sich begreift und den Weg für »die philosophische Ethik« frei macht, die »das ganze Leben umfaßt«. »So wie dieser Fluch mit der Religion ins Leben trat, so wird er auch wieder verschwinden, nachdem die Herrschaft der Religion und Politik zu Ende [...] ist.«[111]

Auf diese Weise wäre das Prinzip der Moderne, die absolute Einheit jeglichen Lebens, erfüllt.

Der Unterschied von Marx zu Hess scheint in einer anderen Bezugnahme auf Spinoza zu liegen. Wenn Hess Spinoza auf die Seite der Anarchie zieht, die sich in Ethik verwandelt, so rekurriert Marx auf Spinozas Denken der Demokratie. Indem er der hegelschen These von der konstitutionellen Monarchie als Höhepunkt der politischen Formen entgegentritt und der Demokratie den höchsten Rang einräumt, wiederholt Marx tatsächlich exakt die Position Spinozas. Für Letzteren ist, wie wir wissen, die Demokratie – definiert als »die allgemeine Versammlung der Menschen, welche gemeinschaftlich das höchste Recht auf Alles, was sie kann, besitzt« – die Form der Regierung, der Instituierung des Gesellschaftlichen, die als die »natürlichste scheint, und [...] der Freiheit, welche

110 Moses Hess, »Philosophie der That«, a. a. O., S. 218.

111 Ebd., S. 220. Eine Analyse von Hess' Kritik der Politik findet sich bei Gérard Benussan, *Moses Hess, la philosophie, le socialisme*, Paris: PUF, 1985, S. 99-105.

die Natur Jedem gewährt, am nächsten kommt«.[112] Daher rührt auch der Vorrang, den Spinoza dieser Form der politischen Gemeinschaft in seinem Traktat einräumt: Die Demokratie ist als die vernünftigste und freiheitlichste Staatsform der Inbegriff der politischen Gemeinschaft, da bei genauerem Hinsehen jede Souveränität ihrem Wesen nach demokratisch ist; die Aristokratie und die Monarchie sind nur abgeleitete und unzureichend ausgearbeitete politische Institutionen.[113]

Doch dieser auf der Ebene der politischen Position erfolgte Rückgriff auf Spinoza gegen Hegel wird auch zu einem Einspruch gegen die politische Theorie von Moses Hess. Wenn die Demokratie für Marx – wie für Spinoza – die natürlichste Staatsform ist und als Paradigma der *politeia* figuriert oder auch »als Hypermodell des wahren politischen Lebens«,[114] so ist dies exakt dem Umstand geschuldet, dass das Wesen des Politischen nicht ausschließlich auf die Beziehung von Herr und Knecht zurückgeführt werden kann, sondern in einem Zusammenschluss der Menschen besteht, in der Einrichtung *sub specie rei publicae* eines Zusammenseins, das auf Freiheit ausgerichtet ist, oder in der Umsetzung dessen, was Marx den »menschlichen Austausch« beziehungsweise die vermittelnde Tätigkeit des Menschen nennt. In diesem Sinne versteht Marx das politische Element als ein spezifisches Bindeglied, das sich nicht auf eine Dialektik der Bedürfnisse oder auf ein Derivat der Arbeitsteilung reduzieren lässt, als ein Moment, auf das eine der Freiheit

112 Baruch de Spinoza, *Theologisch-politische Abhandlung*, Berlin: Heimann Verlag, 1870, Kap. XVI, S. 213, 215.

113 Ebd., S. 215.

114 Lucien Mugnier-Polliet, *La Philosophie politique de Spinoza*, Paris: Vrin, 1976, S. 250.

verschriebene Gesellschaft nicht verzichten kann, ohne in die politische Tierwelt zurückzufallen (leben und sich vermehren). In und durch dieses Element entwickelt sich der Ort, an dem der »wirkliche Mensch« – in Form des Volkes, als Gesamtheit der Staatsbürger – ständig der Erprobung der Universalisierung ausgesetzt ist.

Man sieht, worin der Unterschied zwischen Hess und Marx besteht.

Alles hängt von der Interpretation des *monos* der Monarchie ab: Entweder ist das Wesen der Politik die Herrschaft und man versteht unter *monos* die Herrschaft eines einzigen Herrn – in welchem Fall die Monarchie als Paradigma der Herrschaft der Höhepunkt der Politik ist und die Demokratie nur eine Zwitterform, eine schändliche Transaktion. Oder das Ziel der Politik ist die Errichtung einer Gemeinschaft unter den Menschen, einer Monadologie, und man versteht unter *monos* die Einheit. Dann geht es darum – und hierin besteht tatsächlich Marx' gesamte Argumentation in der Kritik von 1843 –, die transformative Methode auf das Modell der Umstellung von Subjekt und Prädikat anzuwenden: »Gott ist die Liebe« wird so zu »Die Liebe ist Gott«. Auf dem Feld der Politik ergibt sich damit folgende Umkehrung: »Der König ist Einheit« wird zu »Die Einheit ist Königin« – wozu noch hinzuzufügen ist, dass das wirkliche Subjekt des *Demos* an die Stelle des *monos* tritt, da die konstitutionelle Monarchie, so wie Hegel sie begreift, eine Inkonsequenz ist, die nur dann Früchte trägt, wenn man sich von ihr löst. In diesem Fall wird die Demokratie als vollkommen zu sich selbst gekommenes Wesen der Politik an die Spitze der Hierarchie der politischen Staatsformen gestellt; die Monarchie fällt auf den Rang einer unvollkommenen Form zurück.

Wenn man diese Implikationen anerkennt, diese wechselseitig aussagekräftige Reziprozität zwischen der wahren Demokratie und dem Wesen der Politik, wird man auch einräumen, dass man Marx zumindest zu diesem Zeitpunkt seiner Entwicklung – sei es nun, um ihn dafür zu rühmen, oder sei es, um ihn zu tadeln – keine Verneinung der Politik zuschreiben kann.

Man wird dann auch einräumen, dass es sicherlich legitim ist, die Kritik von 1843 – mit Hilfe der feuerbachschen Kategorien und der Parallele zwischen Demokratie und Christentum – als eine Schrift zu lesen, die von Marx' starkem Willen getragen ist, über Hegel (und dieser Durchgang ist nicht irgendein Durchgang) und gegen ihn einen Übergang vom *dogmatischen Wesen der Politik zu ihrem ethischen oder anthropologischen Wesen* herzustellen.

In diesem Sinne kann sich Marx wie Moses Hess unter die politischen Atheisten einreihen, mit einem einzigen, allerdings gewichtigen Unterschied: Während Hess ein ausschließlich negatives Verhältnis zur Politik hat, gelingt es Marx, sich eine kritische Beziehung zu ihr zu erarbeiten, so dass er das Wahre vom Falschen unterscheidet und den Untergang des Staates als Einführung der wahren Demokratie denkt.

II

Zweites Merkmal: Die Beziehung zwischen der Aktivität des Subjekts, dem ganzen *Demos*, und der verfassungsmäßigen Verobjektivierung unterscheidet sich in der Demokratie von dem, was sich in den übrigen Staatsformen vollzieht, selbst dann, wenn die Souveränität, ohne dass diese Formen es wissen, sich hier ihrem Wesen nach ebenfalls als demokratisch erweist.

Diese Beziehung kommt in der Demokratie durch eine andere Artikulation des Ganzen und der Teile zum Ausdruck, was zu einem Ergebnis führt, das das Grundunterscheidungsmerkmal der Demokratie darstellt, nämlich dass die verfassungsmäßige Verobjektivierung, die Verobjektivierung des *Demos* in Form einer Verfassung, hier Gegenstand einer *Reduktion* ist. Das ist eine der Bedeutungen der Aussage: »Der Mensch ist nicht des Gesetzes, sondern das Gesetz ist des Menschen wegen da, es ist *menschliches Dasein*, während in den andern der Mensch das *gesetzliche Dasein* ist. Das ist die Grunddifferenz der Demokratie.«[115] Die Verfassung wird mit anderen Worten einem Prozess der Reduktion unterworfen, damit sie ihrem spezifischen Wesen – das Gesetz ist menschliches Dasein – gerecht wird. Es wäre falsch, diese Reduktion mit einer Aufweichung oder Herabwürdigung zu verwechseln. Die Reduktion hat vielmehr, wie es scheint, zwei miteinander zusammenhängende Bedeutungen: zunächst Reduktion-Resolution im feuerbachschen Verständnis des Begriffs. Hier beantwortet die Reduktion die Frage: »Was ist das Wesen des Subjekts, das sich in der Aktivität erkennt, die – in diesem Fall – das politische Objekt hervorbringt?« und hat mit ihrem interpretativen antidogmatischen Ansatz eine befreiende Wirkung. Sodann ist die Reduktion in dem Sinne zu verstehen, dass, wenn der Rückgang auf das begründende Subjekt vollzogen und diese Zuerkennung vollbracht ist, es notwendig ist, diese Verobjektivierung auf das zu *reduzieren*, was sie ist – ein

115 Karl Marx, *Zur Kritik der Hegelschen Rechtsphilosophie*, a. a. O., S. 231.

Moment in einem globaleren Prozess –, und sehr genau ihre Grenzen zu bestimmen, um die theoretische und praktische Energie, die im Bereich der Politik freigesetzt wird, besser zu kontrollieren. Insoweit Marx von dem, was sich hier abspielt, von dem, was innerhalb der demokratischen Verfassung erfolgt, eine hohe Meinung hat, schließt er genau daraus auf die Notwendigkeit einer Reduktion, damit die Entwicklung des tatsächlichen Unternehmens keinen Schaden nimmt. Doch worin besteht dieses tatsächliche Unternehmen? Kommen wir auf die weiter oben gebrauchte Formulierung zurück: Die Demokratie als Form einer besonderen politischen Gemeinschaft (und nicht nur als Wahrheit aller Staatsformen) offenbart das Wesen jeglicher politischer Verfassung: »*den sozialisierten Menschen*«. Diese Behauptung verdient es umso mehr, erläutert zu werden, da sie zu Missverständnissen führen kann, indem der Leser versucht sein könnte, in ihr einen typisch modernen Irrtum zu erkennen, der laut Hannah Arendt darin besteht, die aristotelische Definition des Menschen als *zôon politikon* im Sinne eines *animal socialis* zu verstehen und das Politische auf der Grundlage des *oikos* zu denken und nicht auf der der *polis* (und es mithin zu verfehlen).[116]

Insofern die Kritik von 1843 einen machiavellischen Einfluss aufweist, hat sie nun ein Interesse daran, dieser modernen Tendenz nicht zu erliegen. Wir haben es hier nicht mit einer Problematik des Sozialrechts im Stil von »die Gesellschaft gegen den Staat« zu tun, so dass mit der Einführung des »sozialisierten Menschen« die politische Verfassung verschwinden würde, weil sie hinfällig

116 Hannah Arendt, *Condition de l'homme moderne*, Paris: Calmann-Lévy, 1961.

geworden wäre. Im Gegenteil, die Problematik, mit der sich Marx befasst, ist spezifisch politisch, indem er auf politischer Ebene eine Theorie der Souveränität und ein Denken der Subjektivität entfaltet. Gegen Hegel, der in seinem Bemühen, dem modernen Prinzip der Subjektivität gerecht zu werden, aus dem Menschen (der Person des Prinzips) den versubjektivierten Staat macht, geht es für Marx umgekehrt darum, zu zeigen, dass in der Demokratie der Mensch als Gattungswesen, als Volk, als *Demos* (der Rekurs auf den griechischen Begriff ist nicht unwichtig) im und durch den Staat verobjektiviert wird. Die These, dass die Demokratie »den Staat zum verobjektivierten Menschen« macht, besagt, dass in dieser politischen Form der Staat die Bühne ist, auf der sich die Ausdrucksformen der sozialen Existenz des Menschen verobjektivieren. Der Mensch erkennt und wiedererkennt sich nur insofern als universales Wesen – der Mensch ist nur unter Menschen Mensch, um eine Formulierung von Fichte aufzugreifen –, als er zur Sphäre des Politischen Zugang hat und sich das politische Element zu eigen macht. Es ist *sub specie rei publicae*, und nur so, dass der Mensch seine Bestimmung als soziales Wesen erfüllt. Die Verfassung wirkt gleichzeitig als Aufschluss gebendes und reinigendes Element. Die Einführung der *societas* ist weit davon entfernt, die *civitas* überflüssig oder obsolet zu machen, denn erst mit dem Erreichen der *civitas* tritt die *societas* in Erscheinung. Anders gesagt, nicht weil der Mensch ein *animal socialis* ist, gibt er sich eine Verfassung, vielmehr offenbart er sich erst dadurch, dass er sich eine Verfassung gibt und ein *zôon politikon* ist, tatsächlich als »sozialisierter Mensch«. Man muss noch weiter gehen. Das politische Wesen, der sozialisierte Mensch, erweist sich bei genauerem Hinsehen in Wirklichkeit als das Wesen des Menschen. Es kann in dem Maße zum Ausdruck kommen, wie es sich befreit, in dem Maße, wie es sich, genau gesagt, von den mit der Familie und der bürgerlichen Gesellschaft verbundenen Grenzen und den sich daraus ergebenden Bestimmungen frei macht. Der Mensch vermag seine gesellschaftliche Bestimmung daher nicht über die Beziehungen, die die bürgerliche Gesellschaft hervorbringt, zu erfüllen, sondern indem er gegen diese kämpft, indem er sie politisch zurückweist, als Bürger eines politischen Staates, der ein Gattungswesen zu sein vermag. Deshalb führt das Politisch-Sein zur Erfahrung der wahren universalen Existenz, zur essenziellen Erfahrung der Gemeinschaft, der Einheit des Menschen mit dem Menschen. Gewiss erzeugt die dem Prinzip des Genusses untergeordnete bürgerliche Gesellschaft Bindungen, doch bleiben diese von einer unabänderlichen Kontingenz gekennzeichnet. Nur die »Entbindung« auf der Ebene der bürgerlichen Gesellschaft und der Eintritt in die politische Sphäre erlauben die Erfahrung einer Bindung als Gattung. In seiner politischen Bedeutung, schreibt Marx, »macht sich das Glied der bürgerlichen Gesellschaft los von seinem Stande, seiner wirklichen Privatstellung«.[117] Es ist allein in der politischen Sphäre, dass das Glied der Gesellschaft »als *Mensch* zur Bedeutung kommt, oder daß seine Bestimmung als Staatsglied, als soziales Wesen, als seine *menschliche* Bestimmung erscheint«.[118] Die Diskrepanz zwischen dem politischen Bereich und den gesellschaftlichen Bestimmungen wird noch größer, wenn man die Frage der Repräsentation betrachtet. Indem Marx die Repräsentation durch Staaten von der politischen Re-

---

117 Karl Marx, *Zur Kritik der Hegelschen Rechtsphilosophie*, a. a. O., S. 285.

118 Ebd.

präsentation – dem modernen Prinzip – unterscheidet, unterstreicht er, dass es Repräsentation im modernen Verständnis nicht gibt, wenn man von der Faktizität und der sozialen Textur der bürgerlichen Gesellschaft ausgeht, sondern im Gegenteil nur dann, wenn man diese und ihre Bestimmungen negiert. Marx geht sogar so weit, diesen Zugang zur politischen Existenz, diesen politischen Akt in Form einer Zersetzung der bürgerlichen Gesellschaft, einer Desozialisierung zu begreifen, ja man wäre versucht zu sagen, verdoppelt durch ein wahrhaftes Aus-sich-Heraustreten der bürgerlichen Gesellschaft, eine Ekstase. »Ihr politischer Akt [...] ist ein *Eklat* machender Akt der politischen Gesellschaft, eine *Ekstase* derselben.«[119] Mithin denkt Marx die Beziehungen zwischen der politischen Sphäre und dem, was sich als das Gesellschaftliche präsentiert, ganz offensichtlich in Form einer Diskontinuität. Die Verfassung, der politische Staat krönt oder vollendet nicht eine unvollkommene Soziabilität, die in der Familie oder in der bürgerlichen Gesellschaft angelegt wäre, vielmehr positioniert er sich als Bruch mit einer entbehrlichen Soziabilität. »Der Stand der bürgerlichen Gesellschaft hat weder das Bedürfnis, also ein natürliches Moment, noch die Politik zu seinem Prinzip. Es ist eine Teilung von Massen, die sich flüchtig bilden, deren Bildung selbst eine willkürliche und *keine* Organisation ist.«[120] Zwei Momente lassen sich bei diesem politischen Akt, der als völlige Transsubstantiation definiert wird, unterscheiden: das Moment der Einklammerung der bürgerlichen Gesellschaft, »in ihm [im politischen Akt] muß sich die bürgerliche Gesellschaft völlig von sich als

119 Ebd., S. 317.
120 Ebd., S. 284.

bürgerlicher Gesellschaft, als Privatstand lossagen«,[121] und das Moment des Zu-sich-Kommens des »sozialisierten Menschen« im und durch das politische Element: in ihm muss die bürgerliche Gesellschaft »eine Partie seines Wesens geltend machen, die mit der wirklichen bürgerlichen Existenz seines Wesens nicht nur keine Gemeinschaft hat, sondern ihr direkt gegenübersteht«.[122]

Der politische Ort konstituiert sich somit als ein Ort der Vermittlung zwischen Mensch und Mensch und als ein Ort der *catharsis* hinsichtlich aller unnötigen Bindungen, die den Menschen auf Distanz zum Menschen halten. Man stößt so auf das Paradox, dass der Mensch sich nur insofern als Gattungswesen erfährt, als er seinem gesellschaftlichen Dasein den Rücken kehrt und das Sein eines Staatsbürgers annimmt. In Paraphrasierung einer späteren Erklärung von Marx könnte man sagen: Der *Demos* ist politisch oder er ist nichts. Vergessen wir nicht, dass Marx befürchtete, ein deutscher Aristoteles sei unfähig, zwischen dem Menschen als geselliges Tier und dem Menschen als politisches Tier zu unterscheiden. Nachdem dieser paradoxale Charakter des politischen Akts herausgestellt wurde, können wir versuchen, die nicht weniger paradoxale Funktionsweise der Reduktion zu begreifen.

Halten wir zunächst fest, dass die Demokratie, weil sie »das aufgelöste Rätsel aller Verfassungen« ist, der »sozialisierte Mensch«, und auch weiß, dass sie diese Lösung ist – das Moment des Selbstbewusstseins wie auch das Moment der für eine Philosophie der Subjektivität charakteristischen Selbsterkenntnis –, es zu verhindern versteht, dass die verfassungsmäßige Verobjektivierung in eine politische

121 Ebd., S. 280.
122 Ebd., S. 280f.

Entfremdung umschlägt. Tatsächlich ist die Gefahr einer politischen Entfremdung in der Demokratie gebannt, da die Verfassung einerseits für das anerkannt wird, was sie ist, und andererseits auf das völlige Zu-sich-Kommen des politisch bestimmten menschlichen Austauschs zurückgeführt wird, so dass ein Widerspruch zwischen verfassungsmäßiger Verobjektivierung und der Aktivität, die sich verobjektiviert, unmöglich ist. Indem die demokratische Verfassung so auf ihre Grundlagen zurückgeführt und mit der Energie des Subjekts verbunden wird, verdinglicht sie sich nicht, erstarrt nicht, errichtet sich nicht als Gewalt, als fremde Form, die über dem Subjekt steht und sich gegen dieses richtet. Die Lösung der Verfassung (der sozialisierte Mensch) beseitigt die Gefahr der Versteinerung, weil sie eine Reduktion der Verfassung mit sich bringt, eine Bestimmung ihrer Grenzen als Moment, das heißt, weil sie ihr den *Status eines Moments* zuweist. Es bleibt zu bestimmen, ob die Reduktion der Verfassung auf ein Moment es trotzdem erlaubt, dieses Moment als gleichartig mit den anderen Momenten, die den Prozess der völligen Verobjektivierung des *Demos* ausmachen, anzusehen. Das ist überdies auch der Grund, weshalb die Wiedereinfügung, das Wiedereintauchen der Verfassung in den Prozess, der sie hervorgebracht hat – und darin liegt Marx zufolge das Charakteristikum der demokratischen Institutierung des Gesellschaftlichen –, die Ebene der im eigentlichen Sinne politischen Sphäre überschreiten wird, um sich auf alle Sphären auszudehnen, das bedeutet auch auf die nicht politischen Bereiche. Folgt man den Analysen von Marx, dann scheinen wir es mit einer sehr komplexen Bewegung zu tun zu haben, die sich in verschiedene Stadien unterteilen lässt: das Stadium der Reduktion, »des Zurückgehens« zu der ursprünglichen Aktivität, das es in einem zweiten Stadium erlaubt, das, was in der Verfassung erfolgt ist, auf andere Bereiche im Leben des *Demos* auszudehnen. Die Reduktion im Sinne einer Bestimmung der Grenzen scheint die Bedingung der Möglichkeit der Ausdehnung zu sein, so als hätte die Bewegung des Rückgangs zu einem ursprünglichen Subjekt den Effekt, in allen Bereichen, in denen die Entfaltung seiner Energie gefordert ist, eine Rückwirkung der Aktivität dieses Subjekts möglich zu machen und freizusetzen. Marx schreibt: »In der Demokratie erlangt keines der Momente eine andere Bedeutung, als ihm zukommt.«[123] Auch wenn diese Definition für alle Momente gilt, scheint sie doch primär das politische Moment im Blick zu haben. Denn kann man nicht tatsächlich vor allem hinsichtlich des politischen Moments befürchten, dass dieses Moment versucht sein könnte, eine überbordende Bedeutung zu erlangen, die über das, was ihm zukommt, hinausgeht? Hierin liegt der Unterschied zu den anderen Staatsformen, in denen dem politischen Moment, insofern es keine Reduktion erfährt, ein besonderer, übersteigerter Status zugeschrieben wird. In der Demokratie ist jedes Moment wirklich nur ein Moment des ganzen *Demos*. Die Demokratie wird als ein System gedacht, das um ein einheitsstiftendes Subjekt zentriert ist, dessen theoretische wie praktische Energie das Prinzip der Vereinigung konstituiert.

Im Gegensatz hierzu stellt man bei der Monarchie in Ermangelung der Durchführung der antidogmatischen Reduktion, die gezeigt hätte, dass die Souveränität auch hier ihrem Wesen nach demokratisch ist, eine falsche Beziehung zwischen dem Ganzen und den Teilen fest. »In der Monarchie bestimmt ein Teil den Charakter des

123 Ebd., S. 230.

Ganzen. Die ganze Verfassung muß sich nach dem festen Punkt modifizieren.«[124] Damit ist offensichtlich der Monarch gemeint, »dies absolut entscheidende Moment des Ganzen«, nach Hegel (§ 279). Hieran schließt sich eine fehlerhafte Subsumierung an: »In der Monarchie ist das Ganze, das Volk, unter eine seiner Daseinsweisen [...] subsumiert.«[125] In der Demokratie hingegen »erscheint die Verfassung *selbst* nur als eine Bestimmung, und zwar als Selbstbestimmung des Volks«.[126] So ist in der Monarchie die determinierende Beziehung irreführend und dementsprechend paralysierend, da das Bestimmende, das Volk, zum Bestimmten wird und das Bestimmte, die politische Verfassung, zum Bestimmenden. In der Monarchie haben wir das Volk der Verfassung, also nicht das Volk, so wie es in seinem Sein ist, sondern das Volk, wie es von der Verfassung gesetzt, anerkannt, identifiziert, kurz bestimmt wird. Indem er die Parallele zwischen der Kritik der Politik und der Kritik der Religion weiterführt, schreibt Marx: »[...] so schafft nicht die Verfassung das Volk, sondern das Volk die Verfassung.«[127] Man sieht somit, wie sehr die Kritik von 1843 einen generellen Kampf gegen jegliche Sichtweise darstellt, die – sei sie nun monarchisch oder bürokratisch geprägt – den Effekt hat, die menschliche Gattung, das Volk, auf die Seite der Passivität und Unmündigkeit zu stellen, indem sie dem Subjekt seine eigene Aktivität verbirgt und sie damit zugleich hemmt. In der Demokratie zeigt sich hingegen zwischen Bestimmendem und Bestimmten eine Beziehung, die zufriedenstellend ist, insofern sie sich mit dem, was hier am

124 Ebd.
125 Ebd., S. 231.
126 Ebd.
127 Ebd.

Werk ist, in Einklang befindet: dem politischen Prinzip, definiert als das Zutagetreten der gattungsmäßigen Einheit in Form einer Verfassung, die im Namen des *Demos* errichtet wird. Die Demokratie stellt eine juristische und metajuristische Verfassung des Volkes dar, da das Volk hier den dreifachen Status eines Prinzips, eines Subjekts und eines Zwecks erlangt. Bei diesem Selbstbezug, der sich in der Selbstkonstituierung und Selbstbestimmung des Volkes realisiert, repräsentiert der politische Staat nur ein Moment, gewiss ein wesentliches Moment, aber eben doch nur ein Moment. Das Volk weist die Besonderheit auf, ein Subjekt zu sein, das sein eigener Zweck ist. Diese Selbstkonstituierung des Volkes, die in keinem Pakt erstarrt, in keinem Vertrag erstarren darf, entfaltet sich in einem Element der Idealität. Die politische Sphäre steht umso mehr im Zeichen der Idealität, als das Volk keiner soziologischen Realität entspricht, nichts Gesellschaftliches ist, sondern vollständig in dem politischen Willen-zu-Sein besteht. Das Volk existiert und erlangt seine Identität als Volk, insofern es ein Volk sein will.

Deshalb stellt die Demokratie mit Recht das aufgelöste Rätsel aller Verfassungen dar. Das, worum es in allen Verfassungen in Wahrheit geht, ist die Selbstbestimmung des Volkes. Aber genau genommen geht es darum – wenn es denn darum geht – nur unbewusst, mystifizierend, um nicht zu sagen in Form einer Verneinung. So besteht die Aufgabe der Demokratie darin, das, was in den anderen Staatsformen lediglich am Werk ist, zu Ende zu führen, um daraus ihr Werk zu machen. Sie macht daraus ihr Werk, weil sie weiß, dass das Subjekt einer jeden politischen Gesellschaft die Aktivität, die energetische Kraft des Volkes ist. Ein gelöstes Rätsel weiß nicht nur die Lösung, sondern es weiß und wiedererkennt sich auch als solche.

Die komplexe Bewegung der Reduktion entspringt somit der Logik dieses Rückgangs zu sich, dem vollen Selbstbewusstsein. Komplex ist diese Bewegung, weil mit Erlangung des Selbstbewusstseins gleichzeitig die Grenzen der verfassungsmäßigen Verobjektivierung des *Demos* bestimmt werden müssen, damit dieses demokratische Handeln – dank jener Grenzen – auf sämtliche Bereiche zurückwirken kann, auf dass die Verobjektivierung des *Demos* alle Bereiche erreicht, in denen sie dazu berufen ist, sich entsprechend der Vielfalt ihres Seins zu manifestieren.

III

Drittes Merkmal: Diese Vision von einer Selbstkonstituierung des Volkes, einer politischen Verobjektivierung des menschlichen Austauschs, die niemals in eine politische Entfremdung abgleitet, kulminiert in der Vorstellung von einer demokratischen Selbstinstituierung des Gesellschaftlichen. Das Modell hierfür ist die Selbstinstituierung als fortwährende Selbstbestimmung.

Nach Marx ist die Verfassung dem Wesen, vor allem aber der Existenz (eine Demokratie, die sich nicht realisiert, ist keine Demokratie), »der Wirklichkeit nach in ihren wirklichen Grund, den wirklichen Menschen, das wirkliche Volk, *stets* zurückgeführt und als sein eignes Werk gesetzt«.[128] Marx führt hier die Frage der demokratischen Zeitlichkeit ein, die er in Form eines fortwährenden Schaffens begreift, bei dem der Fokus der Macht, ihre Grundlage (das wirkliche Volk) und ihr Werk völlig aneinander haften. Es geht um eine ständige Koinzidenz

128 Ebd.

von Subjekt und Werk, genauer, von Subjekt und seinem »Wirken«, so als dürfe die Zeit in die Umsetzung dieser Macht keine Verschiebung hineinbringen. In der Demokratie wird jede Verobjektivierung permanent auf ihre Grundlage zurückbezogen, auf ihren Fokus der Aktivität, und zwar in Form einer Art totalen Präsenz und in einer Weise, dass die Beziehung zwischen dem Subjekt und seinem Werk sich innerhalb der Zeitlichkeit nicht lockert, vonseiten der Zeit keinerlei Passivität zulässt und sich im Laufe der politischen Verwirklichung durch keine zeitliche Abweichung, keine Kluft, keinen Riss, durch welche die Heteronomie in sie Eingang finden könnte, aushöhlen lässt. Durch diese Bewegung des konstanten »Zurückgehens« zur Quelle wird dem Prozess der Versteinerung Einhalt geboten und ein Damm gegen ein Abgleiten der Verobjektivierung in die Entfremdung errichtet, damit die Energie des *Demos* ihre Qualität einer lebendigen Kraft intakt halten kann, ihre Mobilität, ihre Plastizität, ihre Fluidität. Diese Position von Marx erinnert an die von Godwin, dem Autor der *Enquiry Concerning Political Justice* (1793), den Marx oft mit der Idee einer Kritik der Politik assoziiert. Godwin setzt die wahren Interessen der Menschheit, die unablässig Veränderung, eine endlose Erneuerung verlangen – der Mensch lebt in einem Zustand des permanenten Wandels –, dem für die Regierung charakteristischen Prinzip der Beständigkeit entgegen. »Die Regierung ist der ständige Feind der Veränderung.«[129] Daher die Kritik der Idee der Verfassung, die im Namen einer Unterscheidung zwischen Grundgesetzen und gewöhnlichen Gesetzen illegitimerweise eine relative Be-

---

129 William Godwin, *Enquiry Concerning Political Justice*, Middlesex: Penguin Books, 1976, S. 253.

ständigkeit anstrebt. Bei Marx findet man in seiner Kritik von 1843 denselben Einspruch: Das Volk hat stets das unbedingte Recht, sich eine neue Verfassung zu geben, da »die Verfassung, sobald sie aufgehört hat, wirklicher Ausdruck des Volkswillens zu sein, eine praktische Illusion geworden ist«.[130] Jenseits der Beziehung zu Godwin sieht man, wie bei Marx eine Vorstellung von der Demokratie zum Vorschein kommt, bei der der *Demos* – der gleichzeitig Prinzip, Subjekt und Zweck ist – ständig die Probe auf eine Selbsterkenntnis machen könnte, das heißt, sich in all seinen Verobjektivierungen wie in einem perfekten Spiegelbild, das kein Residuum, kein Rest trübt oder verzerrt, wiedererkennen könnte. Damit löst Marx eine der Forderungen der vom Subjekt-Volk oder vom Volk als Subjekt aus gedachten Demokratie ein: Tatsächlich scheint er auf die Gesamtheit der Aktivitäten des Volkes den gesellschaftlichen Narzissmus zu übertragen, der sich gemäß Rousseaus *Brief an d'Alembert* im ekstatischen Moment des Fests, in dem sich das Volk der Freude hingibt, in der Spiegelfläche – dem Genfer See – sein eigenes Bild zu betrachten, frei entfalten und erfüllen kann. Das republikanische Spektakel hat, wie man weiß, keinerlei Gegenstand: »Nichts, wenn man will«, schreibt Rousseau; es ist exakt die Selbstkonstitution des Volkes, das Auftauchen seines wahrnehmbaren Daseins. »Stellt die Zuschauer zur Schau, macht sie selbst zu Darstellern, sorgt dafür, daß ein jeder sich im andern erkennt und liebt, daß alle besser miteinander verbunden sind.«[131]

---

130 Karl Marx, *Zur Kritik der Hegelschen Rechtsphilosophie*, a. a. O., S. 260.

131 Jean-Jacques Rousseau, *Brief an d'Alembert über das Schauspiel*, in: ders., Schriften, hg. von Henning Ritter, München und Wien: Carl Hanser Verlag, 1978, Bd. 1, S. 462.

Indem man so den für das demokratische Zusammenleben charakteristischen Imperativ der Plastizität und Flexibilität unterstreicht, begreift man die grundlegende Bedeutung der Reduktion auf einem anderen Wege. Dank dieser spezifischen Operation der Demokratie wird verhindert, dass sich ein Widerspruch zwischen einem Teil und dem Ganzen bildet, der den Effekt hätte, einen illegitimen Auswuchs dieses Teils nach sich zu ziehen und bei diesem einen übermäßigen Anspruch zu erzeugen, die anderen Sphären auf eine dominante Art und Weise zu regulieren. Außerdem kontrolliert das politische Subjekt dank der Reduktion die konstitutionelle Verobjektivierung unter dem Gesichtspunkt der Zeit, das heißt, das Moment der Entfremdung kann während der Zeit selbst, in der sie erfolgt, vermieden werden. Die Reduktion erfüllt die mit der Idee der fortwährenden Neuschöpfung verbundenen Anforderungen, da das konstitutionelle Moment sich auf diesem Wege nicht auf sich selbst zurückzieht, sondern sich stattdessen einer grundlegenden Ebene öffnet: der stiftenden Aktivität, der Energie, dem ursprünglichen Fokalpunkt, der sie hervorbringt. Konstitutioneller Monarchie und Demokratie ist gemeinsam, dass die Verfassung hier ein freies Produkt des Menschen ist. In der Monarchie verschließt sich das freie Produkt jedoch in sich selbst; so wird die Verfassung zu dem, was den Staat ausmacht, und das Volk wird auf ein Moment reduziert. In der Demokratie öffnet sich das freie Produkt hingegen der Aktivität selbst, die am Ursprung des Prozesses steht, denn sie orientiert sich am Subjekt-Volk, das sich verobjektiviert. Ist die Verfassung erst einmal in eine sehr viel radikalere Bewegung eingefügt, eingeschlossen, eingebunden – das Zu-sich-Kommen des *Demos* –, dann wird sie auf ein Moment, eine besondere Existenzform des Subjekts zurückgeführt und nicht zu einer Organisationsform erhoben, die für das Ganze steht. So als vollziehe sich hier die wahre Demokratie wie eine Selbstinterpretation, die an eine Selbstradikalisierung anknüpft, ist sie doch stets von der Forderung durchdrungen, von der produktiven Aktivität Besitz zu ergreifen und mit dem handelnden Subjekt auf Augenhöhe zu sein. Es kann kein Zweifel bestehen, dass dieses Denken der Demokratie von der Philosophie der Tat, die Moses Hess zur selben Zeit entwickelt hat, beeinflusst ist. Was für den Geist gilt, muss auch für die Tat gelten: Hess zeigt, wie das Prinzip der Tat vom Geist verlangt, niemals zur Ruhe zu kommen, nicht zu erstarren, sondern sich im Gegenteil über seine eigenen Bestimmungen permanent wiederzugewinnen, um sie zu überschreiten und seine Unendlichkeit zu beweisen. Der freie Geist geht »als die Macht über alles Endliche, Bestimmte, stets darüber hinaus [...], um sich stets von neuem als Thätiger – freilich jedesmal in bestimmter Weise – zu erfassen«.[132] Indem die Philosophie der Tat so auf die Unendlichkeit ausgerichtet ist, ist sie eine Philosophie der Freiheit. Hess formuliert, wie es klarer kaum möglich ist, das Prinzip, das, wie man unschwer erkennt, die Arbeit der Reduktion in Marx' Kritik von 1843 leitet. »Darin eben unterscheidet sich die freie That von der unfreien Arbeit, daß hier, in der Knechtschaft, die Schöpfung den Schöpfer selbst fesselt, während dort, in der Freiheit, jede Beschränkung, in welche der Geist sich entäußert, nicht zur *Naturbestimmtheit, sondern überwunden und so Selbstbestimmung wird.*«[133]

---

132 Moses Hess, »Philosophie der That«, a. a. O., S. 219.
133 Ebd.

Wir haben von der Zeitlichkeit der Demokratie gesprochen. Doch handelt es sich wirklich um eine Zeitlichkeit; kann man die Zeitlichkeit denken, wenn man einzig von der Gegenwart ausgeht? Kann man wie Feuerbach denken, dass es reicht, »das Stabilitätsprinzip« zu kippen und durch das einer permanenten Neugründung zu ersetzen, um die Zeit in die Politik einzuführen? In seinen »Vorläufigen Thesen zur Reform der Philosophie« (1842) heißt es: »Raum und Zeit sind die ersten Kriterien der Praxis. Ein Volk, welches aus seiner Metaphysik die Zeit ausschließt, die ewige, d.h. *abstrakte*, von der Zeit abgesonderte Existenz vergöttert, das *schließt konsequent auch aus seiner Politik die Zeit aus*, vergöttert das rechts- und vernunftswidrige, antigeschichtliche Stabilitätsprinzip.«[134] Aber in dieser Entscheidung für die kontinuierliche Selbsinstituierung zeigt sich tatsächlich Marx' Ambiguität. Denn zunächst kann man in diesem Denken der demokratischen Zeitlichkeit, das bestrebt ist, die Nicht-Koinzidenz, die mit der Ausführung in der Zeit notwendig aufkommt, zu bannen und beharrlich zu verfolgen, nur eine Radikalisierung der modernen Idee der Freiheit, der Idee der Autonomie sehen, bis zu dem Punkt, sie mit dem Ziel einer fortwährenden Selbstbegründung zu verwechseln. Daher die Privilegierung der Gegenwart, die dazu führt, das Subjekt-Volk als absolutes Sein, als reines Tun, als Freiheit, die in ihrer Entwicklung vor jeglicher Passivität geschützt ist, zu begreifen. Aber wenn es wahr ist, dass die Gegenwart als grundlegender Modus des auf Freiheit ausgerichteten demokratischen Zusammenlebens verstanden werden kann, wenn es wahr

---

134 Ludwig Feuerbach, »Vorläufige Thesen zur Reform der Philosophie«, a.a.O., S. 66.

ist, dass die Bejahung der Gegenwart eine Bedingung der Freiheit ist, dann muss man allerdings sogleich hinzufügen, dass die Rehabilitierung der Gegenwart nur gut ist, sofern die für die demokratische Instituierung charakteristische Gegenwart als regulierendes Ideal, als in der Geschichte zu realisierendes praktisches Ideal begriffen wird und nicht als Existenz, als objektive Realität. Die Identität, die die Grundlage dieser Privilegierung der Gegenwart bildet, muss mit anderen Worten als Zu-Seiendes und nicht als Seiendes verstanden werden. Denn »entdinglicht« man die Gegenwart nicht und begreift sie nicht als ein regulierendes Prinzip, fällt ihre Aufwertung einer doppelten Kritik anheim: Sie steht so nicht nur unter dem Einfluss des Identitätsprinzips und ist unfähig, Raum für die Differenzierung zu lassen, sondern teilt darüber hinaus völlig den modernen Hang zur Verschleierung der Endlichkeit. Sie bezieht sich offenkundig auf die Idee, unbedingt zu sein, was zu einer Aufwertung der Transparenz, der Identität, der Übereinstimmung mit sich selbst führt. Die wahre Demokratie im Zeichen einer fortwährenden Selbstbegründung zu denken bedeutet, das Volk nach dem Modell eines unendlichen Subjekts zu denken. Es ist, als hätte Marx, weil er die Verbindung der Gegenwart mit den anderen Dimensionen der Zeit durchtrennt hat, auf einem anderen Weg als dem der Stabilität (aber nicht weniger metaphysisch) die Zeit aus der Politik vertrieben und in diesem Punkt die Thesen von Feuerbach vergessen, der verlangt, ein passives Prinzip in die Philosophie einzuführen.

Aber vielleicht wäre eine Verurteilung im Namen der Endlichkeit, ohne den Marx von 1843 anzurufen, vorschnell. Wie Jacques Taminiaux warnt, kann die Endlichkeit »sich dort ankündigen, wo ihre Leugnung am sorglosesten zu herrschen scheint«.[135] Ein doppeltes Postulat scheint dieses Denken von Marx zu regieren: Abhängig, wie es von der Idee des selbstbegründenden Subjekts ist, entwertet es unbestreitbar die Endlichkeit. Insofern es unaufhörlich den Willen zur fortwährenden Selbstinstituierung betont, gesteht es aber auch *nolens volens* ein, dass diese Selbstidentität nur dadurch existieren kann, dass sie sich ständig über die Entäußerung, über die Enteignung, die die Zeit ihrerseits permanent einleitet, wiedergewinnt. Daher wird die wahre Demokratie, die vom Prinzip der fortwährenden Selbstbegründung gleitet wird, nicht als endgültige Vollendung gedacht, sondern als Einheit, die sich erschafft und immer wieder neu erschafft gegen das stets drohende Aufkommen der Heteronomie, die, kurz gesagt, mitgerissen wird von der Bewegung der Unendlichkeit des Willens.

IV

Viertes Merkmal: Wir halten, wie es scheint, den Leitfaden in der Hand, der es uns erlauben müsste, die Formel der modernen Franzosen aufzuklären. All die vorangehenden Analysen haben das Ziel verfolgt, die spezifische Differenz der modernen Demokratie gegenüber den übrigen Staatsformen herauszuarbeiten, handle es sich nun um die konstitutionelle Monarchie oder um die Republik. Nun können wir versuchen, sie wiederaufzugreifen und in einigen Thesen zu systematisieren, die über die *Besonderheit* der Demokratie Rechenschaft ablegen.

Die Demokratie kennzeichnet eine ganz neue Verbin-

135 Jacques Taminiaux, *Recoupements*, Brüssel: Ousia, 1982, S. 9.

dung zwischen dem politischen Staat oder der Verfassung und der Gesamtheit der übrigen materiellen oder geistigen Bereiche, die Marx zuweilen als »nicht politischen Staat« bezeichnet. Das Charakteristikum der Demokratie besteht darin, dass das Ganze, worunter das Ganze der Existenz eines Volkes zu verstehen ist, hier nie in Abhängigkeit von einem Teil organisiert wird – in diesem Fall in Abhängigkeit von der Verfassung (dem Monarchen in der konstitutionellen Monarchie, der Sphäre der Öffentlichkeit in der Republik, die eine Form der Entfremdung bleibt beziehungsweise als Form von politischer Entfremdung zeugt). Und das ist genau deshalb der Fall, weil die Demokratie niemals eine irreführende Verwechslung von Teil und Ganzem aufkommen lässt – von politischem Staat und *Demos* – und der instituierenden Aktivität des Subjekts, das sein eigener Zweck ist, freies Feld lässt.

Einzig die Umsetzung der Reduktion erlaubt eine korrekte Subsumtion, die darin besteht, ein besonderes Element – den politischen Staat – als in das Ganze – den ganzen *Demos* – inbegriffen und eingeschlossen zu denken. Doch Reduktion ist nicht gleich Untergang; oder man muss sich vielmehr darüber verständigen, was untergeht; kurz, in welchem Sinn kann man vom Untergang des politischen Staates sprechen? Bevor wir diese Frage beantworten können, kommen wir nochmals auf die Bestandteile der Reduktion zurück, um einen Fehler bei der Interpretation besser vermeiden zu können: 1. Der politische Staat erfährt insofern eine Reduktion, als er auf das zurückgeführt wird, was er entsprechend der ihm angemessenen Dimension ist: ein Element – und nur ein Element. »Der spezifische Unterschied der Demokratie ist, daß hier die Verfassung überhaupt nur ein Daseinsmoment des Volkes, daß nicht die politische Verfassung für sich den Staat bildet.«[136] Anders gesagt: »In der Demokratie ist der politische Staat [...] selbst nur ein besondrer Inhalt, wie *eine besondre Daseinsform* des Volkes.«[137] 2. Daraus folgt, dass die Verfassung nur ein Teil eines Ganzen ist und dass die Logik der Demokratie eine Subsumtion verhindert, die auf eine Verkehrung des Ganzen und des Teils hinauslaufen würde. »Soll von der Verfassung als einem Besondern gesprochen werden, so muß sie vielmehr als ein Teil des Ganzen betrachtet werden.«[138] 3. Schließlich folgt daraus, dass im Unterschied zu dem, was in den übrigen Staatsformen stattfindet, der auf diese Weise *reduzierte* politische Staat nicht mehr wie ein Ganzes funktioniert, das die Teile beherrscht und bestimmt. Er gilt »qua politischer Staat, als Verfassung, nicht mehr für das Ganze«; »in der Demokratie hat der abstrakte Staat aufgehört, das herrschende Moment zu sein«.[139]

In den übrigen Staatsformen treffen wir hingegen mangels Reduktion systematisch auf die entgegengesetzten Merkmale. So gilt für die Monarchie: 1. dieses besondere Moment – der Staat – erfährt einen Auswuchs, so dass es die Bedeutung eines Allgemeinen erlangt; 2. ist es seiner Natur nach eine Verkehrung, der Teil gilt für das Ganze, »in der Monarchie haben wir das Volk der Verfassung«; 3. auf diese Weise transfiguriert, erlangt das besondere Moment eine Effizienz, die es ihm erlaubt, über die Teile zu herrschen und zu bestimmen. »In allen von der Demo-

---

136 Karl Marx, *Zur Kritik der Hegelschen Rechtsphilosophie*, a. a. O., S. 231.

137 Ebd., S. 232.

138 Ebd., S. 260.

139 Ebd., S. 232.

kratie unterschiednen Staaten ist *der Staat, das Gesetz, die Verfassung* das Herrschende.«[140]

Erhöhung, Verkehrung, Dominanz, dies sind die drei Merkmale der politischen Illusion. Sie führen im Ergebnis zu einem Ungleichgewicht in Form einer übermäßigen hierarchischen Beziehung zwischen diesem besonderen Moment und den übrigen Elementen, das heißt zwischen dem politischen Staat, der damit zugleich den Status der organisierenden Form erlangt, und den übrigen Bereichen, die einfach nur besondere Momente bleiben. Dabei bezieht sich dieses politische Moment, das zu Unrecht in den Rang des Allgemeinen erhoben wurde, auf die anderen Sphären nicht als eine einheitsstiftende Form nach dem Modell der Vernunft, als architektonisches Vermögen, sondern gemäß den analytischen und separierenden Modalitäten des Verstandes. In der Monarchie (der Fürst) oder in der Republik (die Sphäre der Öffentlichkeit, die genau dadurch, dass sie herrscht, hier nicht länger eine ausschließlich politische Verfassung ist) eignet sich der politische Staat die Funktion des Herrschers an, ohne wirklich zu herrschen, das heißt, ohne dass er »den Inhalt der übrigen nicht politischen Sphären materiell durchdringt«.[141] Diese organisierende Form funktioniert als Separationsvermögen, das sich in einem Dualismus von politischem und nicht politischem Staat einrichtet, ja mehr noch weist sie diesen Dualismus auf, um ihre imaginäre Allgemeinheit mit Blick auf die nicht angepassten Besonderheiten besser zur Geltung zu bringen.

Aber diese Darstellung der Staatsformen, bei denen der politische Staat keiner Reduktion unterzogen wird,

---

140 Ebd.
141 Ebd.

könnte in Verbindung mit gewissen Aussagen von Marx zur Spezifität der Demokratie irreführend sein. Marx schreibt tatsächlich: »In der Demokratie ist das *formelle* Prinzip zugleich das *materielle* Prinzip. Sie ist daher erst die wahre Einheit des Allgemeinen und Besonderen.«[142] Bedeutet dies, dass die Demokratie, das wirkliche Allgemeine, dank einer Überwindung des für die Moderne charakteristischen Dualismus eine organisierende Form wäre, die wie eine Einheit funktioniert, wie eine Integration nach dem Modell der einheitsstiftenden Vernunft?

Diesen Schluss zu ziehen würde bedeuten, die Reduktion zu ignorieren und diese Operation, die sich im Herzen der Demokratie abspielt, in den Wind zu schlagen, womit man freilich auch die Bedeutung und die Intention der Untersuchung von Marx in dem Text von 1843 verfehlen würde.

Es ist vielmehr davon auszugehen, dass das politische Prinzip deshalb in der Lage ist, die anderen Bereiche zu erreichen, weil das politische Moment in der Demokratie ein besonderes Moment bleibt, weil es nicht in den Rang einer organisierenden Form erhoben wird. Es ist exakt die Reduktion des politischen Staates auf ein Moment, der man das Verdienst zuschreiben muss, die Möglichkeit zu einer demokratischen Einrichtung sämtlicher Bereiche zu eröffnen. Aber dieser Prozess ist zumindest überraschend. Wie kann eine Reduktion dazu führen, eine demokratische Einrichtung sämtlicher Bereiche der Gesellschaft zu ermöglichen? Die Antwort hierauf ist zweifach, insofern sie den beiden Seiten der Reduktion Rechnung trägt. Zunächst einem negativen Effekt: Die Reduktion besteht als Bestimmung von Grenzen darin, die Transformation,

142 Ebd., S. 231.

um nicht zu sagen, die Transfiguration des politischen Moments in eine organisierende Form abzublocken, die dann die Gestalt eines abstrakten Allgemeinen annehmen würde, einer imaginären Gemeinschaft, die den für die politische Emanzipation charakteristischen Dualismus mit sich bringen würde, so Marx' kritische Beschreibung dieses Prozesses in »Zur Judenfrage«. Sodann einem produktiven Effekt: Indem die Reduktion das politische Moment auf das bezieht und es zwingt, zu dem »zurückzugehen«, durch das es geschaffen wurde – zur Selbstbestimmung des *ganzen Demos* –, hält sie diese Aktivität von einer Fokussierung auf die politische Sphäre und damit von einer starren Konzentrierung auf diesen Bereich ab, die offenkundig auf Kosten der übrigen Bereiche erfolgen würde. Es geht darum, *die »Fluidität« der instituierenden Aktivität* zu retten, zu verhindern, dass das politische Moment – das Aus-sich-Heraustreten der bürgerlichen Gesellschaft, die Ekstase, die exemplarische Einführung des »sozialisierten Menschen« – zum Gegenstand einer Hypostase wird. Es geht darum, die instituierende Aktivität als solche dazu zu befähigen, alle anderen Bereiche zu erreichen, sich zu deren Eroberung aufzuschwingen oder besser, wenn man bei dem Bild der Fluidität bleiben möchte, sie zu durchströmen. Als würde alleine die Reduktion, als Zurücknahme und Wiederaneignung zugleich, eine Rückwirkung dieser auf jene Weise aktiv erhaltenen Energie auf alle anderen Sphären erlauben. Geht es außerdem nicht um das Leben, die Existenz des Volkes? Vielleicht verleiht ein Modell des Lebens der Kritik von 1843 Sinn? Ein Modell des Lebens, wie Feuerbach es in *Das Wesen des Christentums* präsentiert? »Wie das Leben überhaupt in einer fortwährenden Systole und Diastole besteht, so auch die Religion. In der religiösen Systole stößt der Mensch sein eignes Wesen von sich aus, er verstößt, verwirft sich selbst; in der religiösen Diastole nimmt er das verstoßne Wesen wieder in sein Herz auf.«[143]

Kommen wir auf unsere Frage zurück: Wenn die modernen Franzosen schreiben, dass in der wahren Demokratie der Staat untergeht, was geht dann unter? Ist es der politische Staat als besonderes Moment oder der politische Staat als organisierende Form, das heißt als politische Sphäre, die in den Rang eines Allgemeinen erhoben wird, in den Rang eines Ganzen, das über die Teile herrscht und bestimmt? Die Frage mag akademisch erscheinen, aber mit Blick auf die unterschiedlichen Problematiken ist sie weit davon entfernt, dies zu sein. Wie ist dieser Untergang des Staates zu verstehen? Muss man ihn auf der Grundlage eines Spiels zwischen Demokratie und »wahrer Demokratie« verstehen, so dass die Demokratie, indem sie ihre Wahrheit erlangt, damit zugleich sich selbst überschreiten, sich aufheben würde, bis zu dem Punkt, die Politik hinter sich zu lassen und den Staat auszulöschen? Kurz, dank der Selbstüberschreitung der wahren Demokratie – als zugleich formales und materiales Prinzip, als wirkliche Einheit von Allgemeinem und Besonderen – würde das Gesellschaftliche schließlich wieder sich selbst überantwortet werden, seiner Spontaneität, und eine menschliche Gemeinschaft zum Vorschein kommen, die als Wiederkehr oder als Neubildung die Politik nunmehr überflüssig machen und für immer auf deren Hinfälligkeit pochen würde. In diesem Fall würde das Erlöschen der zu ihrer Wahrheit gelangten Demokratie je nach Lesart den Son-

---

143 Ludwig Feuerbach, *Gesammelte Werke*, Bd. 5: *Das Wesen des Christentums*, herausgegeben von der Berlin-Brandenburgischen Akademie der Wissenschaften durch Werner Schuffenhauer, Berlin: Akademie Verlag, 2006, S. 73.

nenaufgang der Anarchie oder des Kommunismus einleiten.[144]

Der Kurs, den Marx in seiner gesamten leidenschaftlichen Untersuchung der Frage, was die Demokratie ihrem Wesen und ihrer Existenz nach ist, einschlägt, ist komplexer, nuancierter und auch restriktiver. Um jede übertriebene Vereinfachung zu vermeiden und die Interpreten zu warnen, sei gesagt, dass Marx die modernen Franzosen begrüßt, weil sie erkannt haben, dass das Aufkommen »der wahren Demokratie« den Untergang des politischen Staates einzig im Sinne einer organisierenden Form und einer separaten Sphäre bedeutet, aber keineswegs die Auslöschung oder das Verschwinden des Politischen. Der politische Staat besteht als besonderes Moment im Leben des Volkes weiter, doch ist es vor allem die Einführung der »wahren Demokratie«, mit der das politische Prinzip zu seiner Erfüllung gelangt. Es ist, als hätte die Reduktion, auf der die Demokratie fußt, über die Blockade, die sie ausübt, paradoxerweise den Effekt, die den Staat durchwaltende Überdetermination freizusetzen und schließlich

144 Sosehr man mit Shlomo Avineri einverstanden sein kann, wenn er dazu auffordert, »die wahre Demokratie« nicht mit einer radikalen Demokratie jakobinischen Stils zu verwechseln, die den Staat als eine einheitsstiftende Form begreift, so wenig kann man ihm folgen, wenn er die »wahre Demokratie« mit dem Kommunismus identifiziert und folglich mit diesem verwechselt, das heißt mit dem Aufkommen der Gemeinschaft anstatt und anstelle des Staates. Auf diese Weise wird das Denken von Marx vereinfacht, da das Verschwinden des politischen Staates, wie Marx es versteht, auf das reine und einfache Verschwinden des Staates zurückgeführt wird, ohne dass zwischen organisierender Form und besonderem Moment unterschieden wird. Siehe Shlomo Avinieri, »Marx' Critique of Hegel's Philosophy of Right in its Systematic Setting«, a. a. O., S. 74-77. Ebenso ders., *The Social and Political Thought of Karl Marx*, a. a. O., S. 34f.

in Form einer demokratischen Instituierung der Gesellschaft eine Überschreitung des politischen Staates zu erlauben, so dass sich der *Demos* als *Demos* in allen Bereichen – unter Wahrung ihrer jeweiligen Spezifität – manifestieren und wiedererkennen kann. In der Kritik von 1843 ist die Unterscheidung zwischen den beiden Bedeutungen des politischen Staates unerlässlich. Marx hält, ist man bereit, ihm bis ins Detail seiner Argumentation zu folgen, seine Forderung nach Differenzierung aufrecht. Die Einführung der wahren Demokratie darf weder mit jener famösen Nacht verwechselt werden, in der alle Kühe schwarz sind, noch mit einem Sonnenaufgang, der so fulminant ist, dass alle Konturen verschwimmen. Gestützt auf diese Lektüre, machen wir einige Vorschläge:

1. Man muss sich davor hüten, die Simultanität von formalem und materialem Prinzip, die wahre Einheit der Demokratie – das, was sie von der Monarchie unterscheidet – als Übergang von einer organisierenden Form nach dem Modell des teilenden Verstandes zu einer organisierenden Form nach dem Modell der einheitsstiftenden Vernunft zu begreifen. Die Einheit, die die Demokratie erzeugt, hat nichts mit einer Vereinigung zu tun, die sich aus der Durchsetzung einer einigenden Form gegenüber einem der Teilung ausgesetzten Inhalt ergeben würde. Die Kritik, die Marx hier an der Monarchie übt, erweist sich als doppelgesichtig: Die Monarchie scheitert nicht nur daran, wirklich zu herrschen, faktisch den Inhalt der anderen, nicht politischen Sphären zu durchdringen, sondern sie macht auch den Fehler, die Beziehung zwischen dem politischen Staat und dem nichtpolitischen Staat wie eine Form zu begreifen, die einem Inhalt ihren Stempel aufdrückt. Daher geht es der Demokratie – sofern man sie nicht mit der Republik verwechselt – nicht darum,

durch eine bloße Änderung der Form dort zu reüssieren, wo die Monarchie gescheitert ist; vielmehr geht es darum, mit der Idee der Form selbst zu brechen, sei sie nun im Modus der Teilung oder im Modus der Vereinigung organisierend.[145]

2. In der Demokratie verschwindet mit dem Vollzug der Operation der Reduktion die Verfassung, der politische Staat nicht in dem Sinne, dass es dort zu einem Überspringen des politischen Staates kommen würde, sondern er verschwindet als organisierende Form, insofern er auf einen Moment im Leben des Volkes begrenzt wird. Anders gesagt, in der wahren Demokratie besteht der so begrenzte und reduzierte politische Staat darum um nichts weniger fort und zeigt darum um nichts weniger Beharrlichkeit; er existiert. Ist die Verwechslung des politischen Staates mit dem Ganzen der Existenz des Volkes erst einmal beseitigt, ist der politische Staat erst einmal relativiert, dann existiert dieser politische Staat nicht nur, sondern man könnte sogar, ohne die Interpretation überzustrapazieren, hinzufügen, dass er, nachdem er auf seine wirkliche Funktion zurückgeführt und wieder an den ihm angemessenen Platz gerückt wurde, darum umso besser existiert: Er stellt sich an die Seite des nicht politischen Inhalts, und indem er sich als besonderer Inhalt neben die anderen besonderen Inhalte der Existenz des Volkes stellt, zeichnet er sich in seiner irreduziblen Identität ab. Man versteht nun den Sinn der Reduktion besser: Sie erstreckt sich auf den *Status des Politischen*, das nicht den Anspruch erhebt, die Qualität einer Form zu haben, die für das

---

145 Zur Kritik des formalistischen konstitutionellen Staats siehe Karl Marx, *Zur Kritik der Hegelschen Rechtsphilosophie*, a. a. O., S. 232 f. und 268; und zur Kritik des Formalismus in Bezug auf die Bürokratie siehe S. 248 und 263 f.

Ganze gilt, aber damit löscht sie noch lange nicht die Spezifität dieses Moments aus, das es – als Moment – verdient und erfordert, von den anderen Momenten im Leben des Volkes unterschieden zu werden. Das »vom Thron gestürzte«, der außergewöhnlichen Qualität einer das Dasein des Volkes organisierenden Form verlustig gegangene politische Moment bleibt darum nicht weniger ein besonderes Element im Dasein des Volkes; es bleibt, in seiner Besonderheit selbst, unauslöschlich. Wenn also einmal dem, was Marx 1844 »die anmaßende Übertreibung des politischen Faktors« genannt hat,[146] ein Ende gesetzt ist, könnte man sagen, dass dieses Moment gewissermaßen eine aufklärende Halbierung seiner Komplexität erfährt: Wird das Politische dem Spiel der Reduktion unterworfen, bleibt es das, was es ist, und strebt nicht danach, sich von einem Teil in das Ganze zu transformieren; das heißt, es erlangt weder den Rang eines herrschenden Elements noch den Rang eines bestimmenden Elements. »In der Demokratie ist der Staat als Besondres nur Besondres.« Aber er existiert außerdem als Allgemeines und ist »als Allgemeines das wirkliche Allgemeine.« Verstehen wir diese Aussage zunächst in ihrer negativen Bedeutung: In der Demokratie existiert der politische Staat als Allgemeines nicht als formales Allgemeines. Hier finden wir die vorherigen Ausführungen hinsichtlich der Gleichzeitigkeit des formalen und des materialen Prinzips wieder, hinsichtlich der Demokratie als wahrer Einheit von Allgemeinem und Besonderem. Und in einer sehr konsequenten Weise stellt Marx klar, dass der politische Staat in der wahren Demokratie – als das wirkliche und nicht als das formale

146 Siehe zum Projekt einer Studie über den Staat im Jahr 1844 die Einführung von Maximilien Rubel in: Karl Marx, *Œuvres, II: Économie*, Paris: Gallimard, 1968, S. LXVIII f.

Allgemeine – nicht als eine Instanz agiert, die über den nicht politischen Inhalt bestimmt. Er ist »das wirkliche Allgemeine, das heißt keine Bestimmtheit im Unterschied zu dem andern Inhalt«.[147] Rätselhafter ist die positive Bedeutung der Aussage: Wie kann ein Moment ein wirkliches Allgemeines werden, ohne sich selbst in eine Position des Beherrschens noch in eine des Bewirkens, noch in eine des Bestimmens zu erheben? Wir sind gezwungen, noch einmal auf die Operation der Reduktion zurückzukommen: Indem sie gewissermaßen die Transformation dieses besonderen Moments in eine Form, die sich einem nicht politischen Gegenstand auferlegt, blockiert, eröffnet die Reduktion damit zugleich einen anderen, völlig neuen Weg zum Allgemeinen. Anders gesagt, der Effekt einer Unterbindung des Auswuchses, verdoppelt durch die Zurückführung dieses besonderen Moments auf die ursprüngliche Quelle, das Leben des Volkes, ermöglicht eine wahrhafte Konversion dieses besonderen Moments, so dass es eine wirkliche Allgemeinheit produzieren kann. Eine Konversion, die den Charakter einer Öffnung hat, da man sagen könnte, dass dieses aus seiner ursprünglichen Quelle mit neuer Energie versorgte Moment jenseits des verdinglichten und verdinglichenden Gegensatzes von Inhalt und Form neu auflebt und als reines Handeln, als reines Wirken zurückstrahlt. Aus dieser Perspektive betrachtet, scheint man die Kritik von 1843 über die Verbindung, die sie mit der »Philosophie der Tat« von Moses Hess und über diese mit Fichte unterhält, als Implementierung einer Ontologie auf dem politischen Feld lesen zu können, bei der das Sein als Tat beziehungsweise, unter

147 Karl Marx, *Zur Kritik der Hegelschen Rechtsphilosophie*, a. a. O., S. 232.

Bevorzugung der Verbform besser formuliert, als *Tun* gedacht wird. Die Kritik der Idee der Form und die Aufwertung der Tat sind die zwei Bedingungen für die wahre Demokratie. Der politische Staat wird gleichzeitig entformalisiert und generalisiert oder, genauer gesagt, er wird generalisiert, weil er entformalisiert wird, weil er dank der Reduktion einen anderen Weg einschlagen kann als den der formalen Allgemeinheit. Indem der politische Staat eine Umsetzung der theoretischen und praktischen Energie des Volkes ist, erlangt er als Macht eine im Wesentlichen dynamische Dimension; zurückgeführt auf seinen ursprünglichen Fokus, tritt er als stiftende, begründende Tat wieder zutage. Das Rätsel, an dem wir uns abarbeiten, ist nichts anderes als das der demokratischen Instituierung des Gesellschaftlichen. Man könnte diesen Prozess der Instituierung so verstehen, als gehe es für das sich selbst bestimmende und sich selbst begründende Volk darum, das, was in der politischen Sphäre zur Debatte steht, auch in den anderen, nicht politischen Bereichen zum Tragen zu bringen: »den sozialisierten Menschen«. Dies nicht in Form einer generalisierten Politisierung aller Bereiche, sondern vielmehr so, dass die mit und in der Politik gestellte Frage in allen Bereichen eine Resonanz und eine Antwort, eine Lösung oder auch eine spezifische Übersetzung erfährt. So als würden die verschiedenen Momente, die die vielgestaltige Existenz des Volkes konstituieren, auf Anstoß des politischen Moments wie lauter Spiegel einander das Bild des sozialisierten Menschen, des Menschen als Gattungswesen zuwerfen. Das »Bestreben« der wahren Demokratie könnte sein, dass der *Demos* die politische Gestalt ist, der Name, unter dem sich, jenseits einer Aufspaltung in ein politisches Dasein und ein soziales Dasein, ein menschliches Dasein vollzieht.

Wenn man diese Interpretation akzeptiert, erkennt man, wie einschränkend die Klarstellung ist, die Marx bezüglich der Formel der modernen Franzosen vorgenommen hat. In der wahren Demokratie geht der politische Staat unter, insofern er danach strebt, sich missbräuchlich die Funktion einer bestimmenden Instanz oder einer organisierenden Form anzueignen. Einzig in dieser Hinsicht übernimmt Marx die Rede vom Untergang des Staates. Aber der politische Staat geht nicht unter, sondern besteht in dem Maße weiter, wie er sich auf seine Aufgabe beschränkt, wie er das bleibt, was er ist: ein besonderes Moment im Leben des Volkes. Wenn wir Marx und das Problem der Politik so betrachten, sind wir folglich vom Anarchismus wie vom Kommunismus weit entfernt und auch weit entfernt von einer gesellschaftlichen Spontaneität, die sich selbst regelt, und ebenso von der Einführung einer Gemeinschaft als Gattung jenseits und außerhalb des Politischen. Man kann die These von einem »groben« Verschwinden des Staates umso weniger vertreten (in dem Sinne, wie Marx 1844 den »groben Kommunismus« der Franzosen kritisieren wird), als Marx die Heterogenität des politischen Moments anerkennt und damit zugleich anerkennt, dass dieses Moment, wenn es sein rechtes Maß wahrt, eine Besonderheit besitzt, die es für die Emanzipation der übrigen Sphären unverzichtbar macht. Marx, der in diesem Punkt einer Eingebung Machiavellis in seinem bewundernswerten Brief an Vettori vom 15. Dezember 1513 nahekommt, wo die politische Bühne aus der Faktizität des Alltagslebens, das hauptsächlich der Reproduktion des Lebens gewidmet ist, herausgehoben wird, möchte in »das der Politik eigene Milieu« einführen, das Wesen des Politischen zu denken helfen, es in seiner Besonderheit erfassen. Marx hütet sich davor, diese Besonderheit als mit den anderen Momenten homogen zu begreifen, und trägt Sorge dafür, dass sie die Heterogenität wahrt. Es gibt für Marx tatsächlich eine Art *Erhabenheit* des politischen Moments. Die Erhöhung ist das Charakteristikum der politischen Sphäre: in Beziehung auf die anderen Bereiche repräsentiert sie ein Jenseits. Daher ist es legitim, im Politischen Merkmale der Transzendenz wiederzuerkennen: eine Stellung jenseits der übrigen Sphären, einen Unterschied der Ebene und eine Auflösung der Kontinuität gegenüber den anderen Sphären, die Marx geltend macht, indem er den aufblitzenden, ekstatischen Charakter des politischen Moments herausstreicht. »Das politische Leben ist das Luftleben, die ätherische Region der Gesellschaft.«[148] In und durch das Politische dringt der Mensch in das Element der universalen Vernunft ein und macht – als Volk – die Erfahrung der Einheit des Menschen mit dem Menschen. Der politische Staat, die konstitutionelle Sphäre entwickelt sich als dasjenige Element, in dem die Epiphanie des Volkes erfolgt, in dem sich das Volk als Gattungswesen, als allumfassendes, freies, nicht begrenztes Wesen verobjektiviert, in dem das Volk sich selbst als ein absolutes, göttliches Wesen erscheint.

»Die *politische* Verfassung war bisher die *religiöse Sphäre*, die Religion des Volkslebens, der Himmel seiner Allgemeinheit gegenüber dem *irdischen Dasein* seiner Wirklichkeit.«[149] Die so verstandene Besonderheit dieses Moments ist genau das, was die Möglichkeit zur Wende in sich birgt. Indem Marx auf der Erhabenheit des Politischen beharrt, benennt er damit zugleich den Punkt, an

---

148 Ebd., S. 283.
149 Ebd., S. 233.

dem die Verobjektivierung in Entfremdung umschlagen kann. Die Politik ist exakt in ihrer Erhabenheit den Gefahren des Auswuchses ausgesetzt; sie weist, anders formuliert, aufgrund ihrer Verbindung mit dem Erhabenen des Gattungslebens die Neigung zu einer anmaßenden Übertreibung auf. Deshalb betrachtet Marx den politischen Staat im Vergleich mit den verschiedenen Momenten des Volkslebens als das am schwierigsten herauszubildende Moment. So kann man verstehen, was bei der vorgeschlagenen restriktiven Interpretation auf dem Spiel steht: Es geht darum, den Drang zum Erhabenen zu bewahren und zu schützen und gleichzeitig das Abgleiten, den »Wahnsinn« des Politischen zu vermeiden, das, den Kopf von den hohen Sphären benebelt – was Marx den »hohen Geschmack des Volkslebens« nennt –, sagt: »die Gemeinschaft bin ich« und damit sogleich eine Verarmung der nicht politischen Sphären mit sich bringen würde.

Marx strebt umso weniger das Verschwinden des Politischen als besonderen Momentes des Volkslebens an, als er seine »Forderung« als eine gebotene historische Aufgabe begrüßt und die Franzosen dafür lobt, es verstanden zu haben, das politische Prinzip selbst produziert zu haben, für ihre »wiedergefundene Staatsgesinnung«.[150] Diese Abstraktion, die der nur politische Staat darstellt, ist ein notwendiges Moment, historisch wie theoretisch – und man sollte den Franzosen daraus keinen Vorwurf machen, denn ohne diese Abstraktion hätte sich weder der Übergang von der Natur zur Kultur vollziehen noch das politische Prinzip zum Ausdruck kommen können. Trotzdem ist sie darum noch nicht das letzte Wort im Leben des Volkes und auch nicht das allerletzte Gesicht der Eman-

150 Ebd., S. 319.

zipation.[151] Anders gesagt, sobald man einräumt, dass es die politische Sphäre ist, in der es dem Menschen gegeben ist, die Erfahrung der Universalität, der Freiheit, der Unendlichkeit zu machen, muss man sogleich die Forderung formulieren, diese ekstatische Erfahrung der Einheit des Menschen mit dem Menschen in eine wirkliche Erfahrung zu transformieren, die auf die Gesamtheit der nicht politischen Bereiche ausgedehnt und generalisiert wird. Kurz, man muss die »Zeremonie« des Politischen in das Gattungsleben dieses wirklichen und ganzen Wesens *konvertieren*, das der *Demos* ist und das als *Demos* in seinem Volk-Sein gleichzeitig am politischen Prinzip und am sensualistischen Prinzip partizipiert, das als lebendiges und wirkliches Wesen, als Kopf und Herz auf die Realität in ihrer Gesamtheit abzielt. Die Stoßrichtung ist damit klar skizziert. Wenn man sie in feuerbachsche Begriffe übersetzt, lautet sie: Das Volk, das in der konstitutionellen Systole sein eigenes Wesen von sich ausstößt, »den sozialisierten Menschen«, nimmt es in einer zweiten Bewegung wieder auf, in einer, wie man sagen könnte, einsetzenden Diastole; es bemächtigt sich wieder dessen und verbreitet es in seinem vielfältigen, vielgestaltigen Leben, »den belebenden und erfrischenden Wogen des Weltmeers ausgesetzt«.[152]

»[...] daß in der wahren Demokratie der politische Staat untergehe.« Der Weg, den Marx mit dieser Formulierung beschreitet, ist schmal:

---

151 In diesem Sinne ist die Kritik der politischen Emanzipation, die den Gegenstand von »Zur Judenfrage« bildet, bereits in der Kritik von 1843 enthalten; deshalb ist man dazu berechtigt, in der »wahren Demokratie« eine Ausdrucksform der menschlichen Emanzipation zu sehen.

152 Ludwig Feuerbach, *Grundsätze der Philosophie der Zukunft*, Kritische Ausgabe mit Einleitung und Anmerkungen von Gerhart Schmidt, Frankfurt/M.: Vittorio Klostermann, 1983, S. 106.

– Weder eine Auflösung des Politischen im Gesellschaftlichen: Es steht nicht zur Debatte, ein Element zu negieren, das – in seiner Heterogenität – unauslöschlich ist, weil es die Fähigkeit zur Anspornung, zur Beispielhaftigkeit besitzt, ohne die keine moderne Gesellschaft auskommt. Allein ihm kommt die Macht zu, das zu benennen, um nicht zu sagen, in Szene zu setzen, worum es geht und immer gehen wird: das Zusammenleben der Menschen, das den Anforderungen der Freiheit entspricht. Hier wird das Spiel um Autonomie oder Heteronomie des *Demos* ausgetragen, das Spiel um seine Existenz oder Zerstörung. Wäre es übertrieben, in der Spezifität des politischen Elements – als besonderes Moment – das Hervortreten einer symbolischen Dimension zu sehen, das heißt einer Gesamtheit von Artikulationen und Bezugspunkten, die den Ort »der Apprehension dessen, was sich als real präsentiert«, umschreibt, den Ort, an dem sich die Frage nach der Konstitution des *Demos* stellt?[153]
– Noch eine Verobjektivierung, die in Fetischisierung oder Entfremdung umschlägt, so dass der Auswuchs des Politischen und die Verarmung der übrigen Sphären verhindert wird; eine Hypostasierung des politischen Moments, die so weit gehen würde, aus ihm eine Form zu machen, die sich zur Besitzerin des Allgemeinen aufwerfen würde, muss vermieden werden.

Marx' Arbeit besteht darin, ein Moment zur Bescheidenheit zu zwingen, das dank seiner ganz besonderen Verbindung mit dem In-Gemeinschaft-Sein des Menschen, mit dem »Zusammenhang«, eine Tendenz zur Unbeschei-

---

153 Claude Lefort, »Entretien avec François Roustang«, in: *Psychanalistes. Revue du collège de psychanalistes*, Nr. 9, Oktober 1983, S. 42.

denheit aufweist; wobei Marx ohne Wenn und Aber an der unumgänglichen Notwendigkeit dieses Moments für das Zu-sich-Kommen des *Demos* festhält. Kann man in der ungarischen Revolution von 1956 – ohne damit die Illusion irgendeiner direkten Verbindung nähren zu wollen – nicht eine Illustration des marxschen Grundmusters von 1843 sehen? War eines der entscheidenden Merkmale dieser Revolution nicht in der Tat die Forderung nach einer Wahrung des politischen Prinzips, der politischen Macht; all das unter Praktizierung einer »Reduktion« des Politischen, die ihm einerseits den Status eines besonderen Moments – aber nur eines Moments – zuschrieb und ihm andererseits die Koexistenz mit anderen Instanzen auferlegte, die mit anderen Momenten des Volkslebens korrespondierten?[154]

Verglichen mit der Position von 1842, zeigt sich in dem Text von 1843, innerhalb der Kritik an Hegel selbst, in gewisser Weise eine Wiederaufnahme der hegelschen Argumentation, deren Charakteristikum jedoch darin besteht, die Philosophie des Geistes in eine Philosophie der Tat zu überführen. Während bei Hegel der Weg zu einer Verabsolutierung des Politischen versperrt ist, da das Politische hier im Hinblick auf das absolute Wissen relativiert wird, erfährt das Politische 1843 bei Marx eine Verlagerung auf eine tiefere Ebene und somit ebenfalls eine Relativierung, dieses Mal jedoch im Hinblick auf die absolute Tat des Subjekts in Form des *Demos*. Es liegt auf der Hand, dass diese Relativierung des Politischen in der Logik einer Philosophie der Tat nicht verwechselt werden

154 Claude Lefort beschreibt »dieses Modell einer neuen Teilung der Macht […] zwischen, wie man sagen könnte, politico-politischen und politico-ökonomischen Organen« in dem Text »Une autre révolution«, in: *Libre*, Nr. 1, 1977, S. 102-107.

darf mit der Ableitung des Politischen aus einer soziologischen Instanz, die als herrschend und bestimmend angesehen wird. Wenn man zwischen dem Text von 1842 und der Kritik von 1843 eine Verlagerung von einem politischen zu einem demokratischen Absoluten feststellen kann, so muss man diesen keineswegs unbedeutenden Wechsel wohl auf das Auftauchen eines neuen Subjekts beziehen, eines wirklichen und ganzen Subjektes, des *Demos*, der zugleich Kopf und Herz ist und an die Stelle eines Subjekts tritt, das nur Kopf, nur Vernunft war: die politische Intelligenz.

6. Kapitel
Wahre Demokratie und Moderne

Marx lehnt die Theorie des Rechtsstaats ab, wie Lorenz von Stein sie zu seiner Zeit entwickelt hat, da er darin nur zu leicht einen Auswuchs des politischen Staates, seine Transformation in eine organisierende Form erkennen konnte. Deshalb schlägt er aber noch lange nicht den Weg der ethischen Anarchie von Moses Hess ein, der undifferenziert das Konzept des Staates und der Politik verabschieden wollte. Marx' Position siedelt sich zwischen diesen beiden gegensätzlichen Polen an: Für ihn verschwindet der politische Staat als organisierende Form, aber er hält am Politischen als Moment im Leben des Volkes fest, damit sich die Freiheit und Universalität auf sämtliche Bereiche ausdehnen können, um sie zu durchdringen. Dies ist die Wahl, die Marx unter dem Namen der wahren Demokratie trifft.

Die letzte und legitime Frage lautet so: Handelt es sich um eine moderne Demokratie, um ein Denken der modernen Demokratie? Wenn man sich der für die Moderne charakteristischen Forderung nach Differenzierung zuwendet, kann die Antwort nur ja lauten. Marx ist nicht nur darauf bedacht, die verschiedenen Momente im Leben des Volkes zu unterscheiden, sondern er charakterisiert die Demokratie auch als genau die politische Form, in der darauf geachtet wird, dass jedes Moment seine Funktionen nicht überschreitet und sich die anderen Bereiche nicht nach und nach aneignet.

In der Demokratie erlangt keines der Momente eine andere Bedeutung als die, die ihm zukommt – in dieser

Hinsicht ist die Reduktion des politischen Moments beispielhaft, und was für dieses Moment gilt, gilt auch für alle anderen Momente. Dank dieser Reduktion können die einzelnen Sphären, welche die am Ort des Politischen ausgesprochene Einladung zu einer im Zeichen der Freiheit stehenden Gemeinschaft vernommen haben, auf diese eingehen und sich ihrem Sein entsprechend entfalten. Elektrisiert von der *Illumination* des Politischen, können sie ihrerseits in ihrem ganzen Licht erstrahlen. Die Selbstkonstitution der wahren Demokratie besteht weder in einer Sozialisierung noch in einer Politisierung, sondern in der Einführung des Daseins als Gattung, des Daseins als Mensch in und durch die Politik. Weit davon entfernt, die Unterschiede auszulöschen, zielt sie vielmehr darauf ab, diese auszuarbeiten, indem sie den Respekt, der der Spezifität jedes Bereichs zu zollen ist, mit dem Imperativ konfrontiert, entsprechend den jeweils eigenen Modalitäten die Einheit des Menschen mit dem Menschen zum Vorschein kommen zu lassen. Die Perspektive der Differenzierung wird in Marx' Text unaufhörlich verfochten. Er bringt recht gut den Gegensatz zur Geltung zwischen den antiken Staaten, wo eine vollständige Trennung des politischen Staates von den übrigen Sphären vorherrscht, auf der einen Seite und der Moderne auf der anderen Seite, wo es eine Trennung in Form einer notwendigen Abstraktion gibt und gleichzeitig eine Adaption, im Zuge derer die für die Moderne charakteristische Bewegung der demokratischen Instituierung des Gesellschaftlichen – dank der Brücke, dank der Vermittlung der Verfassung – erfolgen kann. Die wahre Demokratie ist eine Form, die die Abstraktion des modernen Staates überwindet – ohne deshalb die Existenz oder die Notwendigkeit einer politischen Sphäre zu leugnen – und die, indem sie wie das Mittelalter eine Identität von Volksleben und Gemeinschaftsleben erlangt, diese Identität nicht als eine autoritäre organische Einheit begreift, sondern als eine, die den nie zu einem Ende kommenden Forderungen der modernen Freiheit unterworfen ist. Der freie Mensch, der freie, nicht entfremdete, nicht begrenzte *Demos* ist das wirkliche Prinzip dieser politischen Gemeinschaft. Darüber hinaus achtet Marx darauf, jede dieser unterschiedlichen Kräfte, die zur Umsetzung der Demokratie beitragen, so getreu wie nur möglich zu beschreiben.

Betrachtet man die Frage der Einheit hingegen genauer, wird die Antwort problematischer. Auf der einen Seite kann, folgt man der Theorie der wahren Demokratie, keine moderne Gesellschaft, die sich der Freiheit verschreibt, ohne, könnte man sagen, eine fortwährende Differenz zwischen der politischen Sphäre und den übrigen Bereichen auskommen. Auf der anderen Seite muss man feststellen, dass Marx die wahre Demokratie im Zeichen der Einheit denkt; das heißt, in ihr herrscht ständig der Wille, mit sich selbst zur Übereinstimmung zu kommen, womit Marx weit davon entfernt ist, die Demokratie als eine Gesellschaftsform zu denken, die sich konstituiert, indem sie die gesellschaftliche Teilung zulässt, und die sich dadurch auszeichnet, dass sie die Legitimität des Konflikts in der Gesellschaft anerkennt.

Hier wächst der Abstand, wenn nicht zu den Humanisten, so doch zumindest zu Machiavelli. Letzterer erklärt in Kapitel IX von *Der Fürst* und in Kapitel IV, 1. Buch der *Discorsi*, dass jede menschliche Stadt sich auf der Grundlage einer ursprünglichen Teilung eine Ordnung gibt und konstituiert. Zum Ausdruck kommt diese Teilung am besten im Gegensatz der Gesinnungen: dem Wunsch der Großen, das Volk zu beherrschen und zu unterdrücken, und dem Wunsch des Volkes, weder beherrscht noch unterdrückt zu werden; kurz, dem Wunsch nach Freiheit. Die Teilung der Gesinnungen ist in der menschlichen Stadt umso prägnanter, als sie auf eine ursprüngliche Teilung des Gesellschaftlichen hindeutet, so als wäre jeder Ausdruck des Gesellschaftlichen unauflösbar der Teilung ausgesetzt.[155] Und in völligem Gegensatz zur klassischen Auffassung macht Machiavelli die Uneinigkeit, die innere Zwietracht – in Rom den Kampf zwischen dem Senat und dem Volk – zur Wiege und Quelle der römischen Freiheit. »Mir scheint, wer die Kämpfe zwischen Adel und Volk verdammt, der verdammt auch die erste Ursache für die Erhaltung der römischen Freiheit. Wer mehr auf den Lärm und das Geschrei solcher Kämpfe sieht als auf ihre gute Wirkung [...].«[156]

Ebenfalls weit entfernt ist Marx von Montesquieu, jenem anderen Machiavellianer, der dasselbe Loblied auf die Teilungen und die Volksaufstände in Rom gesungen und den Frieden als Figur, die das Eine bedroht, verdächtigt und der gefordert hat, zwischen einer Vereinigung zu unterscheiden, die auf Dissonanzen beruht – das Konzert –, und einer despotischen Vereinigung, die nicht Bürger zusammenbringt, sondern tote Körper.[157] Daher die Warnung: »Was man bei einem politischen Körper Einigkeit nennt, ist eine sehr unbestimmte Sache«, der Marx offensichtlich kein Gehör geschenkt hat, da er in der Einheit ein ausschließlich positives Gut sieht, ohne scheinbar auf

155 Claude Lefort, *Le Travail de l'œuvre Machiavel*, Paris: Gallimard, 1972, S. 480.

156 Niccolò Machiavelli, *Discorsi. Politische Betrachtungen über die alte und die italienische Geschichte*, Berlin: Verlag von Reimar Hobbing, 1922, S. 16.

157 Montesquieu, *Betrachtungen über die Ursachen der Größe der Römer und ihren Verfall*, Leipzig: Philipp Reclam jun., o.J., S. 87.

die Idee zu kommen, dass ein Zusammenhang zwischen bestimmten Formen der Einheit und dem Despotismus bestehen könnte und umgekehrt eine Verbindung zwischen der gesellschaftlichen Teilung, der Austragung des Konflikts, und der Freiheit. Wenn es zutrifft, dass Marx die Wahrheit der Demokratie mit dem Verschwinden des Konflikts assoziiert, dann muss man auch hinzufügen, dass er diese Einheit weder nach dem Modell eines organischen Ganzen noch nach dem Modell eines Körpers begreift. Das Prinzip der Zusammenfügung, das er anstrebt und das in Form von Momenten gedacht wird, die, wie es scheint, auf einem unruhigen System oder einem System der Zirkulation fußen, muss auf der Seite des Tuns angesiedelt werden. Selbst wenn dieses Prinzip das Terrain des Systems nicht zu verlassen scheint, hat es darum nicht weniger teil am Geheimnis des Volkslebens, seiner Unbestimmtheit – als theoretische und gleichzeitig praktische Energie –, nicht weniger teil an der Unendlichkeit, an der Öffnung, an der Plastizität, an der Fluidität des Willens.

Die Verwerfung des Konflikts ist außerdem nicht hinreichend, um Marx vorzuwerfen, die wahre Demokratie nach dem Modell der griechischen Stadt gedacht zu haben, noch hinreichend, ihn als Verfechter eines auf die Antike zurückgehenden Freiheitsbegriffs zurückzuweisen. Die Verwerfung des Konflikts zu konstatieren ist eine Sache, sich für ihn als Ursprung auszusprechen ist eine andere. Marx – und in diesem Sinne sollte die Kritik Benjamin Constants am Jakobinismus nicht auf ihn übertragen werden – lehnt den Konflikt nicht ab, weil er die objektive Freiheit, das für die griechische Stadt wesentliche Element, gegen das Prinzip der subjektiven Freiheit zur Vorherrschaft bringen wollte. Im Gegenteil ist es die Modernität, die für die moderne Welt charakteristische

Logik der Philosophie der Subjektivität, innerhalb derer Marx die Demokratie von der sozialen Teilung löst und mit dem Willen zur Übereinstimmung verbindet. Gerade weil er die politische Verobjektivierung auf ein Subjekt bezieht, das in eine Position der Souveränität erhoben wurde – in politischer Hinsicht, sicher, aber vor allem in metaphysischer Hinsicht, als Dasein an sich –, denkt Marx die Demokratie außerhalb des Konflikts. In der spekulativen Ökonomie eines solchen Denkens würde die Einräumung einer Teilung dem Status des ganzen *Demos*, der analog zum Modell des Selbstbewusstseins und der Selbsterkenntnis als Zentrum und Maß aller Dinge verstanden wird, schaden. Eine Teilung einzuräumen würde bedeuten, eine schädliche Diskrepanz einzuführen, einen Riss zu erzeugen und damit zugleich das kontinuierliche Werk der Rezentrierung, der Totalisierung des *Demos* zu gefährden, der – indem er der Faszination desselben erliegt – sich selbst in der vollkommenen Beherrschung seines Tuns, in der völligen Übereinstimmung mit sich konstituiert.[158] Der Text von 1843 stellt so die Frage nach dem Begriff des *ganzen Demos*, den Marx in seiner antihegelianischen Offensive als wirklich einheitliches Subjekt, als wirkliches Volk, auf das die Verfassung als politische Verobjektivierung unaufhörlich zurückgeführt wird, zur Geltung bringt. Ist dies nicht eine andere Art, die *spezifische Differenz* der Demokratie zu erfassen, indem

158 Die wahre Demokratie reiht sich sehr wohl in das Erbe der modernen Subjektivität ein. Auch wenn es eine Verschiebung der Perspektive gibt, gelten die Analysen von Jacques Taminiaux, die eine Kontinuität zwischen den marxschen Texten von 1844-1845 und der modernen Philosophie aufdecken, in diesem Punkt auch für die Kritik von 1843. Siehe Jacques Taminiaux, »Sur Marx, l'art et la vérité«, in: *Le Regard et l'Excédent*, Den Haag: Nijhoff, 1977, S. 60f.

man zeigt, wie sie jeglicher Diskrepanz zwischen der Verobjektivierung eines ihrer Momente und ihrer Bedeutung vorbeugt, wie sie verhindert, dass eines ihrer Momente »abhebt« und schließlich danach strebt, als das Ganze zu gelten? Kurz, die wahre Demokratie könnte man als einen Zustand definieren, bei dem das Volk mit seinen Verobjektivierungen so perfekt übereinstimmt, dass das Risiko eines Umschlagens der Verobjektivierungen in Entfremdung gebannt ist. »In der Demokratie erlangt keines der Momente eine andere Bedeutung, als ihm zukommt. Jedes ist wirklich nur Moment des *ganzen Demos*.«[159]

Nun, auch wenn Marx beim hegelschen Denken so darauf bedacht ist, den Einfluss zu brandmarken, den die Logik auf das Verständnis des Politischen ausübt, lässt er, indem er den *Demos* anruft, die moderne Metaphysik in gewisser Weise, ohne dass ihm dies bewusst wäre, darum nicht weniger seine eigene Analyse des Politischen bestimmen. Das Volk erscheint hier als *subiectum*, als sich selbst gegenwärtig, ohne dass irgendeine Passivität die kleinste Verschiebung oder das kleinste Auseinanderklaffen ins Spiel bringen würde, was mit Blick auf die Zeit besonders deutlich wird. Außerdem kommt das Volk in einem System der Tat zum Ausdruck, als zusammengefasste Ganzheit, die ihr Zentrum in sich selbst hat. Das wirkliche Leben dieses einheitlichen Subjekts konstituiert sich über die Entwicklung der Gesamtheit seiner Momente. Ist diese Sichtweise auf das Volk, die metaphysischen Ursprungs ist, tatsächlich politisch? Muss man sich nicht eher Geschichtsphilosophen wie Jules Michelet und Edgar Quinet zuwenden, um zu einem politischen Denken

159 Karl Marx, *Zur Kritik der Hegelschen Rechtsphilosophie*, a. a. O., S. 230.

über das Volk zu gelangen? Geht man zur Philosophie des Subjekts auf Distanz, dann weist das Volk tatsächlich eine problematische Identität auf, da ihm immer eine Verschiebung innewohnt; weit davon entfernt, sich selbst gegenwärtig zu sein, steht das Volk entweder *über* sich – das Volk in einem heroischen Zustand, der sich in der Erfindung der Freiheit offenbart – oder *unter* sich – wenn die Erfahrung der Freiheit in ihr Gegenteil, die Sklaverei, umzuschlagen droht. Das Volk befindet sich nie in Übereinstimmung mit sich, ist niemals auf gleicher Höhe mit sich, sondern ist in dem Moment, in dem es zum Ausdruck kommt und ins Leben tritt, der Prüfung einer unüberwindbaren Diskrepanz mit sich selbst ausgesetzt. Diese Diskrepanz als Schwäche zu bezeichnen wäre jedoch falsch, da dieses Defizit und seine Aufrechterhaltung ganz sicher das ist, worin die Chancen zu einem antiautoritären Gemeinwesen liegen.

Die Wahrheit der Demokratie in Form der Einführung des *ganzen Demos* zu denken – oder als Ganzheit –, die als Lösung des Rätsels aller Verfassungen gelten würde, bedeutet das nicht, die aristotelische These zu vergessen, der zufolge die politischen Dinge durch eine Unbestimmtheit charakterisiert sind, die die Idee der Lösung außer Kraft setzt und die »Idee eines Auge in Auge mit der vollkommenen *politeia*« oder auch die moderne Idee eines *Eschaton* unvorstellbar macht?[160] Bedeutet die Aufwertung der Einheit in Form des *Demos* über die Tatsache, dass sie den Konflikt ignoriert, hinaus nicht außerdem, um eine Frage François Châtelets aufzugreifen, den politischen Dingen Gewalt anzutun, insofern sie der Vielheit der Akteure,

160 Jacques Taminiaux, »Modernité et finitude«, in: *Recoupements*, a. a. O., S. 78 u. 82.

die das politische Feld abstecken, den *polloï*, den *Demos* als Figur des Einen überstülpt? Lässt Marx Platz für die Vielheit der einzelnen Individuen? Gelingt es ihm wirklich, die Vielheit zu denken, die er, wie wir gesehen haben, zum grundlegenden Element für die Familie und die bürgerliche Gesellschaft erklärt; überwindet er die epistemologische Frage des Bestimmenden, um zur politischen Frage der treibenden Kraft zurückzufinden? »Das Faktum ist, daß der Staat aus der Menge, wie sie als Familienmitglieder und Glieder der bürgerlichen Gesellschaft existiere, hervorgehe.«[161]

Das Denken von Marx ist komplex genug, ja grenzt sogar an Widersprüchlichkeit, daher sollte man sich vor einer eindeutigen Antwort hüten. So wendet er sich hinsichtlich der hegelschen Ableitung der Macht des Fürsten und der Bestimmung des über das Ganze entscheidenden Moments in der Person des Monarchen gegen diese Verschmelzung von Persönlichkeit und *monos*; er schreibt: »Das Eins hat schlechthin nur Wahrheit als *viele Eins*. Das Prädikat, das Wesen erschöpft die Sphären seiner Existenz nie in einem Eins, sondern in den *vielen Eins*.«[162] Gilt dieser Einwand auch für das Eine des Volkes? Erfährt der *Demos* dieselbe Zersplitterung? Erlaubt er, die Einheit und die Vielheit der »vielen Eins« zusammenzudenken?

Wie dem auch sei, das Vorhandensein einer spekulativen Matrix belegt zur Genüge, dass es sich bei dem Text von 1843 um ein modernes Konzept der Demokratie handelt.

Wenn man dieses Konzept einer Kritik unterziehen kann, dann nicht, weil es, wie Marx selbst mit Blick auf

161 Karl Marx, *Zur Kritik der Hegelschen Rechtsphilosophie*, a. a. O., S. 207.

162 Ebd., S. 228.

die Jakobiner kritisch formuliert hat, die moderne Welt mit der antiken Welt verwechselt. Marx hat die moderne Forderung nach Differenzierung nicht ignoriert, sondern er hat diese Forderung, die er trotz allem zur Kenntnis genommen hat, dem Streben nach Versöhnung untergeordnet; die Logik einer Metaphysik der Subjektivität führt dazu, dass dieses Denken der Demokratie auf eine Leugnung des Außen, auf eine Ablehnung der Andersheit und einen Ausschluss der Endlichkeit hinausläuft.

Dieses Konzept der Demokratie so wieder in das Herz der Moderne zurückzuversetzen ist nicht ohne Bedeutung. Ist die Kritik von Marx erst einmal vor dem unbegründeten Vorwurf, ein Relikt des antiken Modells zu sein, sicher, dann erlangt sie die Qualität eines Textes, der für die demokratische Moderne grundlegend ist. Nicht in dem Sinne, dass der Text von Marx den Stellenwert eines Grundtextes oder eines Modelltextes erhalten würde, sondern in dem Sinne, dass aus der Anstrengung dieser Studie – jenseits der theoretischen Ausrichtung auf ein großes Buch über den Staat, das Marx schreiben wollte und nie geschrieben hat – die mit der modernen Idee der Demokratie verbundenen Ambiguitäten und Schwierigkeiten herauszulesen sind. Diese sind hier umso präsenter, als dem Text von Marx das Verdienst zukommt, einen Gegensatz zwischen Demokratie und politischem Staat, zwischen der demokratischen Selbstinstituierung des Gesellschaftlichen und dem Formalismus des modernen Staates einzuführen.

Für einen Interpreten, der seine Aufmerksamkeit auf die unlösbare Spannung dieses Textes zu richten versucht, scheint Marx sich weniger im Besitz eines gelösten Rätsels zu befinden, denn sich leidenschaftlich an einem anderen Rätsel zu messen, das, auch wenn es nicht genannt wird, darum nicht weniger präsent ist, nämlich am Rätsel des modernen Imperativs der Autonomie, das, so verstanden, immer lebendig ist. Dieser Imperativ, der hier in das Schema der Selbstbegründung gekleidet ist, ist einer Dialektik der Emanzipation ausgesetzt, das heißt der Verkehrung in sein Gegenteil – der Heteronomie und Selbstzerstörung. Denn es wurde versäumt, der Andersheit Gerechtigkeit widerfahren zu lassen, und es wurde unterlassen, die Bewegung der Unendlichkeit hinsichtlich der Fragilität und Kontingenz der menschlichen Angelegenheiten zu betrachten. Vielleicht kann man aus diesem Blickwinkel verstehen, weshalb Marx als Denker der radikalen Autonomie plötzlich eine zumindest erstaunliche Rückkehr zur Idee der objektiven Vernunft vollzieht, die dem unendlichen Willen des Volkes Grenzen setzt. »Der Wille eines Volks kann ebensowenig über die Gesetze der Vernunft hinaus als der Wille eines Individuums. Bei einem unvernünftigen Volk kann überhaupt nicht von einer vernünftigen Staatsorganisation die Rede sein.«[163] Wir haben mehrfach beobachtet, dass das Volk zugleich Prinzip, Subjekt und Zweck ist, oder, anders gesagt, dieses Subjekt ist sich selbst sein eigener Zweck. Das bedeutet, die wahre Demokratie, die stets auf die Aktivität des Volkes zurückgeführt wird, entwickelt sich notwendig in einem Element der Idealität. Hier wird eine ausschließlich politische Konzeption des Volkes deutlich, die dem korrespondiert, was Bernhard Groethuysen in der *Dialektik der Demokratie* »das heroische Stadium der Demokratie« nennt. »Die Gemeinschaft sucht ihre politische Selbstverwirklichung. Solange sich die Gemeinschaft in diesem Stadium der Selbstorganisation befindet, scheint der All-

---

163 Ebd., S. 260.

gemeinwille sich selbst gewissermaßen Subjekt und Objekt zu sein: der citoyen will citoyen werden.«[164] Es gibt kein gesellschaftliches Dasein des Volkes, keine soziologische Realität, die vor der demokratischen Instituierung existieren würde und die die wahre Demokratie aufzunehmen und politisch zum Ausdruck zu bringen hätte. Idealität also, weil das Sein des Volkes ein der Freiheit entsprechendes Sein-Wollen ist. Die Demokratie und die Seinswerdung des Volkes gehören untrennbar zusammen, die demokratische Instituierung des Gesellschaftlichen und die Geburt, die »Erfindung« des Volkes konstituieren ein und denselben Akt, ein und dasselbe Tun. Indem man in der Konfrontation mit dem politischen Moment die Probe auf ihre Nicht-Substantialität macht, kann die Gesellschaft nur eine problematische Existenz offenbaren. Diese zusätzliche Ambiguität mildert unsere zuvor geäußerte Kritik ab. Denn dieses Element der Idealität, das dem demokratischen politischen Element, das einen kollektiven Willen auf der Suche nach sich selbst beinhaltet, zu eigen ist, erlaubt ein Stück Unbestimmtheit zurückzugewinnen, die das Projekt einer vollkommenen Erfüllung zunichtemacht.

Aber sobald man sich einem Text zuwendet, der unmittelbar danach geschrieben und 1844 in den *Deutsch-Französischen Jahrbüchern* veröffentlicht wurde, »Zur Kritik der Hegelschen Rechtsphilosophie. Einleitung«, taucht eine neue Frage auf: Hat Marx, indem er das Proletariat als den neuen Akteur auf der Bühne der Geschichte bezeichnet, versucht, sich der Idealität und der Unbestimmtheit zu entziehen, die das Volk charakterisieren, solange es im

164 Bernhard Groethuysen, *Dialektik der Demokratie*, Wien: Verlag L. W. Seidel & Sohn, 1932, S. 18.

politischen Element verbleibt? Wollte Marx vielleicht, indem er vom Volk, um mit Saint-Simon zu sprechen, zu »der zahlreichsten und ärmsten Klasse« übergeht und dieser Klasse den Rang des Subjekts zuweist, das den Schlüssel zur Geschichte besitzt – als universale Klasse –, dem nicht identifizierbaren Volk ein Gesicht geben, einen Namen, den des Proletariats, und sich so vor der Erprobung der Unbestimmtheit drücken? Wird Marx mit Engels in der *Heiligen Familie* 1845 nicht schreiben: »Es handelt sich nicht darum, was dieser oder jener Proletarier oder selbst das ganze Proletariat als Ziel sich einstweilen *vorstellt.* Es handelt sich darum, was es ist und was es diesem Sein gemäß geschichtlich zu tun gezwungen sein wird«?[165]

Kann man also davon ausgehen, dass sich Marx mit der Entdeckung des »Wesens des Proletariats« vom machiavellischen Moment entfernt und sich von der Logik der politischen Angelegenheiten abwendet?

Dieser Schluss wäre zumindest übereilt. Denn ohne hier eine Debatte darüber zu eröffnen, worin gemäß Marx die Natur des Proletariats besteht, genügt es, daran zu erinnern, dass diese Klasse umso weniger im Gesellschaftlichen untergebracht werden kann, als sie ihrem Wesen nach, wie Marx selbst eingesteht, paradoxal ist: »eine Klasse der bürgerlichen Gesellschaft, welche keine Klasse der bürgerlichen Gesellschaft ist«.[166] Das heißt, diese Klasse geht aufgrund ihrer revolutionären Situation und folglich der in ihr Wesen eingeschriebenen Mission sowohl über eine Lokalisierung als auch über eine soziologische Determinierung bei weitem hinaus. Als neue Figur der

165 Karl Marx und Friedrich Engels, *Die heilige Familie*, in: MEW, Bd. 2, S. 38.

166 Karl Marx, »Zur Kritik der Hegelschen Rechtsphilosophie. Einleitung«, a. a. O., S. 390.

geschichtlichen Negativität, die die Methode der Transformation auf dem Feld der Praxis umsetzt, erscheint das Proletariat als die Klasse, für die das Gesellschaftliche – ihr gesellschaftliches Sein – vom Politischen – ihrem politischen Sein – nicht zu trennen ist. »Die Arbeiterklasse ist revolutionär oder sie ist nichts«, schreibt Marx 1865 in einem Brief an Johann Baptist von Schweitzer.[167] Geht es auf den letzten Seiten von *Das Elend der Philosophie* nicht genau darum, sowohl die Ökonomen, die die Arbeiter in die bestehende Gesellschaft einschließen, als auch diejenigen Denker zurückzuweisen, die im Proletariat lediglich eine gesellschaftliche Bewegung sehen? Marx bemüht sich dementgegen, den Übergang von der *Klasse an sich*, so wie sie aus der Großindustrie und den ökonomischen Bedingungen hervorgeht, in die *Klasse für sich* zu skizzieren, die sich in dem Moment bildet, in dem die Klasse ihre Position *gegenüber* dem Kapital im Hinblick auf eine vollständige Revolution in einen politischen Kampf *gegen* das Kapital transformiert. Daher die Erinnerung an eine essenzielle Tatsache: »Man sage nicht, daß die gesellschaftliche Bewegung die politische ausschließt. Es gibt keine politische Bewegung, die nicht gleichzeitig auch eine gesellschaftliche wäre.«[168] Was Marx sogleich mit einem Zitat George Sands übersetzt in »Kampf oder Tod«.

Weitere Wege, die vom machiavellischen Moment wegführen, lassen sich erahnen. Man kann sich zu ihnen Zugang verschaffen, wenn man auf die in einem Intervall von einigen Jahren wiederkehrenden Metaphern und identischen Formulierungen achtet, die dann jedoch in einem anderen Kontext auftauchen, sich auf andere Re-

---

167 Karl Marx an Johann Baptist von Schweitzer, 13. Februar 1865, in: MEW, Bd. 31, S. 446.

168 Karl Marx, *Das Elend der Philosophie*, in: MEW, Bd. 4, S. 181 f.

gionen des Realen beziehen und so als Zeugen für Marx' Entwicklung fungieren. Im Kielwasser von Kant sieht Marx im Pressewesen das, was die freie Kommunikation unter den Menschen befördert; er lehnt es ab, die Freiheit des Denkens von der des Publizierens zu unterscheiden. Anders als Kant ist Marx aber nicht der Ansicht, dass die Freiheit des Denkens und Kommunizierens der Gedanken die gesamte politische Aktivität des Menschen ausmachen kann. Auch erkennt er der Presse andere Funktionen zu als die der Kommunikation. Als Verobjektivierung des »Volksgeistes« ist die Presse das, was es dem Volk erlaubt, sich selbst zu erkennen. In einer von der Hermeneutik inspirierten Formulierung erklärt Marx in den »Debatten über Preßfreiheit« (Mai 1842):

> Die freie Presse ist das überall offene Auge des Volksgeistes, das verkörperte Vertrauen eines Volkes zu sich selbst, das sprechende Band, das den Einzelnen mit dem Staat und der Welt verknüpft [...]. Sie ist die rücksichtslose Beichte eines Volkes vor sich selbst, und bekanntlich ist die Kraft des Bekenntnisses erlösend. Sie ist der geistige Spiegel, in dem ein Volk sich selbst erblickt, und Selbstbeschauung ist die erste Bedingung der Weisheit.[169]

Als »geistiger Spiegel« ist die Presse für den Ort des Politischen konstitutiv: Sie ist das, was den Zugang zu diesem Ort eröffnet, zu diesem öffentlichen Raum, in dem ein Volk sich über das Spiegelbild, das es von sich selbst zurückwirft, selbst konstituiert, sich seiner Identität bewusst wird, zur Selbsterkenntnis gelangt, als Voraussetzung der Freiheit. Dank der Presse praktiziert das Volk anlässlich

169 Karl Marx, »Debatten über Preßfreiheit und Publikation der Landständischen Verhandlungen«, in: MEW, Bd. 1, S. 60f.

der vielfältigen Konflikte täglich eine Wiedererkennung oder, genauer gesagt, eine wechselseitige Erkenntnis.

1844 taucht in den *Pariser Heften* die Metapher vom Spiegel wieder auf, allerdings in Bezug auf die Produktion.[170] Unter der Überschrift »Menschliche Produktion« schreibt Marx:

> Gesetzt wir hätten als Menschen produziert: Jeder von uns hätte in seiner Produktion sich selbst und den anderen doppelt bejaht. Ich hätte 1. in meiner Produktion meine Individualität, ihre Eigentümlichkeit vergegenständlicht [...]. 2. In deinem Genuß oder deinem Gebrauch meines Produkts hätte ich unmittelbar den Genuß, sowohl des Bewußtseins, in meiner Arbeit ein menschliches Bedürfnis befriedigt, also das menschliche Wesen vergegenständlicht und daher dem Bedürfnis eines andren menschlichen Wesens seinen entsprechenden Gegenstand verschafft zu haben, 3. für dich der Mittler zwischen dir und der Gattung gewesen zu sein, also von dir selbst als eine Ergänzung deines eigenen Wesens und als ein notwendiger Teil deiner selbst gewußt und empfunden zu werden, also sowohl in deinem Denken wie in deiner Liebe mich bestätigt zu wissen, 4. in meiner individuellen Lebensäußerung unmittelbar deine Lebensäußerung geschaffen zu haben, also in meiner individuellen Tätigkeit unmittelbar mein wahres Wesen, mein menschliches, mein Gemeinwesen bestätigt und verwirklicht zu haben. Unsere Produktionen wären ebenso viele Spiegel, woraus unser Wesen sich entgegenleuchtete.

Die Verschiebung, die Marx hier über die Wiederaufnahme der Metapher des Spiegels vornimmt, kann auf jeden Fall als Verabschiedung vom machiavellischen Moment gelesen werden. Getreu seinem Projekt einer Mona-

170 Karl Marx, »Auszüge aus James Mills Buch »Elémens d'économie politique«. Trad. par J. T. Parisot, Paris 1823, in: MEW, Bd. 40, S. 462f.

dologie, die er mit Feuerbach als Intersubjektivität interpretiert, vollzieht Marx eine Konversion hinsichtlich des Fokalpunkts, von dem aus eine Kommunikation unter den Menschen in Gang kommt, so als wollte er auch hier die Immaterialität des politischen Lebens durch die Konkretheit der Produktion ersetzen, das luftige Leben der politischen Sphäre gegen den festen Sockel des Bandes, das die Arbeit zwischen den Menschen und der Natur sowie zwischen den Menschen schafft, austauschen.[171] Die Produktion nimmt nunmehr den Platz der Presse ein, als »das sprechende Band, das den Einzelnen mit dem Staat und der Welt verknüpft«; die wechselseitige Erkenntnis erfolgt nicht mehr ausgehend von der ethischen oder sprachlichen Natur des Menschen als politisches Tier, vielmehr realisiert sich die Kommunikation, die Harmonie zwischen den Monaden, die als produzierende Wesen definiert werden.

Wenn die *Produktion*, nachdem sie an die Stelle des politischen Prinzips getreten ist, zum Fokus der Erfüllung dessen auserkoren wird, was Marx als »menschlichen Austausch« bezeichnet, wird sie damit zugleich zum Fokus der Knechtschaft, als Matrix aller Formen der Knechtschaft. In den *Manuskripten von 1844* postuliert Marx eine Äquivalenz zwischen der Emanzipation der Gesell-

---

171 Siehe Alexandre Philonenko, »Étude leibnizienne: Feuerbach et la monadologie«, in: *Revue de métaphysique et de morale*, Januar-März 1970, Nr. 1, S. 27f.; vor allem folgende Passagen von Feuerbach: »Die Vorstellung, dass die Materie das allgemeine Band zwischen den Monaden ist – einer der erhabensten und tiefsten Gedanken der Leibnizschen Philosophie [...].« Die Materie ist, wie Feuerbach präzisiert, die Quelle allen Schmerzes und aller Freude, und das ist das, was sie zu einem universalen Band zwischen den Seelen macht – »denn wie die Freude verbindet auch die Not die Wesen miteinander«.

schaft vom Privateigentum und der Emanzipation der Arbeiter, da die Arbeiteremanzipation mit der universalen Emanzipation gleichgesetzt wird. Hier findet tatsächlich eine universale Emanzipation statt – nicht nur aufgrund der spezifischen Natur des Proletariats, sondern auch, weil die Verbindung entfremdete Arbeit/Privateigentum als Fokus einer universalen Knechtschaft verstanden wird: »Die ganze menschliche Knechtschaft [ist] in dem Verhältnis des Arbeiters zur Produktion involviert [...] und *alle Knechtschaftsverhältnisse [sind] nur Modifikationen und Konsequenzen dieses Verhältnisses.*«[172]

Folglich hat man berechtigten Anlass, auf eine Auslöschung des machiavellischen Moments zu schließen, auf einen Rückzug aus dem eigentlichen Milieu der Politik. Alles sieht so aus, als hätte sich bei Marx die Komplexität des Politischen plötzlich aufgelöst, als hätte er nur das Begriffspaar Herrschaft/Knechtschaft beibehalten und es zudem auf einen empirisch auffindbaren Ort bezogen, die Produktion, als hätte er das Zusammenleben der Menschen einem anderen Plan unterstellt, der einem anderen Element angehört, indem der *ganze Demos* durch den kollektiven Arbeiter ersetzt wird, als hätte sich die Lösung des Rätsels (hinsichtlich des Willens zur Lösung besteht sehr wohl eine Kontinuität) von der Demokratie zum Kommunismus verlagert. 1843 wird die Demokratie als das aufgelöste Rätsel aller Verfassungen begrüßt, das heißt des politischen Prinzips; 1844 verkündet Marx hinsichtlich des Kommunismus folgendes Urteil: »Dieser Kommunismus ist als vollendeter Naturalismus Humanismus, als vollendeter Humanismus Naturalismus; er ist

172 Karl Marx, *Ökonomisch-philosophische Manuskripte aus dem Jahre 1844*, in: MEW, Bd. 40, S. 521.

die *wahrhafte* Auflösung des Widerstreits zwischen dem Menschen mit der Natur und mit dem Menschen. [...] Er ist das aufgelöste Rätsel der Geschichte und weiß sich als diese Lösung.«[173]

Seit 1844 betreibt Marx den Ausgang aus dem machiavellischen Moment, und zwar sowohl hinsichtlich seiner Erscheinungsform in der ersten wie auch in der zweiten Konstellation. Das Gravitationsgesetz des Staates beruht nicht mehr in diesem selbst, und Marx' Interesse verlagert sich von einer leidenschaftlichen Suche nach dem Wesen des Politischen auf der Grundlage des *ganzen Demos*, auf der Grundlage einer Philosophie der Tat oder des Tuns hin zu einer Auseinandersetzung mit dem Kommunismus, deren Horizont das Sein als Produktion bildet.

Endet unsere Untersuchung damit, ja muss sie enden, insofern sie einen Verlust des politischen Elements feststellt, das auf immer aus dem marxschen Werk verschwunden wäre, als hätte jener den Sinn für das Politische und dessen Spezifität verloren?

Diese These ist nicht haltbar. Hat Marx nicht 1845 einem deutschen Verleger das Projekt eines zweibändigen Werkes vorgeschlagen, das den Titel *Kritik der Politik und der politischen Ökonomie* tragen sollte, und auch wenn man die Notizen aus dieser Zeit, die sich vermutlich auf dieses Projekt beziehen, betrachtet, sieht man, dass Marx versucht hat, die Entstehungsgeschichte des modernen Staates in Bezug auf die Französische Revolution nachzuzeichnen, die Frage der Menschenrechte, die Beziehungen zwischen Staat und Gesellschaft, die Gewaltenteilung, die unterschiedlichen Gewalten, die politischen Parteien zu untersuchen, um schließlich im Zusammenhang mit dem

173 Ebd., S. 536.

Wahlrecht die Frage nach »der Aufhebung des Staats und der bürgerlichen Gesellschaft« zu stellen.[174] Mit Blick auf diesen Titel und Arbeitsplan kann die beeindruckende Menge von Marx' politischen Schriften (alleine schon diejenigen, die Frankreich betreffen), die er oft als Journalist verfasst hat, mit Recht als lebenslange Umsetzung des Projekts von 1845 erscheinen.[175] Auch kann man Maximilien Rubel ohne Weiteres zugestehen, dass das Werk von Marx auf einer Koexistenz der Kritik der Politik und der Kritik der politischen Ökonomie aufbaut; allerdings muss man im Unterschied zu Rubel sogleich hinzufügen, dass Erstere sehr schnell in Abhängigkeit von Letzterer verstanden wurde – aufgrund »des engen Bandes zwischen Politik und Ökonomie«, eines Bandes, das so beschaffen war, dass das Politische für die materialistische Kritik des Staates den Status eines sekundären und abgeleiteten Elements erlangte. Wenn es wahr ist, dass Marx die Kritik der Politik nicht aufgegeben hat, so muss man

174 Karl Marx, »[Die bürgerliche Gesellschaft und die kommunistische Revolution]«, in: MEW, Bd. 3, S. 537. Diese Notizen erscheinen in der französischen Ausgabe unter dem Titel »Vers l'abolition de l'État et de la société civile« (Zur Abschaffung des Staates und der bürgerlichen Gesellschaft), in: *Œuvres, III*, a.a.O., S. 1027-1028. Siehe zu diesem Projekt von 1845 Maximilien Rubel, »Introduction à *Politique*, I«, in: Karl Marx, *Œuvres, IV*, Paris: Gallimard, 1994, S. XCIV.

175 Maximilien Rubel schreibt in der »Introduction à *Politique*, I« (S. XLVII f.): »Die Menge der Artikel für verschiedene englische und amerikanische Zeitschriften bildet in Fortsetzung derer, die in deutschen Periodika veröffentlicht wurden, [...] in ihrer Gesamtheit zugleich eine reiche materielle Grundlage und eine theoretische Darlegung dieser Kritik der Politik, mit der Marx schwanger ging. Zusammen mit der ›Kritik der politischen Ökonomie‹ bildet sie das eigentliche Werk von Marx, insofern in diesen Schriften die Wissenschaft vom Wirklichen und der Entwurf des Möglichen zusammentreffen.«

dennoch anerkennen, dass deren Gegenstand in seinen Augen nicht länger die Beschreibung der Logik der politischen Dinge ist, wie das in dem Text von 1843 der Fall war. Warum also den Autor des *Kapitals* im Kielwasser von La Boétie verorten? Wenn es für Marx ein unbegreifliches Phänomen gibt, dann ist es wohl das der freiwilligen Knechtschaft. Mit Blick auf die interpretatorische Alternative, die wir beschrieben haben, indem wir eine andere Lektüre-Hypothese vorgeschlagen haben, besteht kein Zweifel, dass sich seit 1844-1845 die »epistemologische« Seite durchsetzt. Anstatt weiterhin den Weg der Einsicht in das Politische zu gehen, orientiert sich die Kritik der Politik vermittelt über die bürgerliche Gesellschaft auf das ökonomische Substrat hin.

Was wird dann aus dem Rätsel der wahren Demokratie? Muss man in der leidenschaftlichen Frage des Textes von 1843 eine Art Hapax legomenon sehen, so als hätte diese Untersuchung nur einem einzigen Text gegolten? Markiert sie den Durchbruch eines einmaligen Moments, das wie ein Blitz das Jugendwerk von Marx erleuchtet, um sogleich zu verlöschen und die für einen Augenblick ans Licht gekommene Landschaft wieder der Dunkelheit und dem Vergessen zu überlassen? Welches Interesse, wenn nicht ein archäologisches, würde in diesem Fall den Leser antreiben, sich mit der Kritik von 1843 auseinanderzusetzen? Es gibt eine andere Option. Kann man, anstatt eine harmonische und wohlkontrollierte Koexistenz beider Kritiken anzunehmen – der Kritik der Politik und der Kritik der politischen Ökonomie –, was auf eine Sublimierung der »wahren Demokratie« im Kommunismus hinauslaufen würde, nicht eher denken, dass das, was in dem Text von 1843 unter dem Namen der »wahren Demokratie« zutage getreten ist, nicht völlig verschwunden ist, sondern als eine versteckte und unterschwellige Dimension des Werkes von Marx fortbestanden hat, bereit, wieder aufzutauchen, und imstande, unter dem Schock des Ereignisses wiedererweckt zu werden? Wenn man so den Gesamtkorpus der Texte von Marx zur Pariser Kommune – *Der Bürgerkrieg in Frankreich*, die Adresse der Internationalen Arbeiterassoziation vom 30. Mai 1871 und die beiden ersten Entwürfe – betrachtet, bemerkt man tatsächlich so etwas wie ein Wiedererwachen der Problematik von 1843, das von einer Rückkehr zum Thema des Rätsels begleitet wird. Als neuer Ödipus der modernen Welt, der unablässig wieder angekurbelten Revolution versucht Marx die Frage zu beantworten: »Was ist die Kommune, diese Sphinx, die den Bourgeoisverstand auf so harte Proben setzt?«[176] Sicher taucht in der Analyse von 1871 verglichen mit der Kritik von 1843 eine Reihe von neuen Themen auf. Das Wesentliche dabei ist, dass Marx sich auf die Seite des »Geheimnisses der Kommune« stellt und dass seine Analyse die Aufgabe hat, das irreduzibel Neue der Kommune herauszustellen – gegen Deutungen, die die Kommune auf frühere, überkommene politische Formen herabstufen, um ihre historische Bedeutung zu schmälern. Die Zäsur der Kommune, das, was sie zu einem unvergleichlichen Ereignis macht, besteht darin, »eine Regierung der Arbeiterklasse« zu sein, die endlich entdeckte politische Form der gesellschaftlichen Emanzipation der Arbeiter.[177]

Außerdem gilt das Engagement von Marx 1871 einem anderen Ziel: Es geht für ihn nicht mehr darum, sich über eine Kritik an Hegel auf die Höhe der modernen Zeit zu

176 Karl Marx, *Der Bürgerkrieg in Frankreich*, in: MEW, Bd. 17, S. 335.
177 Ebd., S. 342.

begeben – die Frankreichs –, sondern darum, als Leiter der Internationalen Arbeiterassoziation von dem zu berichten, was er für die größte Revolution des 19. Jahrhunderts hält. Er will beweisen, dass die Kommune keine Vorgänger hat, was er exakt an dem Schicksal, das diese Revolution für den Staat vorsieht, festmacht, an ihrer Bestimmung, die moderne Staatsmacht zu brechen.[178]

Aber jenseits dieser Spezifizierungen kann man kaum übersehen, dass beide Texte ein verwandtes Generalschema aufweisen, sofern man damit einverstanden ist, die feuerbachsche Sprache von 1843 und ihre drei Kategorien – Verobjektivierung, Entfremdung, Reduktion – in die Sprache der kritischen Gesellschaftstheorie zu übersetzen, die den zentralen Gegensatz von bürgerlicher Gesellschaft und Staat zum Kern ihrer Offensive macht. Streng genommen war dieser Gegensatz schon in dem Text von 1843 präsent, aber wie wir zu zeigen versucht haben, war er nicht das Primäre, da er der Problematik des Politischen untergeordnet war, deren Referenzpunkt das Leben des Volkes und deren ursprüngliche Quelle der *ganze Demos* war.

Diese Übersetzung ist umso leichter, als die Bilder des Textes von 1871 auf die Begriffe von 1843 zurückgehen. Was 1843 kritisiert wurde, nämlich der Prozess, durch den eine politische Verobjektivierung des *Demos* aufgrund des Versäumnisses, ihn der Arbeit der Reduktion zu unterwerfen, in Entfremdung umschlägt – die Vermessenheit des Staates, der aufgrund seines Formalismus den Anspruch erhebt, als das Ganze zu gelten –, wird so 1871 mit der Inszenierung einer Konfrontation zwischen einem lebendigen Körper, dem der bürgerlichen Gesell-

178 Ebd., S. 340.

schaft und innerhalb dieser des Proletariats, und einem Apparat, der diesen einsperrt und im materiellsten Sinne des Wortes unterdrückt, angeprangert. Boa constrictor, parasitärer Auswuchs, ertötender Alp, Gewürm des Staates, künstlicher Körper, lauter Bilder, um zu versuchen, das formale »Ding« zu beschreiben, das wie ein Nessoshemd die Spontaneität des gesellschaftlichen Lebens und die freie Entfaltung der Arbeit lähmt.

Das Begriffspaar Verobjektivierung/Entfremdung ist nicht weit; es kommt in der Idee einer Umkehrung der Positionen durch: Der Staatsapparat hat sich zum Herrn über die Gesellschaft gemacht, während er deren Knecht sein sollte. Und auch wenn die Revolution über die Reduktion hinausgeht, ist ihr diese nicht fremd, da sie als eine Umkehrung der Umkehrung präsentiert wird, als »eine Rücknahme des eignen gesellschaftlichen Lebens des Volkes durch das Volk und für das Volk«.[179] Es ist wahr, dass der Text von 1871, insbesondere der erste Entwurf, sich sichtlich an die Kritik von 1843 anlehnt, da er sich auf eine Entwicklungsgeschichte des modernen Staates stützt. Wobei zu vermerken ist, dass für Marx der Staat, der in der absoluten Monarchie geboren wurde – im Kampf der modernen Gesellschaft gegen den Feudalismus –, dank der Französischen Revolution, welche die Zentralisierung und Organisation ausgebaut hat, beträchtlich erstarkt ist. Es ist eine Ironie der Geschichte, dass dieses Erstarken des Staates eine dauerhafte Nachwirkung des Phänomens der Revolution gewesen zu sein scheint. »Alle Revolutionen vervollkommneten auf diese Weise nur die Staatsmaschinerie perfektioniert, statt die-

179 Karl Marx, *Erster Entwurf zum »Bürgerkrieg in Frankreich«*, in: MEW, Bd. 17, S. 541.

sen ertötenden Alp abzuwerfen.«[180] Als Endpunkt dieser Entwicklung verortet Marx das Zweite Kaiserreich als Höhepunkt des modernen Staates, zu dem die Kommune die perfekte Antithese darstellt. Daher hat die Kommune keine Vorläufer; in einem absoluten Gegensatz zum Staat markiert die Kommune einen Bruch in der Revolutionsgeschichte; zum ersten Mal geht es nicht mehr darum, den Staat zu erobern, um sich seiner Gewalten zu bemächtigen und sie in den Dienst einer neuen sozialen Gruppe zu stellen; nein, für das Proletariat geht es darum, die Macht des modernen Staates zu zerschlagen. Es ist nicht mehr die eine oder andere Form des Staates – Monarchie oder Republik –, die abgelehnt wird, es ist vielmehr der Staat selbst als Form, in dem impliziten Bewusstsein, dass diese Form selbst – unabhängig von ihrem Namen oder ihrer politischen Zugehörigkeit – eine spezifische und als solche hassenswerte Herrschaftsbeziehung beinhaltet.

An diesem Punkt von Marx' Analyse ist es legitim, bei ihm einen Widerspruch zu sehen zwischen einer instrumentellen Sicht des Staates, zu der er sich weiterhin bekennt und die mit der Idee der Neutralität des Staatsapparats einhergeht, so dass die Natur des Staates von der Klasse abhängt, die sich seiner bemächtigt, und der fruchtbareren und komplexeren These, der zufolge der Staat, weit davon entfernt, neutral zu sein, als spezifischer Formalismus eine Herrschaftsbeziehung generiert, die die Gesellschaft in ihrer Gesamtheit abtötet. Deshalb erfordert die Emanzipation nicht die Eroberung des Staates, sondern seine Zerschlagung, um damit zugleich die Herrschaftsform zu zerstören, die für ihn wesentlich ist.

Die Problematik von 1843 ist, wie man sieht, deutlich

180 Ebd., S. 539.

reicher geworden. Dennoch bestehen zwei wesentliche Orientierungen fort. Die des Volkes; die Kommune präsentiert sich als ein Subjekt, das sein eigener Zweck ist. Als kollektiver Wille sucht sie den ihr gemäßen politischen Ausdruck: »das heroische Stadium der Demokratie«, um einen Begriff von Bernhard Groethuysen aufzugreifen. Marx bevorzugt eine politische Deutung der Kommune; er interpretiert sie in erster Linie politisch. Indem er die sozialen Maßnahmen der Kommune durchgeht, die offen gestanden noch bescheiden waren, erklärt er: »Die große soziale Maßregel der Kommune war ihr eignes arbeitendes Dasein. Ihre besondern Maßregeln konnten nur die Richtung andeuten, in der eine Regierung des Volks durch das Volk sich bewegt.«[181] Die Größe der Kommune besteht darin, gegen all die Staatsformen, die ihr Existenzrecht leugneten, überhaupt das Dasein erlangt zu haben. Eine ausgemacht politische Lektüre, da die von Marx vorgeschlagene Interpretation bei genauerem Hinsehen in der Literatur zur Revolution eine neue Position markiert: Sie ist weder jakobinisch, da es nicht mehr darum geht, sich des Staates zu bemächtigen, um ihn in den Dienst des Volkes zu stellen; der Jakobinismus entgeht nicht der Ironie der Geschichte: Als Revolution durch den Staat trägt er unwissentlich dazu bei, die Macht des modernen Staates zu vergrößern und zu perfektionieren. Noch ist die Position von Marx unmittelbar sozial, insofern es für ihn im Gegensatz zu bestimmten utopischen Schulen, die Martin Buber in seinem Werk über die Utopie treffend analysiert hat, nicht darum geht, die durch den Kapitalismus und den Staat zerstörte Sozialstruktur neu aufzubauen; es geht

181 Karl Marx, *Der Bürgerkrieg in Frankreich. Adresse des Generalrats der Internationalen Arbeiterassoziation*, in: MEW, Bd. 17, S. 347.

nicht darum, das Soziale zu restrukturieren, es zu erneuern, um den Staat überflüssig und hinfällig zu machen.[182] Die Lehre der Kommune lautet – zumindest für Marx: Die gesellschaftliche Emanzipation der Arbeiter, der Arbeit gegen die Herrschaft des Kapitals, kann nur mittels einer politischen Form erfolgen, die Marx mehrfach als »Kommunalverfassung« bezeichnet. Eine, wie man hier betonen muss, einzigartige politische Form, die aufgrund dieser Tatsache der Verselbständigung der Formen zu entkommen verspricht. Dies nicht nur, weil die Mitglieder der Kommune verantwortlich und jederzeit abberufbar sind, sondern vor allem, weil sich diese Form dadurch herausbildet, ihre Besonderheit erlangt, neu bildet, dass sie sich *gegen* die Staatsmacht stellt, in einem permanenten Aufstand gegen den Staatsapparat – gewissermaßen in dem Wissen, dass jeder Rückfall unter den Einfluss der Staatsmacht, unter welchem Namen oder mit welcher Ausrichtung sie auch immer auftreten mag, sofort ihr Todesurteil bedeuten würde. Dies ist das spezifische Unterscheidungsmerkmal der Kommunalverfassung als politische Form. Die Positionierung *gegen* den Staat ist das, was dieser Verfassung zu ihrem Dasein verhilft, das, worin sie zum Ausdruck kommt und ihr Sein bewahrt. Insofern sie sich in einer prinzipiellen Feindschaft gegenüber dem Staat herausbildet, im Widerstand gegen seine Reize, darf sie auf dessen dauerhafte Abschaffung nicht verzichten, andernfalls würde sie sich in ihr Gegenteil verkehren und in Richtung einer Rückkehr zur Staatsmacht umkippen. In diesem Sinne beruht die Spezifität dieser politischen Form, die nicht mit dem Formalismus zu verwechseln

182 Martin Buber, *Der utopische Sozialismus*, Köln: Hegner Verlag, 1967.

ist, darauf, der Gefahr des Abdriftens zu entgehen, bildet sie sich doch gegen das, was dieses Abdriften produziert, nämlich das Ausufern der Staats-Form, heraus.

Aber es bleibt, wie bei jeder Übersetzung, eben ein irreduzibler Rest, welcher der Operation der Übersetzung widersteht. In diesem Fall ist das der Unterschied zwischen dem Untergang des Staates und der Tat: der Zerschlagung der modernen Staatsmacht.

Im ersten Fall, der Kritik von 1843, beschreibt Marx einen Prozess, der aus der Umsetzung eines spezifischen Dispositivs hervorgeht: die wahre Demokratie, die sich in das Verschwinden des politischen Staates als Form übersetzt. Dieses Verschwinden scheint Marx am Ende des Manuskripts von 1843 allenfalls in Bezug auf eine Wahlreform ins Auge zu fassen: das Wahlrecht und die unbeschränkte Wählbarkeit. »Die Wahlreform ist also innerhalb des abstrakten politischen Staats die Forderung seiner Auflösung, aber ebenso der Auflösung der bürgerlichen Gesellschaft.«[183] In den Texten von 1871 verweist Marx auf eine ganz andere Operation; er assoziiert das Aufkommen der Kommunalverfassung mit einem politischen Akt, mit einer Tat, in der die revolutionäre Negativität einer beherrschten Klasse zur Entfaltung kommt, die ihre soziale Emanzipation erlaubt. Ein Wechsel der Tonlage, der umso deutlicher ausfällt, als das zentrale Element dieser neuen Situation die Position *gegen* ist und das, was das *Gegen* impliziert: die Ausarbeitung dieser Position mit der Bestimmung des Feldes der Konfrontation, der Wahl des Gegners, der Vorausplanung des zu führenden Kampfes oder der Kämpfe, kurz, die Umsetzung einer

---

183 Karl Marx, *Zur Kritik der Hegelschen Rechtsphilosophie*, a.a.O., S. 327.

Sterbeszene auf der politischen Bühne, die das Ziel hat, jegliche Rückkehr des Staates zu verhindern und gegen diesen Formalismus eine neue politische Form einzuführen, um so ein kritisches Wissen und einen *thymos* zu mobilisieren, wo sich der Wunsch nach Freiheit und der Hass auf die Knechtschaft diffus miteinander vermischen.

Die 1843 verkündete wahre Demokratie gehört, ohne hier auf ihre philosophische Modernität zurückzukommen, zur postrevolutionären politischen Moderne, wie sie aus der Französischen Revolution, den Tagen des Juli 1830 in Paris, der Belgischen Revolution von 1831 und der Reformbill hervorgegangen ist.

Darüber hinaus ist die wahre Demokratie, die mit dem Untergang des Staates assoziiert wird, im Werk von Marx weder ein momentaner revolutionärer Blitz noch ein Kuriosum ohne ein Morgen – auch wenn die Kritik der Politik eng mit der Kritik der politischen Ökonomie verknüpft ist und ihr schließlich untergeordnet wird. Das Manuskript von 1843 und seine Interpretation der Formel der modernen Franzosen haben fast die Bedeutung einer antistaatlichen Matrix, die in Form einer unterschwelligen Dimension in Marx' Werk fortbesteht und stets in der Lage ist, wieder zum Vorschein zu kommen und neue Früchte zu tragen. So gelangt sie 1871 wieder an die Oberfläche, als Marx in der Kommune die Erfindung einer dem Proletariat eigenen Form politischer Emanzipation erkennt und sich so trotz seiner anderen Meinung in Bezug auf die Einheit des Staates eher auf die Seite der kommunalistischen Tradition stellt, die in der kommunalen Autonomie den Hebel sieht, der die Regierungsmacht niederzuwalzen und zu zerschlagen vermag, als auf die Seite der saint-simonistischen Tradition und deren Losung »von der Regierung von Menschen zur

Verwaltung der Dinge«.[184] Auch wenn sie Verfinsterungen unterliegt, ist diese verborgene Dimension in Marx' Werk von einer relativen Konstanz. Daher kann man diese Gegenüberstellung von 1843 und 1871 mit der Aneinanderreihung von zwei Formeln zusammenfassen: Für die modernen Franzosen geht der Staat in der wahren Demokratie unter; für die anderen modernen Franzosen, die Kommunarden, wird die Staatsmacht durch die Kommunalverfassung zerschlagen. Unsere Hypothese lautet deshalb, dass bei Marx hinsichtlich des machiavellischen Moments eine Ambiguität herrscht: Wenn er diesem Moment den Rücken kehrt und sich der Produktion zuwendet, um seine Monadologie zu denken, kommt er dann nicht wieder darauf zurück, wenn er in der Kommunalverfassung die Figur der wahren Demokratie wieder zum Leben erweckt?

184 Siehe zur kommunalistischen Tradition Gustave Lefrançais, *Étude sur le mouvement communaliste à Paris en 1871*, Neuchâtel: G. Guillaume et Fils, 1871.

Schluss

Befinden wir uns in einem machiavellischen Moment? Wie zu Beginn dargelegt, wird unsere Untersuchung von der Frage nach unserer Gegenwart geleitet. Ein machiavellisches Moment in unserer Gegenwart impliziert eine Übertragung der Kategorien von Pocock:

– Der von den italienischen Humanisten wieder ans Licht gebrachten *vita activa* und dem *vivere civile* entspräche eine Wiederentdeckung des Politischen und der politischen Intelligenz. Von einer Wiederentdeckung ist deshalb zu sprechen, weil gemäß den philosophischen Interpretationen totalitärer Herrschaft (Hannah Arendt, Claude Lefort) diese durch eine Verdunklung des politischen Bereichs gekennzeichnet ist, die umso furchtbarer ist, als sie sich mit dem Vorhaben verbindet, die zur *conditio humana* gehörende politische Dimension zu zerstören oder zu leugnen. Auch muss man, um diese Position zu teilen, die totalitäre Herrschaft nicht als eine bis zum Äußersten getriebene Politisierung analysieren, sondern als ein Unternehmen der Zerstörung des Politischen; nur diese Interpretation erlaubt zu verstehen, dass die Kritik der totalitären Herrschaft und die Rückkehr zu den politischen Dingen untrennbar miteinander verbunden sind.
– Dem Begriffspaar Republik/Reich entspräche das Begriffspaar demokratische Revolution/totalitäre Herrschaft, wobei sogleich zu präzisieren ist, dass dieser Gegensatz nicht, wie manche gerne glauben machen wollen, notwendig einer liberalen Problematik entstammt.
– Schließlich entspräche dem Kampf gegen die christ-

liche Eschatologie, die sich wenig um die irdische Stadt kümmert, die Kritik der Geschichtsphilosophie, um sie durch eine politische Philosophie oder vielmehr durch ein Denken des Politischen zu ersetzen, das allein die Fähigkeit besitzt, uns auf ein anderes Denken der Geschichte und die Suche nach einer praktischen Zeitlichkeit hin zu orientieren.

Gestützt auf diese Übertragung formulieren wir folgende Hypothese: Innerhalb der Moderne gibt es eine Art Schicksal des politischen Denkens, das zugleich eine Gabe und eine Bürde ist und diejenigen, die die Frage nach dem Politischen stellen, unvermeidlich zu einer Begegnung mit Machiavelli führt. Genauer gesagt, lässt sich bei einigen Denkern eine Bewegung beobachten, die sie ausgehend von einer Distanzierung vom Marxismus – mit einem variierenden Verhältnis zu Marx – dazu treibt, zwei Wege einzuschlagen, die miteinander zusammenhängen: den einer »Rückkehr« von Marx zu Machiavelli und den, der von Machiavelli zu uns führt, so als würden sie das, was sie einst bei Marx gesucht hatten, plötzlich beim Autor des *Fürsten* entdecken. Die Konstellation dieser Wege, innerhalb derer man auf Maurice Merleau-Ponty und Claude Lefort ebenso wie auf Hannah Arendt trifft, belegt zur Genüge das Wiederaufleben eines machiavellischen Moments unter uns. Ist das Werk des florentinischen Sekretärs nicht einer der Orte, von denen aus man versuchen kann, ein modernes Denken des Politischen zu begründen?

Die großen Achsen dieser neuen machiavellischen Thematik sind recht gut zu erkennen. Bei Merleau-Ponty verbindet sich mit dem Namen Machiavellis die Suche nach einer Politik, die weder eine des Verstandes noch eine der Vernunft, sondern gemäß den letzten Worten des Vorworts zu den *Zeichen* von 1960 »die *virtu* ohne jede Resignation« wäre. Mit Claude Lefort liegt der Nachdruck auf der ursprünglichen gesellschaftlichen Teilung, die den Klassenkonflikt zugleich umfasst und überschreitet, um in jedem menschlichen Gemeinwesen in Form eines irreduziblen Gegensatzes zwischen den Großen und dem Volk wieder aufzutauchen; daher der Wunsch, das Politische von neuem, frisch zu überdenken, um die Lücke von Marx zu schließen, indem die politische Instituierung der Gesellschaft als eine bestimmte Formgebung der menschlichen Koexistenz definiert wird, bei der es um die Frage nach dem Sinn geht. So sieht die Matrix einer neuen Kritik der totalitären Herrschaft und eines neuen Verständnisses der »demokratischen Erfindung« aus oder, besser gesagt, einer neuen Beschreibung des demokratischen Miteinanders mit dem Namen »wilde Demokratie« (*démocratie sauvage*). Schließlich begegnet man mit Hannah Arendt, um die Begrifflichkeit von Étienne Tassin aufzugreifen, einer Phänomenologie der Tat, die in drei Dimensionen gedacht wird – entbindend, instituierend und verbindend – und auf die Konstitution eines öffentlichen Raums als Raum der Erscheinung ausgerichtet ist. Arendt arbeitet ausgehend von einer scharfen Kritik der politischen Philosophie eine heroische Konzeption der Politik aus, die insofern neu ist, als es ihr gelingt, den Fallstricken des Heroismus zu entgehen, ohne deshalb die Verbindung zu vergessen, die die Politik mit dieser eigentümlichen Disposition notwendig unterhält.

Wir wollen hier nicht weiter auf diese Konstellation eingehen. Zweifellos kompliziert die Einschreibung von Marx in das machiavellische Moment mit den Ambiguitäten, die wir aufgedeckt haben, das Problem. Welche Beziehung kann ein zeitgenössisches machiavellisches

Moment mit dem Werk von Marx unterhalten? Sosehr es sich als fruchtbar erweisen kann, diese neue machiavellische Konstellation zu erforschen, die Richtungen, die sie durchziehen, gegeneinander zu halten, sei es, um sie zu unterscheiden, die Momente der Abweichung oder des Konflikts ausfindig zu machen, sei es, um sie erfinderisch miteinander zu verbinden; so sehr scheint es uns entscheidend, den Weg von Marx nicht zu ignorieren – insbesondere nicht in der Kritik von 1843 –, seiner leidenschaftlichen Frage nach der »wahren Demokratie« und dem Rechnung zu tragen, was sie am Ende hervorbringt, nämlich den nachdenkenswerten Gegensatz zwischen Demokratie und Staat; ein Ergebnis, das sich als eine untergründige Dimension des Werks von Marx erweist, dazu bestimmt, entsprechend den Erfordernissen und Geboten des Ereignisses wieder in Erscheinung zu treten. Ist dieser Gegensatz, die Aufdeckung des Konflikts zwischen Demokratie und Staat, nicht bis zu einen gewissen Punkt die Triebfeder des zeitgenössischen machiavellischen Moments – etwa beim Rätestaat von Hannah Arendt oder bei der Idee der libertären Demokratie von Claude Lefort? Als hätte das Werk von Marx, aus dieser Perspektive betrachtet, eine der lebendigen, aktiven Kräfte der Moderne seit der Französischen Revolution zum Ausdruck gebracht. Hat nicht tatsächlich seit diesem Ereignis jeder revolutionäre Bruch von 1848 bis 1956 in Budapest das Ziel und die Aufgabe, daran zu erinnern, dass die Emanzipation in ihrem vielfältigen Aufbegehren und ihren demokratischen Kundgebungen auch gegen den Staat gerichtet ist und sich unerbittlich gegen diesen auflehnt? Die demokratische Revolution muss sich, will sie der modernen Idee der Freiheit gerecht werden, ständig mit dem Problem des Staates auseinandersetzen. Seit dem Sturz der bürokratischen Systeme, die vorgaben, sozialistisch zu sein, ist die Frage der Freiheit zur vordringlichsten Frage geworden, zur Grundfrage. Die Frage der Emanzipation ist absolut aufrechtzuerhalten. Aber ist es eigentlich notwendig, an ihrer Aufrechterhaltung zu arbeiten? Reicht es nicht, sich auf die Spontaneität »der Menschen, die die Erde bewohnen«, zu verlassen, um sie durch sie aufrechtzuerhalten, trotz aller Hetzparolen, die regelmäßig behaupten, sie zu liquidieren? Um den Liquidatoren mehr Bescheidenheit einzuflößen, genügt es, sie an die 1830er Jahre zu erinnern, als unter der Julimonarchie die »hohen Herren« von der Höhe ihres Postaments herab verkündeten, dass die Ära der Revolutionen nunmehr abgeschlossen sei. Ist die Frage der Freiheit vorrangig? Wenn es gilt, die politische Frage in ihrer Gesamtheit wiederzuentdecken, als unverbrüchliche Einheit von Gerechtigkeit und Freiheit, dann gilt es auch, der Freiheit die Priorität einzuräumen, der Einrichtung eines freien Gemeinwesens, oder vielmehr zu postulieren, dass es die Freiheit ist, über die man zur Gerechtigkeit gelangen kann oder muss, über die man die Forderungen nach Gerechtigkeit befriedigen kann. Die Verbindung zwischen Gerechtigkeit und Freiheit ist folglich so beschaffen, dass die Option für Gerechtigkeit den rückwirkenden Effekt hat, die Transformation der Freiheit in eine draufgängerische und rücksichtslose Autonomie zu verhindern.

Mit der Permanenz des Staatsproblems vor Augen kommen wir auf Marx' These in dem Manuskript von 1843 zurück. Was können wir hiervon behalten? Das Dispositiv, das er beschreibt, ist in doppelter Hinsicht wertvoll. Zunächst aufgrund der Verbindung, die er zwischen der Entwicklung der wahren Demokratie, ihrer Einführung und dem Verschwinden des Staates herstellt. Je näher die

Demokratie ihrer Wahrheit kommt (aber erlangt eine politische Gemeinschaft jemals ihre Wahrheit?), desto mehr nimmt der Staat ab und unterliegt einem Prozess des Verschwindens, das heißt, er hört auf, als Teil, der als das Ganze gelten will, seine Wirkung und Herrschaft zu entfalten. Dieses Verschwinden ist weit davon entfernt, eine vollkommene Vergesellschaftung anzustreben, die mit einem Wegfall des Politischen verbunden wäre, so als könnte man sich dieses ersparen; vielmehr wird das Politische aufrechterhalten, aber nur als Moment, in einer Koexistenz mit anderen Sphären des Sozialen, mit anderen Momenten der Verobjektivierung des wirklichen Subjekts, des Volkes.

Sodann ist im marxschen Denken von 1843 der Platz bemerkenswert, den er der Arbeit der Reduktion einräumt, auf die wir hier ein letztes Mal zurückkommen. Die Reduktion stellt das Herzstück der wahren Demokratie dar. Dank der Reduktion offenbart sich die Heterogenität der Demokratie, der Bruch, den sie mit dem Staat vollzieht, während die anderen Politikformen, sogar die Republik, den Staat nur reproduzieren und ihn damit zugleich stärken. Unter der Reduktion muss man, wie wir wissen, eine zweifache Bewegung verstehen: erstens eine interpretierende, bei der es darum geht, zu sagen und zu erkennen, was das Subjekt seinem Wesen nach ist, was das Subjekt ist, das in der politischen Verobjektivierung zum Ausdruck kommt; zweitens eine begrenzende, da es, wenn diese Erkenntnis gewonnen ist, darum geht, das rechte Maß der politischen Verobjektivierung zu finden, sie auf ihre Grenzen einzuschränken, auf ein Moment – und nur ein Moment – im Dasein des Volkes. Mittels der Reduktion kann das politische Prinzip die Anmaßung des Staates – die in Entfremdung umschlagende Verobjektivierung – vermeiden und durch diese vermiedene Entfremdung gleichzeitig in sämtliche Sphären der Gesellschaft Einzug halten, wodurch es zu einer Artikulation des Politischen und des Gesellschaftlichen kommt. Dass das politische Moment auf das zurückgeführt wird, was es ist, ist tatsächlich der Grund dafür, dass es auf sämtliche Sphären des Gesellschaftlichen ausgedehnt werden kann, um sie zu durchdringen, indem es dort ein demokratisches Handeln in Umlauf bringt. Das Paradox der Reduktion lautet so: Die Blockade, die sie vornimmt und die die Transfiguration des politischen Elements in die Staats-Form verhindert, macht die Ausbreitung dessen möglich, was auf dem Spiel steht und sich in der politischen Sphäre zeigt – eine Erfahrung der Universalität, die Negation der Herrschaft, die Nicht-Herrschaft, die Konstitution eines isonomischen öffentlichen Raums –, so als könnte sich das auf diese Weise mit neuer Energie versehene demokratische Handeln im öffentlichen Raum als solches phänomenalisieren und sich im Ganzen des Volkslebens modalisieren. Einzig diese Generalisierung des demokratischen Handelns legt hier von der Einheit des Allgemeinen und des Besonderen Rechenschaft ab – und nicht die Anwendung einer einheitsstiftenden Form nach dem Modell der Vernunft.

Die so beschriebene wahre Demokratie bildet das Gegenkonzept, den Gegenangriff zu dem, was Georg Simmel die Tragödie der Kultur nennt, innerhalb derer der Staat als Form eine herausragende Rolle spielt. Aus der Perspektive einer Lebensphilosophie weist Simmel tatsächlich auf eine unüberwindbare Aporie hin. Das Leben kann nur dank etwas zum Ausdruck kommen, das, sobald es diesen Ausdruck erlangt hat, sich als dessen Gegenteil entpuppt, als eine dem Leben feindliche Kraft. »Das Leben ist unlöslich damit behaftet, nur in der Form seines Widerspiels, das heißt in einer Form in die Wirklichkeit zu treten.«[185] Ein unauflösbarer Widerspruch, da das Leben auf der einen Seite nur ein Phänomen werden und zu seiner eigenen Existenz finden kann, wenn es eine Form hat; und da auf der anderen Seite die Bewegung einer Form von dem Augenblick an, in dem sie in Erscheinung tritt, darin besteht, ein Eigenleben zu führen, sich von der lebendigen Kraft, die sie geschaffen hat, zu lösen, um die ihr innewohnende Logik zu entfalten, sich zu verselbständigen, so dass sie über die Ablösung hinausgeht und sich gegen das Leben wendet. Dieser Konflikt wird aus dem Kontrast geboren, der zwischen den Qualitäten des Lebens – Dynamik, unablässiger Erlebnisstrom, Impuls, überbordende Spontaneität – und den Merkmalen der Form herrscht, die als Kristallisation wie eine konservative Kraft handelt, die das Ziel verfolgt, den Zusammenhalt des Ganzen zu bewahren. Als Bedingung der Möglichkeit, Dasein zu erlangen, transformiert sich die Form, die dem objektiven Geist angehört, in ein »Ding«, das wie ein Gefängnis ist, eine »Boa constrictor«, würde Marx sagen, die einen umschlingt und erstickt.

> Sie [die Formen] sind Gehäuse des schöpferischen Lebens [...]. Sie zeigen eine eigene Logik und Gesetzlichkeit, einen eigenen Sinn und Widerstandskraft, in einer gewissen Abgelöstheit und Selbständigkeit gegenüber der seelischen Dynamik, die sie schuf; im Augenblick dieses Schaffens entsprechen sie vielleicht dem Leben, aber im Maße seiner Weiterentfaltung pflegen sie in starre Fremdheit, ja Gegensätzlichkeit zu ihm zu geraten.[186]

---

185 Georg Simmel, *Der Konflikt der modernen Kultur*, München und Leipzig: Duncker & Humblodt, 1921, S. 28.

186 Ebd., S. 3.

Man kann somit Marx in die Sprache Simmels übersetzen: Die Staats-Form verselbständigt sich, entfaltet ihre eigene Logik (Herrschaft, Totalisierung, Aneignung des Namens des Einen), bis sie in ihrer Arroganz die Quelle vergisst, der sie entspringt, sich gegen das Leben des Volkes richtet und darin jegliche Arten des Ausdrucks, die nicht ihrer Perspektive entsprechen, zerstört. Kurz, es gibt einen strukturellen Konflikt zwischen der Logik des Staats auf der einen Seite und der Logik der Demokratie auf der anderen. Dieser Vergleich der beiden Denker ist umso mehr gerechtfertigt, als schon Simmel seinerseits bemerkt hat, in welchem Maße gewisse Beschreibungen des ökonomischen Lebens von Marx – vor allem der Warenfetischismus – perfekt mit der Trägödie der Kultur korrespondieren, mit dem Paradox einer Verbindung, deren Elemente einander widersprechen und gleichzeitig voneinander untrennbar sind.[187] Die Tragödie der Kultur existiert für Marx jedoch nicht nur im Bereich der Ökonomie; das Manuskript von 1843 zeigt, dass er sie auch im politischen Feld zu entdecken vermochte. Eine einzige Einschränkung muss bei dieser Gegenüberstellung gemacht werden: Was Simmel im Rahmen einer Lebensphilosophie gedacht hat, hat Marx aus dem Blickwinkel einer Philosophie der Tat gedacht. Was Simmel der Dynamik des Lebens, ihren spontanen Impulsen zuschreibt, findet sich bei Marx in Form eines Handelns, das sich nicht in dem Akt, der immer über sich hinausgeht, erschöpft, sondern bereit ist, sich wieder in die Gewalt zu bekommen, um erneut in Gang zu kommen und weiterzugehen.

Kommen wir auf die Demokratie zurück. Aus diesem

187 Georg Simmel, *Sociologie et épistémologie*, Introduction de Julien Freund, Paris, PUF, 1981, S. 43.

Umweg über Simmel geht hervor, dass es wesentlich befriedigender ist, sie entsprechend dem Schema zu denken, auf das Marx rekurriert, um die Pariser Kommune zu definieren, als entsprechend dem Schema von 1843: als Konflikt und weniger als Prozess. Tatsächlich ist die Demokratie nicht so sehr die Begleiterscheinung eines Prozesses, der in einem alles in allem glatten Raum ohne Unebenheit den Untergang des Staates herbeiführt, als die entschlossene Einrichtung eines konfliktuellen Raums, eines Raums *gegen*, einer gegnerschaftlichen Bühne, auf der zwei antagonistische Logiken aufeinandertreffen und sich pausenlos ein Kampf zwischen der Verselbständigung des Staates als Form und dem Leben des Volkes als Tat abspielt. Ein Kampf, bei dem die Demokratie alles zu gewinnen hat, indem sie weiß, dass ihr ständiger Gegner die Staats-Form ist, die Vermessenheit des Staates als organisatorische Form; und ihre Waffe in diesem Kampf ist die Reduktion. In einer ersten Phase geht es darum, den Staat zu zwingen, anzuerkennen, dass »die Demokratie das aufgelöste Rätsel aller Verfassungen ist«, dass, welche Form er auch immer hat, sein Ursprung in der Souveränität des Volkes liegt, im Volk als Handeln. In einer zweiten Phase, nachdem die dem Staat immanente Logik – Verselbständigung, Totalisierung, Herrschaft – deutlich gemacht wurde, geht es darum, die Reduktion umzusetzen, um die Verfassung wieder an den ihr angemessenen Platz zu rücken, sie auf ein Moment – und nur ein Moment – im Dasein des Volkes zu reduzieren, und dank des Raums, der so wiedererobert wurde, den Weg zur Einrichtung einer demokratischen Gesellschaft zu eröffnen. Folgt man der Konfrontation dieser beiden Logiken, scheinen wir weit entfernt zu sein von den idyllischen Träumen von einem demokratischen Staat, deren Theoretiker wie

»Schlafhändler« erscheinen, die Illusionen vertreiben, die sich als umso trügerischer erweisen, wenn man sich den Ursprüngen der Demokratie zuwendet. Denn auf was stoßen wir an ihrem Anfang, wenn nicht auf eine kontinuierliche Auflehnung gegen den Staat?

Wir haben es schon mit Blick auf die Pariser Kommune festgestellt: Bei der Konstitution dieses politischen Raums ist das *Gegen* entscheidend. Es ist die Position des *Gegen*, der sich die einzigartige Institution des demokratischen Gemeinwesens verdankt, die dem Konflikt die schöpferische Kraft der Freiheit verleiht, die ihm bereits Machiavelli und Montesquieu zuerkannt hatten, indem sie die fortwährenden Kämpfe zwischen Senat und Volk als Chance zur Freiheit in Rom würdigten. Dieser als Generator der Freiheit fungierende Konflikt hat sich vervielfacht: Zu diesem politischen Raum, in dem sich die antagonistischen Pole formieren, in dem die Streitgegenstände zum Ausdruck kommen, in dem die Kämpfe organisiert werden, kommt ein neuer essenzieller Konflikt hinzu, der zwischen Staat und Demokratie. Dies nicht nur, weil die Großen den Staat erobern und das Volk sich gegen die Großen auflehnt, sondern weil der Staat für die Demokratie eine ständige Gefahr der Ausartung darstellt. Es reicht, dass die Demokratie dem Staat freies Feld lässt, und schon bläht sich dieser auf und will schließlich als einigende Form fungieren. Weit davon entfernt, die harmonische Ergänzung der Demokratie oder der Rahmen zu sein, auf den sich die Demokratie nützlicherweise stützen könnte, entpuppt sich der Staat für die Demokratie als Organ ihres Untergangs. Indem er in seiner Autonomie erstarrt, indem er sich selbst für ein Ganzes hält, stellt er eine Gefahr für das Ganze dar. Daher herrscht ein wechselseitiger Kampf zwischen Demokratie und Staat: Wenn die wahre Demokratie den Untergang des Staates anstrebt oder vielmehr gegen den Staat kämpft, dann degeneriert, umgekehrt, die Demokratie dort, wo der Staat wächst, bis zu dem Punkt, an das Nichts zu grenzen. Indem die Staats-Form an Terrain gewinnt, tritt sie an die Stelle des Lebens des Volkes und präsentiert sich als eine organisierende und totalisierende Form. Den Kampf der Demokratie gegen den Staat beantwortet der Staat mit dem Kampf gegen die Demokratie.

Demokratie gegen den Staat? Diese Formulierung deckt ein großes Spektrum von Situationen ab. Wir wollen die beiden typischsten Revue passieren lassen:

– Entweder den altgewohnten Stoff der modernen Geschichte: Der Staat ist immer schon da, wie eine zwangsläufig bestehende Form, die aus der menschlichen Gesellschaft eine zweite Natur machen will, deren Gesetzen man sich zu fügen hat; dieser ersten Kristallisierung, die in einer historisch spezifischen Form gegeben ist, widersetzt sich die Demokratie zum Beispiel, wenn denn Demokratie stattfindet, in einem gewissen Maß und strebt danach, den Staat zu begrenzen, indem sie den Absolutismus, eine willkürliche Ausübung der Macht – den Polizeistaat – durch das ersetzt, was die deutsche und die französische Tradition als Rechtsstaat (État de droit) bezeichnen. In diesem Fall fordert man zu einer gemäßigten Ausübung der Demokratie auf, wohltemperiert, dazu bestimmt, eventuellen autoritären Tendenzen des Staates entgegenzuwirken.
– Oder eine revolutionäre Situation, bei der der Antagonismus von Demokratie und Staat in aller Klarheit zutage tritt. Wenn der Staat von der Knechtschaft nicht zu trennen ist, ist umgekehrt die demokratische Revolution untrennbar mit der Zerstörung oder dem Ver-

such der Zerstörung der Staatsmacht verbunden. Dies ist eine der grundlegenden Dimensionen der großen revolutionären Krisen der Moderne, bei denen man unter verschiedenen Namen gegensätzliche revolutionäre Traditionen aufeinanderprallen sieht. Einerseits die jakobinische Tradition, die unter dem Deckmantel der Revolution auf ein Erstarken des Staates oder auf die Errichtung einer neuen Form des Staates abzielt; andererseits die kommunalistische oder Rätetradition, die im Unterschied zu der zuvor genannten und gegen diese die Aufgabe der Revolution in der Zerschlagung der Staatsmacht sieht, um sie durch eine neue, noch zu erfindende Form eines politischen Bandes zu ersetzen. Das revolutionäre Moment, das in diesem Sinne aufregend ist, stellt ein facettenreiches Konfliktfeld dar, da die Demokratie innerhalb der Revolution gegen mindestens zwei Gegner kämpft. Sie lehnt sich nicht nur gegen den Staat des »Ancien Régime« auf, sondern auch gegen den, der im Laufe der Revolution selbst *in statu nascendi* ist. Das Problem des Staates, das sich im Herzen des Phänomens der modernen Revolutionen befindet, stellt uns vor eine entscheidende Wahl: Entweder wird die Demokratie als ein initiales Moment verstanden – als ein schöner Sonnenaufgang, der die Herzen der Akteure oder Zuschauer vor Begeisterung höher schlagen lässt, aber dazu bestimmt ist, langsam zu vergehen, um einem neuen, rationalisierten und perfektionierten Staat Platz zu machen; oder die Demokratie wird als eine kontinuierliche Instituierung des Gesellschaftlichen verstanden und praktiziert, die sich entwickelt und weiter ausbaut, indem sie gleichzeitig an zwei Fronten kämpft: gegen den Staat des »Ancien Régime« und gegen den neuen Staat, stets auf der Hut, dem Moment vorzubeugen, in dem die Revolution umschlägt und die Revolutionäre ihrerseits zu Großen werden, neue Große, die wie ihre Vorgänger begierig sind, das Volk zu beherrschen. Für den Revolutionsführer, der seinerseits gleichzeitig gegen das Ancien Régime kämpft und gegen die »verkehrte Welt«, die seine Vormachtstellung bedroht, geht es in der Tat darum, die Macht zu erobern, und nicht darum, sie zu zerschlagen.

Demokratie gegen den Staat kann für uns eine Sensibilisierung für jene eigentümliche Form politischer Erfahrung bedeuten, die, indem sie sich in der Zeit und in der Wirklichkeit entwickelt, sich politische Institutionen gibt – eine Weise des Seins des Politischen, um mit Jacques Rancière zu sprechen –, in denen die Verfassung des kollektiven Volkswillens – das politische Sein – zum Ausdruck kommt, seine Einheit, ohne dabei dem Umstand der Vielheit Abbruch zu tun. Eine Erfahrung, die sich gleichzeitig, um ihre Institutionen, die demokratische Instituierung des Gesellschaftlichen, zu schützen, unablässig gegen den Staat auflehnt, indem sie *in actu* die Möglichkeit unter Beweis stellt, dass die Teilung in Regierende und Regierte überwunden oder quasi auf ein Nichts reduziert werden kann, dass man einen öffentlichen Raum und einen politischen Raum erfinden kann, der im Zeichen der Isonomie steht. Kurz, eine Transformation der Macht in die Kraft, im Konzert zu handeln, oder, wenn man dies bevorzugt, ein Übergang der Macht *über* zu einer Macht *mit* den Menschen und *zwischen* den Menschen, wobei das *Dazwischen*-Seiende der Ort ist, der die Möglichkeit zu einer gemeinsamen Welt birgt.

Wir haben gesagt, dass zwischen Demokratie und Staat ein wechselseitiger Kampf herrscht. Die Demokratie muss umso mehr gegen die Staatsmacht kämpfen, als jene die

Demokratie bedroht oder sogar zerstören möchte. Daher ist die quasi automatische Assoziierung, die der allgemeine Sprachgebrauch zwischen Demokratie und Rechtsstaat vornimmt, wonach das eine die Erfüllung des anderen ist, der Kritik zu unterziehen. Mit vollem Recht prangert Jacques Rancière in *Das Unvernehmen* diese Identifikation an, die zudem auf einer Definition der Demokratie beruht, die ausschließlich in den Begriffen des Regierungssystems formuliert ist. Über die Ablehnung dieser Identifikation hinaus können wir aber noch einen Schritt weiter gehen, da zwischen dem Rechtsstaat und der demokratischen Instituierung des Gesellschaftlichen ein echter Widerspruch herrscht. Betrachtet man das Schicksal des Rechtsstaats in der Moderne, dann beobachtet man eine perfekte Illustration der Arroganz des Staates und ein Beispiel für die »Tragödie der Kultur« im Feld des Politischen. Zu Beginn ersonnen, um die Willkür der Macht zu begrenzen und den Status des Individuums zu schützen, indem die Wege, die der Staat zur Verfolgung seiner Ziele einzuschlagen hat, im Voraus abgesteckt werden, hat der Rechtsstaat – die Substitution des Handelns der Menschen durch die Norm – im Laufe seiner Entwicklung eine Reihe von inneren Widersprüchen erfahren, die ihn in gewisser Weise von innen heraus zerstört oder ihn zumindest seinem ursprünglichen Sinn nach entleert haben.

Zur Reihe der schädlichsten Widersprüche kann man einen der Effekte des Perfektionismus des Rechtsstaats zählen, der ihn dazu treibt, die Ausnahmen zu seinen eigenen Prinzipien der Norm zu unterwerfen. Während der Rechtsstaat ersonnen wurde, um die Hände der Macht zu binden, endet er damit, sie loszubinden, sofern dies in einer normativen Form getan wird, unter Respektierung der Normativität. Im Ergebnis produzieren diese inneren

Widersprüche eine wahrhafte Verkehrung der ursprünglichen Institution: Die Herrschaft der Normen, die ursprünglich dazu gedacht war, die Macht zu begrenzen, nährt die Illusion eines juristischen Perfektionismus, der bis zur Verabsolutierung reicht, bis zur Begründung einer lückenlosen Macht. Walter Leisner schreibt in einer bemerkenswerten kritischen Studie: »Der Rechtsstaat strebt seinem Wesen nach einen normativen Perfektionismus an [...]. Und wenn der *Rechtsstaat* perfekt sein möchte, muss er überall sein [...]. Legalität ist ein absoluter, wenn nicht totalitärer Begriff, wer nicht für sie ist, ist gegen sie. Der *Rechtsstaat* ist nicht nur expansiv, er könnte nicht anders denn als absoluter Wert existieren.«[188] Anstatt wie ein regulatives Ideal betrachtet und praktiziert zu werden, verwandelt sich der Rechtsstaat in ein geschlossenes System, das die Vertikalität der juristischen Normen, ihre pyramidale Organisation bereitstellt, um eine neue Konzentration der Macht hervorzubringen, eine unitarische und hierarchische Macht, die sämtliche Formen von Autonomie missachtet. Die Kritik endet mit der Schlussfolgerung: »Sobald der *Rechtsstaat* zu einem System wird, gibt es innerhalb der Organisation der Gemeinschaft Formen des Absoluten, die nicht aufhören, sich zu perfektionieren, bis die Grundlagen der Freiheit zerstört sind.«[189] Eine exemplarische Situation, in der wir den zuvor bemängelten Mechanismus wiederfinden: die Verselbständigung der Form, die Aufblähung eines Moments zu einer organisierenden Form, die das Feld der Konfrontation von Demokratie und Staat absteckt. Als Kompromissfor-

---

188 Walter Leisner, »L'État de droit, une contradiction«, in: *Recueil d'Études en hommage à Charles Eisenmann*, Paris: Éditions Cujas, 1975, S. 67.

189 Ebd., S. 79.

mel zwischen dem Absolutismus und der aufkeimenden Demokratie hat sich der Rechtsstaat seinerseits in einen neuen Absolutismus gegen die Demokratie verwandelt. Er hat dem freien Lauf gelassen, was Anne-Marie Roviello so treffend als *hubris* der Form bezeichnet, wenn sich die Form für das Ganze des Rechts hält.[190] Was bleibt der Demokratie angesichts dieser Ausartung ins »Despotische«, die sie unter dem Deckmantel, die Individuen zu schützen, unablässig bedroht, wenn nicht, die Widersprüche dieses Staates aufzuzeigen und eine Reduktion durchzuführen, die dazu bestimmt ist, den Rechtsstaat wieder an »seinen Platz« zu rücken, ihm wieder das rechte Maß zu geben. Der Frage der Reduktion-Resolution unterworfen, offenbart der Rechtsstaat seine ursprüngliche Unvollkommenheit und erscheint als das, was er ist: ein Dispositiv, das bestrebt ist, das Individuum der Willkür der Macht zu entziehen, das folglich von Anfang an den Standpunkt des juristischen Schutzes des Individuum einnimmt und nicht den der Erfindung eines *vivere civile*, eines politischen Handelns, das auf die Schaffung eines öffentlichen Raums und die Konstituierung eines Volkes von Staatsbürgern ausgerichtet ist. Der Rechtsstaat offenbart so, dass er mehr dem juridisch-liberalen Paradigma angehört als dem staatsbürgerlichen und republikanischen. Aber für die Demokratie geht es nicht so sehr darum, sich zu entformalisieren – oder jegliche Form abzulehnen –, denn die Demokratie kennt Formen, als darum, Letzteren eine andere Zukunft zu eröffnen als die, die zur Verselbständigung und Verabsolutierung führt, insoweit die Form, sofern sie sich ihrer Grenzen bewusst bleibt, zwischen der

190 Anne-Marie Roviello, »L'État de droit et la question de formalisme«, in: *Les Cahiers de philosophie*, Nr. 18: *Les choses politiques*, Winter 1994-1995, S. 103-123, vor allem S. 112 f.

formalen und der materialen Gerechtigkeit einen unüberwindbaren Unterschied wahrt.

Stehen wir am Ende unseres Weges nicht vor einem erstaunlichen Paradox, das uns tatsächlich so verblüfft, dass es sich unserer Wahrnehmung entzieht, obgleich es vor uns offen zutage liegt?

Dieses Paradox ist das der Demokratie, das die Qualifizierung »wild«, die ihr Claude Lefort zugeschrieben hat, am besten offenbart.[191] Die Demokratie, die so oft domestiziert und banalisiert wird, ist, wie wir gesehen haben, eine eigentümliche Form der Erfahrung. Sie begründet das Gesellschaftliche politisch und lehnt sich gleichzeitig gegen den Staat auf, so als ginge es für die Demokratie bei diesem Widerstand, bei dieser Revolte und ihrem Aufwallen nicht darum, das Ende der Politik herbeizuführen – ihr Verschwinden –, sondern darum, auf eine äußerst fruchtbare Weise eine Bresche zu schlagen, die eine unablässige Neuerfindung der Politik erlaubt, jenseits des Staates, ja gegen ihn. Um dieses Paradox zu ergründen, wollen wir uns dieser spezifischen Instituierung des Gesellschaftlichen zuwenden; was finden wir dort?

Zunächst ein Wiederaufleben der Frage des Politischen, die in ihrer Aktualisierung das Rätsel des Sozialen, das Rätsel dessen, was die Menschen miteinander verbindet, ans Licht bringt, um es neu zu formulieren.[192] Sodann die Wiedererfindung des politischen Bandes im Kampf gegen den Staat selbst, als würde eine zirkuläre Verbindung diese zwei Momente miteinander verknüpfen. In dieser

191 Ich erlaube mir, auf meinen Artikel »›Wilde Demokratie‹ und das ›Prinzip der Anarchie‹« zu verweisen, in: *Les Cahiers de philosophie*, Nr. 18: *Les choses politiques*, Winter 1994-1995, S. 125-149; erneut veröffentlicht in vorliegendem Buch, S. 227ff.

192 Siehe Marc Richir, *Du sublime en politique*, Paris: Payot, 1991.

Hinsicht ist die Französische Revolution exemplarisch: Sie stellt eine politische Bühne dar, auf der der Kampf des Volkes an mehreren Fronten entbrennt: gegen die Monarchie des Ancien Régime, aber nicht weniger heftig gegen den neuen Staat, der stets im Begriff des Entstehens ist. Erlaubt dieser Kampf nicht eine neue Interpretation der Revolution? Wenn man sich dafür entscheidet, die Aufmerksamkeit auf den Kampf gegen den Staat zu richten, kann man dann nicht, anstatt klassisch eine aufsteigende Kurve zu verbuchen, die je nach Interpretation im Dezember 1793 oder Februar/März 1794 endet, und eine absteigende Kurve, die mit einem dieser Daten beginnt und bis zum Staatsstreich des 18. Brumaire geht, eher eine Reihe von aufeinanderfolgenden Wellen erkennen, eine Reihe von immer wieder neuen Anstürmen gegen die Macher des Staates, die Gesetzgeber, die aufeinander folgten und allesamt den Ehrgeiz teilten, die Revolution für beendet zu erklären – der König, die Monarchien, Lafayette, Mirabeau, die Girondisten, Danton, Robespierre, die Direktoren. So als sei eine riesige Welle aus den Tiefen der unter der offiziellen Revolution verborgenen unbekannten Revolution aufgebrandet und hätte versucht, die immer wieder neu aufgebauten »Bastilles« niederzureißen, bis die Ermattung der Vernunft und die Erschöpfung der Willenskraft es einem General, der den letzten revolutionären Ansturm niedergeschlagen hat, den von Babeuf, gestatteten, die zehn Jahre der Revolution zu beenden, um alsbald die Ära der Imperialkriege einzuläuten.

Hat Hegel nicht verbittert oder insgeheim zufrieden zu Beginn der 1830er Jahre, kurz vor seinem Tod, prophezeit, was am 14. Juli 1789 begonnen hat, ist noch lange nicht zu Ende?

Diese Interpretation ist nicht ohne Belang. Wenn man

sie akzeptiert, kann man darin eines der Prinzipien der demokratischen Instituierung des Gesellschaftlichen sehen. Wenn der Anfang der demokratischen Revolution so definiert wird, heißt das, dass der Kampf gegen den Staat im demokratischen Dasein ständig gegenwärtig ist. Das bedeutet auch, dass die Demokratie, wie Machiavelli mit Blick auf die Religionen und die Republiken unterstrichen hat, ihr Prinzip nicht vergessen darf, wenn sie sich ihre ursprüngliche Lebendigkeit erhalten will, und es verstehen muss, darauf zurückzukommen, um der Abnutzung durch die Zeit und dem Einfluss des Staates, der immer da ist, zu widerstehen.

Um zu dieser Eigentümlichkeit der Demokratie Zugang zu finden, sollte man nicht nur die Ideologien des Konsenses zurückweisen, vor allem die des Konsenses zwischen Demokratie und Staat, sondern auch die Idee des Konflikts entbanalisieren, sich davor hüten, sie zum Kompromiss zu drängen, und dem Konflikt stattdessen ein maximales Gewicht geben; das heißt, es ist immer möglich, dass unter den Menschen der Kampf ausbricht und die ursprüngliche Teilung zum Vorschein kommt, die die Gefahr der Spaltung, der Zersplitterung des Sozialen mit sich bringt. Wenn der Staat, wie uns Hegel gelehrt hat, als System der Vermittlung, für Integration und Versöhnung jenseits der Konflikte der bürgerlichen Gesellschaft steht und die Funktion der staatlichen Ordnung genau darin besteht, das Volk als Träger wilder und daher die Grenzen der Gesellschaft sprengender Forderungen zu integrieren: »in ihm [im Staat] soll sich kein Moment als eine unorganische Menge zeigen«,[193] enthält die demokra-

193 Georg Wilhelm Friedrich Hegel, *Grundlinien der Philosophie des Rechts oder Naturrecht und Staatswissenschaft im Grundrisse*, § 303, in: *Werke in zwanzig Bänden*, herausgegeben von Eva

tische Revolution dann nicht ihrerseits, als Revolution, notwendig eine Bewegung gegen den Staat, gegen diese irreführende Versöhnung und trügerische Integration? Die Demokratie ist, so paradox das erscheinen mag, eine Form von politischer Gesellschaft, die über den Kampf der Menschen ein menschliches Band stiftet und, indem sie dies tut, wieder an den Ursprung der immer wieder neu zu entdeckenden Freiheit anknüpft.

Befinden wir uns in einem machiavellischen Moment? Wenn das der Fall ist, muss es sich dann nicht im Zusammentreffen des »politischen Prinzips« mit einem libertären Geist herausbilden, indem jede der beiden Parteien einen Schritt auf die andere zugeht?

Insofern wir das Erdbeben der totalitären Herrschaft untersucht haben, sehen wir auf der einen Seite einen schwachen Sonnenstrahl durchbrechen, eine Erneuerung des libertären Denkens oder vielmehr eine erneute Orientierung an dem, was nie aufgehört hat, die moderne Politik umzutreiben. Als hätten die Prüfung des Totalitarismus, die angehäuften Trümmer in der Konsequenz neue Anforderungen an ein Denken der Freiheit zutage gebracht: Wie kann die Freiheit nicht gegen, sondern mit dem Gesetz gedacht werden, in Einklang mit dem Willen nach Freiheit, aus dem es geboren wird; wie kann die Freiheit nicht länger gegen die Macht, sondern mit der Macht gedacht werden – mit einer Macht, die anders verstanden wird, nämlich als Handeln im Konzert. Vor allem, wie kann sich die Freiheit nicht länger gegen das Politische stellen, so als ginge es darum, sich davon zu befreien, sondern wie ist das Politische nunmehr selbst der Gegenstand

---

Moldenhauer und Karl Markus Michel, Frankfurt/M.: Suhrkamp Verlag, 1979, S. 473.

des Wunsches nach Freiheit. Die in diesem Geist mit neuem Leben erfüllte Politik wird fernab von jedweder Idee einer Lösung gedacht und ersehnt; sie wird als eine nie zu einem Abschluss kommende Frage nach der Welt und nach dem Schicksal von uns Sterblichen praktiziert.

Muss sich, auf der anderen Seite, das Prinzip der Politik, außer dass es den Rückgang auf das Prinzip selbst, auf die *arché*, in Frage stellen muss, nicht genau von der von ihrer rein politischen Bedeutung gelösten Idee der *Anarchie* beeinflussen lassen, von den Störeffekten, die sie entfaltet, indem sie die Linien einer negativen Dialektik zeichnet? Weit davon entfernt, dass der Staat die Demokratie umfasst, so als könne er sie einschließen, indem er sich mit ihr identifiziert, ist es die Demokratie, die fern von jeglicher *arché* die Grenzen des Staates markiert und, indem sie dies tut, sich gegen die Bewegung der Totalisierung dieser Form, die sich als souverän ausgibt, verwahrt, ja mehr noch sie zunichtemacht. Kann sich der Denker des Politischen von der *Anarchie* bewegen lassen, so wie sie bei den Philosophen eine Wiederkunft erlebt, als Echo des philosophischen Bruchs, ohne Garantien und vorgängige Grenzen – ohne Prinzip –, und wie sie seltsamerweise bei Emmanuel Lévinas erscheint: »Sie [die Anarchie] kann den Staat nur stören – allerdings auf radikale Weise und so, daß dadurch Momente der Negation *ohne irgendeine* Bejahung möglich werden. Der Staat kann sich so nicht zum Ganzen erheben.«[194]

Als Unordnung, die nicht dazu bestimmt ist, eine andere Ordnung zu sein, hat die Demokratie eine irreduzible Bedeutung als Absage an die Synthese, als Absage an

---

194 Emmanuel Lévinas, *Jenseits des Seins oder anders als Sein geschieht*, Freiburg und München: Verlag Karl Alber, 1992, S. 224, Fn. 3.

die Ordnung, als eine in der Zeit erfolgende Erfindung des politischen Bandes, das über den Staat hinausgeht und ihn überschreitet. Denn wenn die Demokratie sich dem Staat widersetzen kann, dann weil das Politische nicht aufhört, dem Staat die Stirn zu bieten, und weil es einen unüberwindbaren Konflikt zwischen Politik und Staat gibt.

Nachtrag

»Wilde Demokratie« und das »Prinzip der Anarchie«[1]

Dieser Aufsatz ist programmatisch. Tatsächlich kann es nur darum gehen, die großen Linien einer möglichen Gegenüberstellung der »wilden Demokratie« im Anschluss an Claude Lefort und des »Prinzips der Anarchie« gemäß Reiner Schürmann zu zeichnen.[2] Ein paradoxales Unternehmen, da die Dimension des Projekts es mit sich bringt, dass man über einen Anfang kaum hinausgelangt, gleichzeitig aber an den Punkt kommt, ein Ergebnis zu formulieren. Für denjenigen, der versucht, das Werk von Claude Lefort zu interpretieren, ist die wilde Demokratie der zwangsläufige Endpunkt, sofern man dieses Denken nicht auf eine dem Protest verschriebene, ja »aufwieglerische« Variante der liberalen Demokratie reduziert. Es ist, als stützte sich der Interpret so auf einen Begriff, der, weit davon entfernt, ihm einen Schlüssel zu dem Werk an die Hand zu geben, ihm sein ganzes Gewicht eines Rätsels aufbürdet.

Der Begriff taucht mehrfach explizit auf, wenn auch unaufdringlich. Doch anstatt die Demokratie zu bestimmen, ihre wesensgleiche Verbindung mit der Unbestimmtheit in Grenzen einzuschreiben, die als Orientierungspunkte dienen können, wirft die Qualifizierung »wild« weitere Fragen auf. Das Adjektiv hallt unter dem

1 Wir haben uns entschieden, diesen Text der Neuauflage des vorliegenden Buches hinzuzufügen, da er aus unserer Sicht die gleichen Fragen behandelt.

2 Reiner Schürmann, *Le Principe d'anarchie. Heidegger et la question de l'agir*, Paris: Éditions du Seuil, 1982.

Substantiv nach, um es in Richtung einer noch größeren Unbestimmtheit, die im Zeichen des Tumults steht, des Unkontrollierbaren, genau gesagt, des Unbezähmbaren, mit sich fortzureißen. Außerdem scheint die Lektüre des Heidegger und der Frage des Handelns gewidmeten Werkes von Reiner Schürmann bestimmte Berührungspunkte zwischen der »wilden Demokratie« und dem, was dieser Interpret Heideggers vollkommen widersprüchlich als »das Prinzip der Anarchie« bezeichnet, erkennen zu lassen. Würde uns dieser Umweg, denn es ist eindeutig ein Umweg über eine »linksheideggerianische« Interpretation, von daher, wenn man die Gegenüberstellung wagt – selbst wenn die Bezugnahme auf Heidegger problematisch ist –, nicht erlauben, die wilde Demokratie in ihrer Differenz wie auch in ihrer Komplexität besser zu erkennen? Der vorgeschlagene Weg gliedert sich so in zwei Etappen:

- Zunächst werden wir versuchen, die wilde Demokratie im Sinne Claude Leforts zu definieren. Diese Arbeit erscheint umso notwendiger, da dieser sehr spezifische Begriff der Demokratie eine wesentliche Ausrichtung von Leforts politischer Philosophie darstellt, die oft mit Schweigen übergangen oder abgeschwächt und allein auf die Bedeutung eines permanenten Protests reduziert wird.
- Sodann werden wir, nachdem Reiner Schürmanns Prinzip der Anarchie dargelegt wurde, die Begriffe für eine eventuelle Gegenüberstellung skizzieren. Wir werden zu zeigen versuchen, in welchem Maße die Betrachtung der Demokratie aus dem Blickwinkel der – als Prinzip verstandenen – Anarchie dazu geeignet ist, ihre »wildesten« Charakteristika zum Vorschein zu bringen, ohne darum die Schwierigkeiten zu verhehlen, die diese Perspektive verursacht oder aufdeckt.

Denn ist streng genommen die Rückkehr zu der Diskrepanz zwischen Anarchie und Prinzip, deren Ausgrabung, nicht das, was uns in die Lage versetzt, dem »wilden Wesen« der Demokratie am nächsten zu kommen?

I
Wilde Demokratie: Versuch einer Definition

Den Kurs Claude Leforts könnte man zusammenfassend als eine ständige, nie endende, da unabschließbare Frage nach dem Neuen unseres Jahrhunderts bezeichnen, das heißt nach dieser noch nie dagewesenen Form der Herrschaft, die der Totalitarismus darstellt. Innerhalb dieser ununterbrochen gegenwärtigen Frage kann man zwei wesentliche Momente der Analyse unterscheiden:

– Eine erste Interpretation, die mit der Zeit von *Socialisme ou Barbarie* (im Falle Claude Leforts von 1947 bis 1958) korrespondiert und die man in dem bedeutenden Artikel von 1956, »Le Totalitarisme sans Stalin«, am besten entwickelt findet.[3] Der Totalitarismus wird in diesem Text dargestellt als eine historisch spezifische Form der Umsetzung des Projekts der Vergesellschaftung, nämlich als bürokratische Ausgestaltung der Vergesellschaftung, die sich die Staatspartei zu Gunsten einer neuen herrschenden gesellschaftlichen Klasse, der Bürokratie, aneignet. Diese erste Kritik des Totalitarismus erfolgt daher aus einer Perspektive, die den Kommunismus als eine Wiederaneignung der menschlichen Gemeinschaft begreift, oder, wenn man dies vorzieht,

3 Claude Lefort, »Le Totalitarisme sans Stalin«, in: *Éléments d'une critique de la bureaucratie*, Paris: Gallimard, 1979, S. 155-235.

vom Horizont einer vollendeten Vergesellschaftung aus, der als Beurteilungsmaßstab dient. Der Totalitarismus wird unwiderruflich verurteilt als Zerrbild der Vergesellschaftung, als Parodie des Kommunismus mit der Dynamik und den Folgen, die dies beinhaltet. Mehr als die »große Lüge«, die von außen auf die Beherrschten einstürzt, sei der Totalitarismus eine Herrschaft der Illusion, an der bis zu einem gewissen Punkt die Beherrschten selbst ihren Anteil hätten.

– Später, im Verlauf einer zweiten Phase der Interpretation, die mit Beginn der 60er Jahre einsetzt, wird nicht mehr die Art und Weise der Ausführung des Projekts der Vergesellschaftung verurteilt, sondern das Projekt selbst verworfen; die kommunistische Idee ist nunmehr selbst Gegenstand der Kritik. Es geht nicht mehr darum, zwischen einer authentischen Vergesellschaftung und ihrem Simulacrum zu unterscheiden, sondern darum, den Willen zur Abschaffung der für die moderne Gesellschaft charakteristischen Trennungen in Frage zu stellen. Der Punkt ist kurz, sich von der Illusion zu verabschieden, dass die gesellschaftliche Erfüllung in der Ungeteiltheit liegt. 1979 schreibt Claude Lefort: »Ebenso gestand ich mir ein, daß [...] die Vorstellung von einer unvollendeten Vergesellschaftung bloß den Mythos einer Ungeteiltheit, einer Homogenisierung und Transparenz der Gesellschaft für sich selbst am Leben hielt, dessen verheerende Folgen der Totalitarismus offenbart hat, als er vorgab, ihn in die Wirklichkeit einzuschreiben.«[4]

In dieser zweiten Phase ist in der Interpretation ein

---

4 Claude Lefort, »Vorwort zu *Élements d'une critique de la bureaucratie*«, in: Ulrich Rödel (Hg.), *Autonome Gesellschaft und libertäre Demokratie*, Frankfurt/M.: Suhrkamp Verlag, 1990, S. 34.

vollständiger Kurswechsel zu beobachten; der politische Horizont erweist sich als ein radikal anderer. Die Kritik erfolgt nicht mehr von einem kommunistischen, sondern von einem demokratischen Standpunkt aus; genauer gesagt, ist die demokratische Revolution, die Claude Lefort analysiert hat, das Maß und der Grund, weshalb er es sich zur Aufgabe macht, diese neue Form der Herrschaft, die die öffentliche Meinung und die Wissenschaft gerne auf ein simples Wiederaufleben des Despotismus oder der Tyrannei reduzieren, in all ihren Dimensionen, selbst den verstecktesten, aufzuzeigen und zu entschleiern. Darüber hinaus reiht sich die Gegenüberstellung von demokratischer Revolution und totalitärer Herrschaft (die ständig von neuem zu machen ist) in eine viel umfassendere Bewegung des Denkens ein, bei der die Abkehr vom Marxismus in ihrer Singularität von der Wiederentdeckung des Politischen begleitet wird. Weit davon entfernt, das Politische als eine notwendig abgeleitete Instanz zu denken, die auf das Ökonomische zurückgeführt wird, das sogar über die Präzision der letzten Instanz und die Sophistiziertheit der Überdetermination verfügt, geht es darum, ein neues Feld der Reflexion zu eröffnen, wo das Politische nunmehr in Verbindung mit der ursprünglichen Teilung des Gesellschaftlichen begriffen wird.

Im Kielwasser eines neu interpretierten Machiavelli (*Le Travail de l'œuvre Machiavel*, 1971) behauptet Claude Lefort, dass sich jedes menschliche Gemeinwesen ausgehend von einer ursprünglichen Teilung eine Ordnung gibt und herausbildet, was in der Teilung des Begehrens am besten zum Ausdruck kommt: der Wunsch der Großen, zu kommandieren und zu unterdrücken, und der Wunsch des Volkes, weder kommandiert noch unterdrückt zu werden – der Wunsch nach Freiheit. Für dieses Politikverständnis ist von daher jede Äußerung des Gesellschaftlichen untrennbar mit der Gefahr der Auflösung, der Teilung, des Selbstverlusts verbunden; als würde jede Manifestation des Gesellschaftlichen damit zugleich die Gefahr seiner Auflösung in sich bergen und diese befördern. So wird uns ein neues Politikverständnis geliefert: Jedes System der Macht oder vielmehr jede Form der Instituierung des Gesellschaftlichen, jedes Handlungsschema wird als eine Antwort auf die Frage verstanden, die sich mit der Einführung des Gesellschaftlichen und der Möglichkeit seiner Auflösung eröffnet, als eine Position oder Positionierung in Bezug auf die Teilung. Die Analyse des Zusammenhangs, den eine Gesellschaft kraft ihrer Existenz – unter der Bewährungsprobe der Teilung – herstellt, ist das, wodurch ihre politische Struktur verständlich wird.[5]

Der vorherige Vorschlag, wonach der Totalitarismus seit den 1960er Jahren an der demokratischen Revolution zu messen ist, entfaltet damit seine ganze Bedeutung. Denn die ursprüngliche Teilung des Gesellschaftlichen und ihre Ausarbeitung, ihre politische Instituierung, bildet die Grundlage für die Unterscheidung zwischen Demokratie und totaler Herrschaft. Der Totalitarismus wird als diejenige Form der Vergesellschaftung definiert, die eine sagenhafte Leugnung der Teilung betreibt und in Konsequenz dessen eine Ablehnung des Konflikts, sei es, weil er behauptet, die Spaltung bereits überwunden zu haben, sei es, weil er sich der Mission verschreibt, eine Teilung zu beenden, die nicht im entferntesten als ursprünglich angesehen wird, sondern als historisch und damit als

5 Siehe Claude Lefort und Marcel Gauchet, »Über die Demokratie: Das Politische und die Instituierung des Gesellschaftlichen«, in: Ulrich Rödel (Hg.), *Autonome Gesellschaft und libertäre Demokratie*, a.aO., S. 96.

reduzibel. Umgekehrt konstituiert sich die Demokratie in der Akzeptanz, mehr noch, in der Zugrundelegung der ursprünglichen Teilung des Gesellschaftlichen. Ist sie nicht jene Form der Gesellschaft, die sich nicht damit zufriedengibt, die Legitimität des in ihr herrschenden Konflikts anzuerkennen, sondern die auch weiß, dass hier die ursprüngliche Quelle für die ständige Neuerfindung der Freiheit liegt? Um die Idee der wilden Demokratie einzuführen, fügen wir hinzu: Die Demokratie ist die Gesellschaftsform, die über das Spiel der Teilung der Frage nach sich selbst, die sich das Gesellschaftliche unablässig stellt, freien Lauf lässt, einer Frage, die immer nach einer Lösung verlangt und – handelt es sich doch um eine Selbstbefragung – dazu bestimmt ist, nie endgültig beantwortet werden zu können. Eine ursprüngliche Teilung des Gesellschaftlichen, die zudem irreduzibel ist, eine rätselhafte Identität des Gesellschaftlichen, eine Erfahrung des Unbeherrschbaren, die sich mit der Teilung des Gesellschaftlichen und seiner Unbestimmtheit in Verbindung bringen lässt: dies ist der begriffliche Horizont, innerhalb dessen man sich der Idee der wilden Demokratie nähern kann.

Bevor wir fortfahren, gilt es, einige unzutreffende Interpretationen auszuräumen:

– Der mit der Demokratie verknüpfte Begriff »wild« impliziert keinerlei Verbindung mit den »wilden« Gesellschaften, die die Ethnologie beschreibt. Wenn diese eine gesonderte Macht ablehnen, so erfolgt das aus einer anderen Logik als der der Demokratie heraus.
– »Wilde Demokratie« verweist noch weniger auf den Naturzustand im Sinne von Hobbes, das Fehlen der Gesellschaft, das Chaos, das nach der Konstitution eines Staates ruft, um dem realen oder virtuellen Kampf aller gegen alle ein Ende zu bereiten.

– »Wilde Demokratie« erinnert vielmehr an die Idee des wilden Streiks, also an einen Streik, der spontan ausbricht, von selbst anfängt und sich »anarchisch« entfaltet, unabhängig von jeglichem Prinzip (*arché*), von jeglicher Autorität – sowie unabhängig von Regeln und etablierten Institutionen – und sich damit als unbeherrschbar erweist. So, als würde »wild« über der Demokratie ein unerschöpfliches Störpotential schweben lassen. Eine »libertäre Idee der Demokratie« zu entwickeln heißt, um die Begrifflichkeit Leforts aufzugreifen, sie als wild zu denken. Der libertäre Bezug, der in *Un homme en trop* näher ausgeführt wird, entzieht sich ideologischen Kategorien; er steht vielmehr für eine Haltung, die sich weder kodifiziert noch in einer Doktrin erstarrt. Libertär ist, wer es wagt zu sprechen, wenn alle schweigen, der öffentliche Widerspruchsgeist, der den Mut hat, die Mauer des Schweigens zu durchbrechen, um der unzeitgemäßen Stimme der Freiheit Gehör zu verschaffen.[6] Die Verknüpfung von libertär und wild beleuchtet die Besonderheit der modernen Demokratie als Institution, wodurch es möglich wird, eine politische Funktionsweise zu begreifen und zu beschreiben, die unmittelbar eine philosophische Bedeutung hat. Als Weigerung, sich der bestehenden Ordnung zu unterwerfen, als »Auflösung der Grundlagen der Gewissheit« eröffnet die Demokratie »eine Geschichte, in der die Menschen die Probe auf eine letzte Unbestimmtheit machen, sowohl was die Grundlagen der Macht, des Rechts und des Wissens als auch der wechselseitigen Beziehungen zwischen

6 Claude Lefort, *Un homme en trop*, Paris: Éditions du Seuil, 1976, S. 34f.

dem Einen und dem anderen in allen Sphären des gesellschaftlichen Lebens betrifft«.[7]

Diese Unbestimmtheit hinsichtlich der Grundlagen ist der eigentliche Berührungspunkt, an dem sich das Libertäre und das Wilde überkreuzen. Noch bevor man versucht, die wilde Demokratie anhand einer Menge von Merkmalen zu definieren, sollte man eher den aporetischen Charakter dieses Unternehmens unterstreichen. Wie soll man das definieren, was jede Definition übersteigt, was dem Unternehmen einer Definition trotzt? Eine positive Aporie, könnte man sagen, denn wenn die »wilde Demokratie« der Begriff ist, den Claude Lefort mehrfach wählt, dann geschieht dies in der Absicht, die Definitionen, die danach streben, die Demokratie auf eine institutionelle Formel, auf ein politisches System oder auf einen Komplex von Verfahrensweisen und Regeln zu reduzieren, besser verabschieden zu können.

Es ist wahr, dass in gewisser Weise niemand die Formel für die Demokratie besitzt und dass sie als wilde Demokratie mehr sie selbst ist. Vielleicht macht das ihr Wesen aus; sobald es keine letzte Referenz mehr gibt, auf deren Grundlage die gesellschaftliche Ordnung begriffen und bestimmt werden kann, ist diese Ordnung ständig auf der Suche nach ihren Grundlagen, ihrer Legitimität, und die Demokratie findet im Protest oder in den Forderungen derer, die von den Vorteilen, die sie bietet, ausgeschlossen sind, ihre effektivste Triebkraft.[8]

Das bedeutet, dass die Demokratie, sofern sie ihrem »wilden Wesen« treu bleibt und sich der Domestikation wi-

---

7 Claude Lefort, »Die Frage der Demokratie«, in: Ulrich Rödel (Hg.), *Autonome Gesellschaft und libertäre Demokratie*, a. a. O., S. 296.

8 Claude Lefort und Paul Thibaud, »La communication démocratique«, in: *Esprit*, 9-10, September-Oktober 1979, S. 34.

dersetzt, weder domestiziert noch domestizierbar ist oder es sein wird. Die Demokratie kann gleich einem reißenden Fluss, der unablässig über seine Ufer tritt, nicht »nach Hause kommen«, sich einer bestehenden Ordnung unterwerfen. Doch kann man von einem »wilden Wesen« sprechen? In gewisser Weise nicht mehr als von einem »Prinzip der Anarchie«.

In beiden Fällen weist der kontradiktorische Charakter dieser Formeln auf die erfinderische Aporie einer neuen Situation hin und ist gleichzeitig auf seine Art ein Zeichen für den Verlust der Grundlagen. Mit Montesquieu gesprochen, würde es nicht mehr so sehr darum gehen, eine Natur zu beschreiben, sondern darum, ein Prinzip zu begreifen, wobei sogleich hinzuzufügen ist, dass im Falle der wilden Demokratie das Prinzip in dem Maße über die Natur obsiegen würde, in dem es den Effekt hätte, die Natur in eine ununterbrochene Bewegung oder in eine neue Art von Natur zu transformieren, deren Besonderheit darin bestünde, niemals mit sich selbst übereinzustimmen, da sie sich ständig selbst überschreiten würde.

Als Widerstand gegen die Domestizierung bezeichnet die »wilde Demokratie« positiv die Gesamtheit der Kämpfe zur Verteidigung der erlangten Rechte und zur Anerkennung der verwehrten oder noch nicht anerkannten Rechte. Trifft sich unsere Analyse in diesem Punkt nicht mit dem großen englischen Historiker E.P. Thompson? Für den Autor von *Die Entstehung der englischen Arbeiterklasse* stellt das Recht, weit davon entfernt, sich auf ein einfaches ideologisches Herrschaftsinstrument reduzieren zu lassen, einen Kampfplatz der Klassen dar, auf dem sich der Wille zu herrschen und auf der Seite des Volkes der Wille, Widerstand zu leisten, gegenüberstehen.

Lefort knüpft hieran an und richtet seinerseits die Aufmerksamkeit auf die permanenten Streitigkeiten, die die Geltendmachung von Rechten innerhalb der demokratischen Revolution auslöst. Er, der uns zuvor aufgefordert hat, die »proletarische Erfahrung« in ihrer Gesamtheit zu denken, ruft uns noch einmal dazu auf, den politischen Kampf – in diesem Fall den für die Demokratie und innerhalb der Demokratie – als ein gesamtgesellschaftliches Phänomen zu begreifen, bei dem das Streben nach einer anderen Form der Gemeinschaft nicht von dem Kampf für das Recht zu trennen ist, und das umso weniger, als die Einforderung des Rechts die Einforderung anderer gesellschaftlicher Verhältnisse mit sich bringt. »Hinzugefügt sei noch, daß hier nicht allein der Schutz der individuellen Freiheiten in Frage steht, sondern das Wesen des gesellschaftlichen Zusammenhangs, und daß dort, wo sich die Sensibilität gegenüber dem Recht verbreitet, die Demokratie notwendig wild und nicht domestiziert ist.«[9]

Ohne Leforts politische Lektüre der Menschenrechte im Detail wiederaufzunehmen, eine Lektüre, die weder ethisch noch individualistisch ist, kann man dennoch kurz darauf hinweisen, dass die Idee der Demokratie durch die und innerhalb der Artikulation des Rechts eine volle libertäre Bedeutung entfaltet – eines Rechts, das nicht mehr als ein Instrument zur Bewahrung der gesellschaftlichen Verhältnisse verstanden wird, sondern als eine revolutionäre Instanz, das heißt als Quelle, im wortwörtlichen Sinne, einer Gesellschaft, die sich in der Suche nach sich selbst konstituiert.

---

9 Claude Lefort, »Vorwort zu *Éléments d'une critique de la bureaucratie*«, a. a. O., S. 47 (die Übersetzung wurde leicht modifiziert).

Die Demokratie ist zunächst wild durch die notwendige Verbindung, die diese Form mit den Menschenrechten unterhält. Indem die Demokratie so an das Subjekt-Mensch gekoppelt ist, das von Rousseau bis Fichte als nicht bestimmt, als ein Nichtsein von Bestimmungen verstanden wird, ist ihr spontan eine Bewegung der Unbestimmtheit zu eigen, denn durch diesen Bezug wird sie durch keine vorgängige Bestimmung *a priori* in ihrer Entfaltung behindert. Unter dem Einfluss der Anerkennung eines Wesens, das die Unbestimmtheit schlechthin ist, ist die Demokratie jene Gesellschaftsform, in der das Recht in seiner Außenstellung gegenüber der Macht immer eine Überschreitung des Bestehenden sein wird, so als würde das Instituierende, kaum dass es gesetzt wurde, wieder auftauchen, um die bestehenden Rechte erneut zu bestätigen und neue Rechte zu schaffen. Eine politische Bühne eröffnet sich, auf der ein Kampf entbrennt zwischen der Domestizierung des Rechts und seiner permanenten Destabilisierung-Rekreation durch die Einbindung neuer Rechte, neuer Forderungen, die man nunmehr als legitim erachtet. Ist nach Claude Lefort das Vorhandensein dieser Streitigkeiten, die immer wieder von neuem aufleben, dieses Durcheinanderwirbeln der Rechte nicht das, was die Demokratie über ihre traditionellen Grenzen des Rechtsstaats hinausträgt?

In der wilden Demokratie kommt die symbolische Dimension der Menschenrechte am besten zum Ausdruck. Im Unterschied zu dem jungen Marx, der in »Zur Judenfrage« die Menschenrechte kritisiert und dabei das Symbolische mit dem Ideologischen verwechselt oder vielmehr das Symbolische auf das Ideologische reduziert, weil er es nicht wirklich denkt, geht Lefort davon aus, dass die Menschenrechte einen wesentlichen Bestandteil der symbolischen Ordnung der modernen Demokratie bilden. Das bedeutet, die Bürger einer modernen Demokratie können das, was sich ihnen als real darstellt, unter anderem über die Menschenrechte erfassen; das Gleiche gilt für die Entdeckung des Selben und des Anderen.

Über das Prinzip der Internalisierung, das sie entstehen lassen, schaffen die Menschenrechte ein neues Rechtsgefühl, ein neues Rechtsbewusstsein. Deshalb ist die Demokratie diejenige Gesellschaft, die von einem ständigen Konflikt zwischen dem Symbolischen und dem Ideologischen umgetrieben wird. Während ihre wilde Seite die Demokratie als symbolische Form dazu zwingt, einer Erfahrung der Unbestimmtheit freies Feld zu lassen, womit ein Verlust der Grundlagen verbunden ist, versucht die Ideologie sich des Symbolischen zu bemächtigen, es sich anzueignen, um es besser domestizieren zu können und dem, was sich jeglicher Bestimmung wiedersetzt und entzieht, im Namen einer Gruppe oder eines Einzelnen einen bestimmten Inhalt aufzuprägen.

Schließlich ist die Demokratie wild, weil sich die Gesellschaft nach dem Verschwinden des Körpers des Königs und der darauffolgenden Entkörperung des Gesellschaftlichen vom Staat löst und damit zugleich eine vielfältige, reiche Erfahrung macht, die im Zeichen der Infragestellung steht. Mit der Konstitution dessen, was Claude Lefort »die gesellschaftliche Macht« nennt, tauchen neue Formen von Kämpfen auf, die verständlich werden, wenn man sie auf die Logik der Demokratie bezieht. Diese Forderungen und Kämpfe »im Namen des Rechts« sind heterogen genug, um nicht die Illusion einer globalen Lösung aufkommen zu lassen. Besteht die Spezifik der so verstandenen modernen Demokratie nicht darin, eine Bühne zu schaffen für ständige, unbegrenzte Forderungen, die sich von einem Fokus zum anderen bewegen, transversal, als würde hier dauernd der Widerspruch zwischen einer sprudelnden Pluralität, die auf eine Vielheit von Polen verweist, und dem staatlichen, durch die Organisation verstärkten Zwang ausgetragen? Diese Bewegungen lassen sich nicht totalisieren, denn sie gehen aus unterschiedlichen Fokalpunkten der Vergesellschaftung hervor, die sie in ihrer akzeptierten und sogar geforderten Spezifität nähren. Sie kehren jeglicher Form eines einheitsstiftenden Subjekts, das danach strebt, ihre Kämpfe zu bündeln und zusammenzuführen, kurz, sie zu umfassen, den Rücken. Wilde Demokratie in dem Sinne, als das Modell, das hier zutage tritt, das der antitotalitären Revolution ist – eine vielgestaltige Revolution, die zudem zwischen dem Pol der kollektiven Instituierung und dem der gesellschaftlichen Differenzierung zu unterscheiden weiß und sich so nicht der Illusion von einem Verschwinden des Politischen hingibt. Das Paradox der demokratischen Gesellschaft besteht mithin tatsächlich darin, dass sie nicht so sehr darauf abzielt, die Instanz der Macht auszulöschen, um – dem Reiz des Einen nachgebend – besser zusammenkommen zu können, als darin, dem Tumult, der sie aufwühlt, freien Lauf zu lassen, indem der Pol der Macht – als Ort, der zum ersten Mal leer bleibt – wie eine symbolische Vermittlung funktioniert, über die sich die Gesellschaft auf sich selbst bezieht und dabei gleichzeitig die Zerreißprobe einer Diskrepanz zwischen ihrem *Innen* und *Außen* durchmacht.

Wild: diese Qualifikation empfiehlt sich umso mehr für die Analyse, als es illusorisch wäre, die Erfindung der Demokratie nur auf der Ebene des Realen begreifen zu wollen – als eine Gesamtheit von positiven Institutionen. Als symbolische Matrix der gesellschaftlichen Verhältnisse ist und bleibt die Demokratie gegenüber den Institutionen, in denen sie zum Ausdruck kommt, im Zustand der Überschreitung. An ihre Lobredner wie an ihre Kritiker gerichtet, erklärt Lefort: »Es ist ein trügerischer Traum anzunehmen, wir könnten die Demokratie gleichsam besitzen [...]. Sie ist nichts anderes als ein Spiel der Möglichkeiten, das in einer noch nicht so fernen Vergangenheit eröffnet wurde und bei dem wir noch alles zu erforschen haben.«[10]

Wild? Worauf zielt diese Entdeckung abschließend betrachtet ab? Muss man darunter – positiv – das verstehen, wovor Tocqueville – negativ – unter dem Namen »der wilden Instinkte der Demokratie« graut, obwohl er die Gleichheit rühmt, den Ungehorsam zu erzeugen? Muss man darin einen machiavellischen Verweis auf die unvorhersehbaren und wilden – ungezügelten, hemmungslosen – Handlungsweisen des Volkes erkennen (*Erörterungen über die erste Dekade des Titus Livius*, 1. Buch, Kap. 4), die nichts anderes sind als der exzessive Ausdruck des Verlangens nach Freiheit? Oder muss man vielmehr, was das andere nicht ausschließt, in der Ökonomie dieses Denkens und seiner Verbindung mit Merleau-Ponty den Fokus betrachten, auf den sich diese Forschung bezieht, die das demokratische Zusammenleben, dieses »Fleisch des Gesellschaftlichen«, belebt? Was ist dieser, wenn nicht »das *rohe Sein* [...], *das vertikale Sein* [...] nicht das ›geglättete‹ Sein, das den Träumen eines souveränen Bewusstseins dargeboten wird; es ist der *wilde Geist*, der Geist, der sich sein eigenes Gesetz gibt, nicht weil er alles seinem Willen unterworfen hat, sondern weil er dem Sein unterworfen ist; er erwacht immer im Kontakt mit dem

10 Ebd., S. 52 (die Übersetzung wurde leicht modifiziert).

Ereignis, um die Legitimität des bestehenden Wissens in Frage zu stellen.«[11]

Dieser Zusammenhang zeigt zur Genüge, dass dieser Kampf für das Recht in eine weit größere Bewegung eingebunden ist, die über ihn hinausgeht: die Bewegung der demokratischen Revolution, die Erfindung einer Welt, die nicht zur Ruhe kommt, die Arbeit eines Geistes, der gleichfalls nicht zur Ruhe kommt. Deshalb ist diese Revolution, diese Demokratie, die gemäß Claude Lefort ein »Spiel der Möglichkeiten« ist, in ihrer Dynamik eine Erfahrung des Seins, der Öffnung des Seins, der prinzipiellen Nichterfüllung von allem.[12]

II
»Das Prinzip der Anarchie«

Hier sind zunächst einige Vorbemerkungen angebracht. Der Rekurs auf das Buch von Reiner Schürmann bedeutet in keiner Weise, dass wir diese Interpretation Heideggers unterstützen, aber auch nicht, dass wir sie bestreiten. Diese Lektüre als solche zu beurteilen ist gegenwärtig nicht unser Anliegen. Noch wollen wir durch die Hintertür eine Verbindung zwischen dem Denken Leforts und dem Heideggers herstellen. Ohne hier darauf näher einzugehen, genügt es, einige Brüche zwischen diesen beiden Denkern anzuführen, die offensichtlich und bedeutend genug sind,

---

11 Claude Lefort, »L'Idée d'être brut et d'esprit sauvage«, in: *Sur une Colonne absente. Écrits autour de Merleau-Ponty*, Paris: Gallimard, 1978, S. 44.

12 Siehe Marc Richir, »Le sens de la phénoménologie dans *Le Visible et l'Invisible*«, in: *Maurice Merleau-Ponty, Esprit*, 6, Juni 1982, S. 132.

um diese pauschalen Unternehmen zu zügeln, die sich damit zufrieden geben, Denker auf einer allein formalen Ebene miteinander zu vergleichen. So bestehen Divergenzen bezüglich der Frage des Humanismus, bezüglich der Technik und der Interpretation der Moderne als Zeitalter der Technik; vor allem aber können der Status und die Bestimmungskraft, die Heidegger der Technik zuschreibt, nur Widerspruch und Kritik bei jemandem hervorrufen, der wie Claude Lefort wieder zu einem politischen Verständnis der modernen Gesellschaft zurückkommt und die demokratische Revolution als Fokus grundlegender Einsichten betrachtet, die man im Namen der »Überprüfbarkeit« nicht ignorieren oder als eine aus einem nicht politischen Prozess abgeleitete Folge beschreiben kann.

Unser einziges Anliegen ist, über diesen Umweg die ontologische Dimension der wilden Demokratie zutage zu fördern, die man nicht schweigend übergehen kann und deren Bedeutung das Protestpotential, das man ihr zuschreibt, bei weitem übersteigt; oder vielmehr macht dieses Protestpotential nur dann wirklich Sinn, wenn man anerkennt, dass es in der ontologischen Dimension verankert ist. Daher kann unser Rekurs auf das Buch von Reiner Schürmann als recht eigentümlich angesehen werden. Wir werden ihm zweifellos Gewalt antun, da wir versuchen werden, aus ihm ein Modell zu gewinnen, das wir der wilden Demokratie gegenüberstellen. Es gibt zwei Arten der Gegenüberstellung: Entweder man verfährt dabei so, dass man die Besonderheit der gegebenen Phänomene abschwächt, oder man betont sie im Gegenteil, weil man erwartet, dadurch ein neues Licht auf die Dinge werfen zu können, das die entsprechenden Besonderheiten besser hervortreten lässt.

Die Studie von Schürmann, die mittels des seltsamen

Begriffs des »Prinzips der Anarchie« auf eine neue Art und Weise die Originalität des heideggerschen Unternehmens verorten will, hängt, so merkwürdig das klingen mag, in gewisser Weise mit der Frage der Demokratie zusammen. Tatsächlich ist eines ihrer Ziele, Klarheit zu gewinnen über den berühmten Satz Heideggers zur Demokratie, den er in einem Interview geäußert hat, das posthum veröffentlicht wurde: »Es ist für mich heute eine entscheidende Frage, wie dem heutigen technischen Zeitalter überhaupt ein – und welches – politisches System zugeordnet werden kann. Auf diese Frage weiß ich keine Antwort. Ich bin nicht überzeugt, dass es die Demokratie ist.«[13]

Diesem »ich weiß keine Antwort«, diesem Eingeständnis des Nichtwissens, versucht Reiner Schürmann Rechnung zu tragen, indem er eine Lektüre vorschlägt, die weder biographisch noch psychologisch, noch unmittelbar politisch, sondern durch und durch philosophisch ist. »Das Entscheidende ist, dass dieses Eingeständnis vielleicht nicht zufällig ist. Es hat vielleicht direkt mit der einzigen Frage zu tun, die Heidegger unaufhörlich bewegt hat.«[14]

Man muss dieses Eingeständnis, kurz, auf das Ungedachte Heideggers beziehen und es als ein Ergebnis des Prinzips der Anarchie zu deuten verstehen, das als solches die Idee der Ableitung oder Zuordnung eines politischen Systems diskreditiert.

Vereinfacht gesagt, kann man die Überlegung anstel-

13 »Nur noch ein Gott kann uns retten«, Spiegel-Interview mit Martin Heidegger, in: *Der Spiegel*, 31. Mai 1976, zit. n. dem Wiederabdruck in: Günther Neske und Emil Kettering (Hg.), *Antwort – Martin Heidegger im Gespräch*, Pfullingen: Neske, 1988, S. 96.

14 Reiner Schürmann, *Le Principe d'anarchie*, a. a. O., S. 12. – Alle im Folgenden nicht weiter ausgewiesenen Seitenangaben beziehen sich auf dieses Werk (Anm. der Übersetzerin).

len, dass die Arbeit, die Reiner Schürmann unter dem Begriff »Prinzip der Anarchie« leistet, darin besteht, das Dispositiv der klassischen Metaphysik und das Denken Heideggers, das auf der Seite dieses neuen Prinzips oder genauer gesagt dieses neuen Denkens des Prinzips angesiedelt wäre, einander gegenüberzustellen. Wenn man davon ausgeht, dass eine der wesentlichen Fragen der philosophischen Tradition, des ererbten Denkens die Frage der Einheit von Theorie und Praxis, von Denken und Handeln ist – auf deren Grundlage sich die Frage beantworten lässt: Was soll ich tun? –, welche Auswirkungen hat dann die heideggersche Dekonstruktion auf diesen Bereich? Bezogen auf diese Frage kann man die Dekonstruktion definieren als: »die Pulverisierung eines solchen spekulativen Sockels, in dem das Leben seine Grundlage, seine Rechtfertigung und seinen Frieden finden würde« (S. 11). Oder anders formuliert, besteht die Dekonstruktion darin, »die Ableitungen zwischen Erster Philosophie und praktischer Philosophie zu untergraben [...]. Daraus folgt zunächst, dass die Dekonstruktion den Diskurs über das Handeln quasi in der Leere schweben lässt [...] das Handeln selbst und nicht nur seine Theorie verliert seine Grundlage oder *arché«* (ebd.).

Im Gegensatz dazu, wie manche fälschlicherweise denken, wird das Handeln hier nicht zu Gunsten der Seinsfrage vergessen. Nein, Heidegger vertritt eine völlig andere Position. »Er löst die alte Einheit von Theorie und Praxis nicht auf, sondern macht etwas Schlimmeres: Er stellt die Frage des Daseins so, dass die Frage des Handelns damit bereits beantwortet wird, so, dass das Handeln keine Frage mehr darstellen kann [...]« (S. 12). Die traditionelle philosophische Struktur – eine »archaische« Struktur, wie man sagen könnte – war vornehmlich dadurch gekennzeichnet, dass die Frage des Handelns auf eine *arché* bezogen wurde. Die Theorien des Handelns, die den Ehrgeiz hatten, die Frage: Was soll ich tun? zu beantworten, bezogen sich so auf das, was in jeder Epoche jeweils das letzte Wissen darstellte. Die Gesamtheit dieser Anstrengungen zur Bestimmung einer Referenz für das Handeln ist die Metaphysik, beziehungsweise die Metaphysik ist dasjenige Dispositiv, »bei dem das Handeln ein Prinzip erfordert, auf das man die Wörter, die Dinge, die Handlungen beziehen kann« (S. 16). Dieses Prinzip hat zugleich den Stellenwert einer Grundlage, eines Anfangs und eines Gebots. »Die *arché* funktioniert hinsichtlich des Handelns immer wie die Substanz hinsichtlich der Akzidentien, sie verleiht ihnen Sinn und ein *telos*« (S. 15). Die metaphysische Ableitung des Handelns von einer Ersten Philosophie – oder einem Ersten – geht damit einher, dass der Vielheit die Einheit einer ersten Instanz auferlegt wird. Außerdem liefern diese Ersten Philosophien der Macht ihre formalen Strukturen.

Vor dem Hintergrund dieser metaphysischen und archaischen Strukturen kann man das Neue erfassen, das Schürmann dem Begriff der Anarchie und damit zugleich dem heideggerschen Werk beilegt. Im Zeitalter des Endes der Metaphysik – die These vom Prinzip der Anarchie hängt unmittelbar mit der Hypothese dieses Endes zusammen – verliert die Regel, wonach die Welt auf der Grundlage eines »Ersten« – eines ersten Grundes – verstehbar und beherrschbar ist, an Einfluss. Die praktische Philosophie wird nicht länger aus der Ersten Philosophie abgeleitet; das Schema der Referenz auf eine *arché* verlischt, gleichzeitig lösen sich die »*epochalen* Prinzipien auf, die in jedem Zeitalter unserer Geschichte die Gedanken und Handlungen geleitet haben« (ebd.).

Daher die Formulierung dieses instruktiven, »verblüffenden« Paradoxons, das das Prinzip der Anarchie darstellt. Die beiden Begriffe, aus denen es sich zusammensetzt, bezeichnen zwei Seiten, die sich an entgegengesetzten Richtungen orientieren: Die eine verweist auf ein Diesseits, die andere auf ein Jenseits des Endes der Metaphysik. Zur gleichen Zeit, in der auf ein Prinzip Bezug genommen wird, wird dieser Bezug verneint – oder es wird auf ein Prinzip Bezug genommen, doch nur, um es zu verneinen. Das bedeutet, das 20. Jahrhundert erscheint aufgrund seiner Kritik der Metaphysik als das Zeitalter, in dem die Ableitung der Praxis aus der Theorie endet. Das Handeln zeigt sich als anarchisch, das heißt als bar einer *arché*, einer Grundlage, eines Anfangs. Es ist das Zeitalter des Prinzips ohne Prinzip oder des Prinzips, das gebietet, keines zu haben. Bezogen auf das Denken Heideggers zeigt dieses Paradox, wie sehr es ein Werk des Übergangs ist: Es ist noch in der klassischen Problematik von »Was ist das Sein?« verwurzelt, entreißt diese aber bereits dem attributiven oder partizipativen Schema. »Noch ein Prinzip, aber ein Prinzip der Anarchie. Man muss diesen Widerspruch denken. Das Prinzip der Referenz wird hier in seiner Geschichte und seinem Wesen durch eine zerlegende, plurifizierende Kraft bearbeitet [...]. Die Dekonstruktion ist ein Diskurs des Übergangs« (S. 16).

Daher die unerlässliche Unterscheidung zwischen Anarchismus und Anarchie. Der Anarchismus bleibt noch vollkommen im Feld der Metaphysik verwurzelt, insofern er das Handeln weiterhin von einer Referenz ableitet. Er tastet das Schema der Referenz nicht an, sondern gibt sich damit zufrieden, innerhalb dieses Schemas das Prinzip der Autorität durch die Vernunft zu ersetzen. Kurz, er hält am Verfahren der Legitimation fest und wählt nur ein anderes

Kriterium der Legitimität. Mit Heidegger wird es jedoch nunmehr unmöglich, diese metaphysische Verankerung rational herzustellen.

Die Anarchie [...] ist der Name für eine Geschichte, die die Grundlage des Handelns erschüttert hat, eine Geschichte, bei der die Fundamente einstürzen und bei der man entdeckt, dass das Prinzip der Kohäsion, sei es autoritär oder rational, nicht mehr ist als ein weißer Raum ohne gesetzgebende Kraft über das Leben. Die Anarchie kündet von dem Schicksal, das die Prinzipien auflöst, auf die die Menschen im Abendland seit Platon ihre Taten und Gesten bezogen haben, um sie darin zu verankern und dem Wandel und Zweifel zu entziehen (S. 16f.).

Das Prinzip der Anarchie – das Wegbrechen der Grundlagen und seine Auswirkungen auf das Handeln – wäre daher Schürmann zufolge das, was es erlauben würde, Heideggers Eingeständnis des Nichtwissens und seinen Zweifel hinsichtlich der Demokratie philosophisch aufzuklären. Eher als ein Nichtwissen oder einen Zweifel müsste man, so Schürmann, diesen Satz als Verweigerung einer Antwort, ja als Täuschungsmanöver ansehen. Zwingt einen der Untergang des Schemas der Referenz nicht in der Tat, die Frage der Politik anders als in den Begriffen eines ersten Prinzips und der Ableitung zu stellen? Aber, könnte man antworten – ohne jetzt die Legitimität einer solchen philosophischen Interpretation des heiderggerschen Satzes zu überprüfen –, müsste die Hypothese der wilden Demokratie nicht zu einer anderen Schlussfolgerung führen oder zumindest die vorgeschlagene Schlussfolgerung weniger sicher und weniger hastig machen? Hat die wilde Demokratie in ihrer Beweglichkeit, ihrer Dynamik nicht tatsächlich etwas mit der Anarchie zu tun, wenn man diese im Sinne einer Befreiung des Handelns vom Unternehmen der Grundlegung – einer *arché* –, im Sinne eines »Handelns ohne Warum« versteht? Man kann sicherlich einräumen, dass die Frage der Politik außerhalb des Schemas der Referenz gestellt werden muss. Aber kann man die Demokratie als ein politisches System wie jedes andere ansehen? Oder steht die Demokratie aufgrund ihres wilden Wesens nicht im Gegenteil sofort außerhalb des Schemas Prinzip – Ableitung? Und welche Beziehung unterhält sie oder kann sie in diesem Fall mit dem Prinzip der Anarchie unterhalten?

Diese Frage ist umso legitimer, als Schürmanns Werk insgeheim von der Suche nach einer politischen »Illustration« des Prinzips der Anarchie angetrieben wird. Davon zeugt das Kapitel »Dekonstruktion des Politischen«, aber ebenso der Platz, der – kurz, es ist wahr – Hannah Arendt zuerkannt wird, der man laut Schürmann Bewunderung dafür zollen muss, die Dekonstruktion auf das Feld der Politik angewendet zu haben, das heißt dafür, dass es ihr gelungen ist, den Ursprung der politischen Formen nicht in Form einer *arché* oder eines Prinzips aufzuzeigen (S. 50). Ist es nicht abermals Arendt, der sich Schürmann zuwendet, wenn er nach diesen Momenten fragt, in denen das Handeln sich befreit, nach der »Zeit, in der ein ontischer Ursprung vor einem anderen zurückweicht«? Diese Momente markieren Zäsuren zwischen zwei politischen Formen.

All die modernen Bestrebungen, den öffentlichen Bereich von der Gewalt des Zwangs zu befreien, die Hannah Arendt unter Bezugnahme auf das amerikanische Modell analysiert, markieren jedes Mal das Ende einer Epoche. Dann sind der *princeps*, die Regierung, und das *principium*, das System, das er errichtet und auf das er sich stützt, eine Zeitlang suspendiert. In solchen Zäsuren erfüllt das politische Feld voll und ganz seine Rolle

> eines Aufklärers: Es demonstriert unter den Augen aller, dass der Ursprung des Handelns, Sprechens und Schaffens kein Seiendes ist […], sondern dass hier einfach all das Dasein erlangt, was da ist (S. 107).

Und legt das Werk Reiner Schürmanns nicht Wert darauf, in Hannah Arendt die wahre Denkerin des Handelns zu erkennen, diejenige, die es verstanden hat, das Handeln – die Praxis – frei vom Einfluss des Theoretischen und in seiner Differenz zur *poiésis* oder Herstellung zu denken? Wie dem auch sei, man sollte aus dem so definierten Prinzip der Anarchie ein Modell gewinnen und es mit der wilden Demokratie vergleichen. Dies nicht, um in Letzterer eine politische Übersetzung dieses Prinzips zu sehen – was kontradiktorisch wäre –, sondern vielmehr, um in ihr die politische Erfindung zu erkennen, die es verdient, ihm gegenübergestellt zu werden.

Vier Charakteristika sollten dabei Berücksichtigung finden:

1) Das Ende der Metaphysik und die damit verbundene Krise der Grundlagen, durch die die traditionelle Einheit von Theorie und Praxis in Frage gestellt wird und sich das referentielle Schema, innerhalb dessen das Handeln bis dahin seine Legitimität gefunden hat, auflöst, was auch immer die oberste Instanz der Legitimierung sei (Gott, die Natur, die Ordnung der Welt, der Fortschritt etc.). Kurz, der Zusammenbruch des metaphysischen Dispositivs befreit im gleichen Moment, in dem er den Weg der Ableitungen versperrt, das Handeln von jeglicher Unterwerfung unter ein Prinzip und ermöglicht das Aufkommen eines anarchischen Handelns, bar einer *arché*.

2) Mit dem Verschwinden des Schemas der Referenz und der Unterwerfung des Handelns unter ein wie auch

immer geartetes Prinzip geht »die Subversion der teleokratischen Repräsentationen« einher. Eine komplexe Subversion, die zunächst die Entdeckung beinhaltet, dass die auf imperativen Prinzipien aufbauende Geschichte zu Ende geht, aber auch die Erkenntnis, dass der Moment, in dem die Anfechtung dieser Prinzipien möglich ist, derjenige Moment ist, in dem sich der Wendepunkt des Endes der Metaphysik vollzieht. Außerdem ist diese Erkenntnis von einer Veränderung des Denkens des Politischen begleitet: »Mit dem Ende wird eine bestimmte Art, das Politische zu verstehen, unmöglich und eine andere wird unausweichlich« (S. 52).

Diese Veränderung des politischen Denkens kann man nur in Verbindung mit einem anderen Begriff des Daseins verstehen, bei dem das Daseins als Geschichte und nicht als Maschine, als konstantes Dasein verstanden wird, was bedeutet, dass das Dasein nun als Ereignis gedacht wird. »Wenn das Dasein als Ereignis begriffen wird, steht es der Beherrschung durch die Enden feindlich gegenüber« (S. 302). Damit ermisst man zugleich die Befreiung des Handelns; es entzieht sich nicht nur jeglicher Referenz, sonders gehorcht auch nicht länger Finalitäten, die von woanders kommen oder empfangen werden. Mehr noch, es entdeckt seine wahre Natur als Zweck an sich wieder und verabschiedet sich so vom Schema der Finalität, das ihm missbräuchlich auferlegt wurde, da es eher zur Herstellung denn zur Handlung gehört. Eine der anarchischen Verschiebungen, die Heidegger vorgenommen hat, ist nicht, die Finalität außer Kraft zu setzen, sondern sie auf ihren eigentlichen Bereich einzuschränken, den der Herstellung. »Auch das Handeln muss sich dem Einfluss der Finalität entziehen, die eine Kategorie ist, die nur auf die Herstellung anzuwenden ist« (S. 303). Dadurch dass das Dasein als Ereignis gedacht wird, vermag das Handeln sich jeglicher Form der Beherrschung durch das Eine zu entziehen und sein eigenes Element wiederzufinden, das Hannah Arendt als ontologische Bedingung der Vielheit bezeichnet.

3) Das Aufkommen einer neuen Konzeption des Politischen: In dem Moment, in dem die Bezugnahme auf eine *arché* – ein Erstes – zum Erliegen kommt, kann man das Politische nicht mehr in den Begriffen der Grundlegung denken. Gemäß Schürmanns Analyse ist dies die Geburtsstunde einer zugleich bescheideneren und autonomeren Konzeption des Politischen: Weit davon entfernt, ein erstes Prinzip, das den Stellenwert einer Grundlage hat, zu begründen oder umzusetzen, beschränkt sich das Politische darauf, anzuordnen.

»Das Politische ist der Ort, an dem die Dinge, die Handlungen und die Wörter übereinstimmen können« (S. 52), das heißt der Platz, an dem diese Elemente zusammenkommen können. Ein Ort ist für Heidegger »das, was in sich das Wesentliche eines Dings versammelt« (S. 53, Fn. 3). Das Politische ist damit der Ort, an dem die Kohäsionskraft des Prinzips einer Epoche zum Ausdruck kommt, und zwar in einem doppelten Sinne: als ein Dasein-Erlangen, ein Ans-Licht-Kommen, aber auch als eine Zur-Schau-Stellung, da das Politische dieses selbe Prinzip öffentlich macht, zur Schau trägt. Es besteht kein Zweifel, dass die Wende – »der Bruch in den Modalitäten des Daseins« – auch das Politische verändert. Wäre das Politische von daher nicht eher der Ort des Eintritts in das Ereignis, in das Dasein als Ereignis denn der Ort des Ausdrucks und der Zur-Schau-Stellung eines epochalen Prinzips? Wichtiger beim Aufkommen dieser neuen Konzeption des Politischen ist, dass mit ihr der Übergang von den Ontologien des politischen Körpers zu einer Topologie des politischen Ortes verbunden ist und dass sie eine Delegitimierung betreibt. Während die Ontologien des politischen Körpers die Praxis einer Idealität unterordnen und als Diskurse funktionieren, die die Unterwerfung unter den Staat rechtfertigen, überlässt die neue topologische Konzeption des Politischen als Dekonstruktion der Metaphysik des politischen Körpers das Handeln wieder sich selbst und macht so den Weg frei für ein Abenteuer mit offenem Ausgang.

4) Der Versuch, eine andere politische Philosophie zu entwickeln, die von der Dekonstruktion der Grundlagen ausgeht und folglich vom metaphysischen Prinzip Abstand nimmt, das heißt von der Bezugnahme auf eine ideale oder normative Instanz. Das impliziert unter anderem eine andere Art, den Ursprung zu denken, und zwar so, dass die inaugurierenden Momente das Handeln nicht länger beherrschen und leiten, sondern es von den epochalen Prinzipien befreien.

Der Versuch, die wilde Demokratie als eine politische Übersetzung des Prinzips der Anarchie zu präsentieren, wäre, wir haben bereits darauf hingewiesen, unzulässig. Denn wäre es nicht in der Tat widersprüchlich, einem Prinzip eine Bestimmung zu unterlegen, dessen Hauptmerkmal darin besteht, keine zu haben, nicht länger als Prinzip zu funktionieren, insofern das Handeln in dieser Konstellation nicht länger von der Theorie abgeleitet wird und sich als anarchisch erweist? Und wenn man die Frage andersherum aufrollt, wie könnte man die wilde Demokratie auf die Umsetzung eines Prinzips reduzieren, selbst wenn es sich um das Prinzip der Anarchie handelt? Sollte man, anstatt sich erneut und fälschlich in ein referentielles Schema einzuschließen, nicht eher das Vorhandensein eines zweifachen Paradoxons zur Kenntnis nehmen, das im einen wie im anderen Fall ebenso verblüffend wie lehrreich ist? Ist die Demokratie als wildes Wesen nicht ebenso verwunderlich wie ein Prinzip, das ein Prinzip der Anarchie ist? Ebenso wie die Anarchie die Idee des Prinzips zunichtemacht, erschüttert das Wilde die Idee des Wesens, die Definition der Quiddität. Ist es nicht diese Verwandtschaft in der Paradoxie, die unsere Aufmerksamkeit erregen und uns dazu verleiten muss, die Frage neu zu stellen: Inwiefern weist die wilde Demokratie als Ausdruck einer Erfahrung der Freiheit eine Ökonomie auf, die auf die innere Organisation des Prinzips der Anarchie antwortet oder mit dieser korrespondiert?

Wenn man, ohne die These vom Ende der Metaphysik zu übernehmen, das Problem so formuliert, wie sollte man dann nicht nach den eventuell zu entdeckenden Ähnlichkeiten zwischen der wilden Demokratie und dem Prinzip der Anarchie fragen, nach den möglichen Übereinstimmungen auf den bislang benannten Ebenen, das heißt mit Hilfe dieses Blickwinkels nach den Formen des Antwortens und Handelns fragen, die es verdienen, der historischen Konstellation der Moderne, dem, was Merleau-Ponty als »eine gewisse moderne Verworrenheit« bezeichnet, gegenübergestellt zu werden.[15]

– Dem Niedergang des metaphysischen Dispositivs der Ableitung würde auf Seiten der wilden Demokratie die Unbestimmtheit hinsichtlich der Grundlagen der Macht, des Gesetzes, des Wissens sowie hinsichtlich der Grundlagen der Verbindung des einen mit dem anderen im gesamten gesellschaftlichen Feld korrespondieren.

---

15 Maurice Merleau-Ponty, *Vorlesungen I,* Berlin und New York: Verlag Walter de Gruyter, 1973, S. 111.

- Dem Zusammenbruch der teleokratischen Herrschaft, der das Handeln vom Schema der Finalität befreit, würde die Auflösung der Sicherheit bietenden Orientierungspunkte und die Unbestimmtheit bezüglich einer wie auch immer gearteten letzten Finalität antworten. Konfrontiert mit dem Rätsel der Gegenwart und hineingeworfen in eine Erkundung, »deren Wege man nicht im Voraus weiß«,[16] lebt die wilde Demokratie von der ständigen Frage nach dem Gesellschaftlichen und nach den Grenzen des Politischen.
- Dem Verschwinden der Ontologien des politischen Körpers, die als Legitimierungs- und Unterwerfungsdiskurs fungierten, würden die Entkörperung des Gesellschaftlichen sowie die Entkörperung der Macht korrespondieren, die Claude Lefort, zu Recht oder zu Unrecht, zumindest in Europa auf die historische Erfahrung des Königsmordes bezieht.
- Von der Suche nach einer politischen Philosophie, die von der Dekonstruktion der Grundlagen inspiriert ist, zeugt bei Claude Lefort schließlich am besten die aufschlussreiche »Unschlüssigkeit« oder vielmehr das Nebeneinander des Rufs nach einer »Erneuerung der politischen Philosophie« und des Festhaltens am politischen Denken, das heißt an dieser Bewegung des Denkens, die ausgehend von der Wiederentdeckung des Politischen weiß, dass sie sich auf ein endloses Abenteuer einlässt. Denn sie stützt sich nicht mehr auf das Geländer der Tradition, siedelt sich außerhalb der klassischen politischen Philosophie an und kann folglich nicht länger auf erste Instanzen rekurrieren, von denen

16 Claude Lefort, *Essais sur le politique, XIXe-XXe siècle*, Paris: Éditions du Seuil, 1986, S. 7.

sich die als legitim erachteten politischen Ordnungen ableiten ließen. Diese Beziehung zum Ursprung ist umso verwirrender, als es für die Demokratie nicht so sehr darum geht, ein inaugurales Moment auszuwählen, unter dessen Autorität sie sich einrichtet, als darum, die ursprüngliche Teilung des Gesellschaftlichen zuzulassen und so die Erfahrung einer wiedergewonnenen Freiheit zu machen. In diesem Punkt lässt sich der Bruch mit der traditionellen – aristotelischen – Ontologie am besten ermessen. In *Le Travail de l'œuvre Machiavel* wird Machiavelli die Skizzierung einer neuen Ontologie zugutegehalten. In der Tat begnügt sich der Autor des *Fürsten* nicht damit, unter Anwendung der aristotelischen Kategorien von Essenz und Akzidenz die Tyrannei in Bezug auf das Modell des gerechten Staates für defizitär zu erklären; vielmehr weiß er auch die Verschiedenheit der Lebenssituationen zu schätzen. Die Gesellschaft ist in seinen Augen aufgrund der ihr innewohnenden Teilung per Prinzip für das Ereignis offen. In Zusammenhang mit dieser ebenso unausweichlichen wie irreparablen »Bresche« löst sich die Vorstellung vom Sein als einem konstanten und stabilen Dasein auf, die Idee des Verfalls verflüchtigt sich und eine neue Art, das Sein zu denken, keimt auf, bei der die Probe auf das gemacht wird, was noch nicht ist. »Aber das Sein lässt sich nur in Bezug auf das, was sich ereignet, begreifen, in der Artikulation der Erscheinungen, in der Bewegung, die es ihnen verbietet, sich zu verstetigen, in der unablässigen Hinterfragung des Bestehenden.«[17]

17 Claude Lefort, *Le Travail de l'œuvre Machiavel*, Paris: Gallimard, 1972, S. 426.

Diese neue bei Machiavelli entdeckte Ontologie ermöglicht ein Verständnis der wilden Demokratie: Die permanenten Proteste, die sie im Feld des Rechts und der Politik kennzeichnen, sind nur das Ergebnis dieser Erprobung des Seins, dieser Art und Weise, das Sein als Ereignis zu denken, als das, was sich ereignet. Anders gesagt, ist der permanente Protest, sofern man damit einverstanden ist, ihm seine wahre Dimension zuzugestehen, kein empirisches Merkmal der demokratischen Staatsform, sondern die intermittierende Enthüllung dieser Erprobung des Seins in der Zeit, in dessen Mittelpunkt der Kampf der Menschen steht, dem wir das »gesamte historische Schaffen« oder vielmehr das endlose und komplexe Spiel des Austauschs und Kampfs der Menschen aufbürden müssen.[18]

So interessant die Korrespondenzen auch sein mögen, schließen sie Dissonanzen nicht aus. An erster Stelle ist hier die Frage des Humanismus und das Insistieren Reiner Schürmanns auf einem dreifachen Bruch mit dem Humanismus zu nennen, für den die Namen Marx, Nietzsche und Heidegger stehen und der in einer Ökonomie des anarchischen Daseins zum Ausdruck kommt. Ohne hier diese Dissonanz näher auszuführen, soll es uns genügen, daran zu erinnern, dass selbst wenn die wilde Demokratie explizit auf die Menschenrechte Bezug nimmt, der Mensch hier nicht als Träger von Bestimmungen, sondern weit eher als Ort der Unbestimmtheit begriffen wird. Leforts Denken steht dem Anthropozentrismus umso ferner, als es sich außerhalb einer Philosophie des Subjekts entwickelt – oder einer Metaphysik der Subjektivität –, da im Herzen der Geschichte eine ursprüngliche Teilung

18 Ebd., S. 725.

des Sozialen angesetzt wird, die immer schon da ist – eine doppelte Teilung, da der Wunsch nach Freiheit sich infolge »des Charmes des Namens des Einen« ständig mit seiner Verkehrung in die Knechtschaft misst –, eine Teilung schließlich, welche die Unbestimmtheit seitens des Menschen einer endlosen Erprobung des Seins unterwirft.

Die Distanz zur Subjektphilosophie ist umso größer, als das Volk, auf das sich die Demokratie beruft, wie Michelet und Quinet gelehrt haben, eine Identität aufweist, die zumindest problematisch ist. Entweder steht das Volk *über sich selbst* – das Volk im heroischen Zustand, der im Zuge der Erfindung der Freiheit auftritt – oder *unter sich selbst*, wenn die Erfahrung, die das Volk mit der Freiheit macht, in ihr Gegenteil, die Knechtschaft, umzuschlagen droht. Kurz, das Volk stimmt niemals mit sich selbst überein, ist mit sich niemals auf gleicher Höhe, sondern ist in dem Moment, in dem es in Erscheinung tritt und Dasein erlangt, der Bewährungsprobe einer unüberwindbaren Selbstdiskrepanz unterworfen. Dem ist hinzuzufügen, dass die Demokratie einen unerforschten Vorrat an Unbestimmtheit eröffnet – oder sich auf diesen hin öffnet –, insofern sie eine Verbindung mit dem unterhält, was Lefort, ohne es näher zu beschreiben, »das menschliche Element« nennt. Dabei macht er sich das Rätsel zunutze, das dieses Element umgibt, um die historischen Unternehmen zu diskreditieren und zu verurteilen, die wie der Totalitarismus den Anspruch erheben, es zu erschaffen, oder die versuchen, es zu organisieren, als handle es sich dabei um ein Material, das nach Belieben formbar ist.

Das menschliche Element zu unterdrücken oder vielmehr zu demonstrieren, dass es als solches wie ein Material behandelt werden kann, ist das, woran man die Herrschaft der Organisation erkennt [...]. Das große Unterfangen des neuen Staates ist diese Arbeit, um schließlich abstrakte Menschen zu erhalten, ohne Bindungen, die sie vereinigen, ohne Eigentum, ohne Familie, ohne Anbindung an ein berufliches Umfeld, ohne Verwurzelung im Raum, ohne Geschichte – Entwurzelte.[19]

Besteht das Eigentümliche der Demokratie nicht darin, sich in dieses immaterielle Element hineinzuversenken, indem sie sich seiner Struktur in all ihrer Komplexität, seinen Konturen in ihrer Diversität und Pluralität anpasst und seiner Bewegung in ihrer Unvorhersehbarkeit folgt, während die totalitäre Herrschaft die Spezifität dieses Elements negiert, indem sie es mit einer Materie identifiziert, ihm unablässig Gewalt antut, bis zu dem Versuch, es zu zerstören, und sich in ihrem Willen zur Omnipotenz die Macht herausnimmt, es zu formen oder zu organisieren, und es so einer Regel oder Norm unterwirft, die auf Identität und Homogenität ausgerichtet ist und die Existenz des Nicht-Identischen außer Acht lässt? Wollte Adorno nicht genau das zum Ausdruck bringen, als er erklärte, dass »die politische Form der Demokratie den Menschen unendlich näher ist«?

Der Demokratie genügt es nicht, dieses Element zu respektieren; besser noch findet sie in ihm, in diesem Fokus von Verwicklungen, von Rastlosigkeit, die die Artikula-

19 Claude Lefort, *Un homme en trop. Réflexions sur l'Archipel Goulag*, Paris: Éditions du Seuil, 1976, S. 103 f. Zweifellos muss man »Element« im Sinne Merleau-Pontys verstehen, indem man diesen Begriff wieder in dem Sinne verwendet, »wie man ihn früher benutzt hat, um vom Wasser, von der Luft, von der Erde oder vom Feuer zu sprechen, das heißt im Sinne eines *generellen Dinges*, auf halben Wege zwischen dem raum-zeitlichen Individuum und der Idee, als eine Art inkarniertes Prinzip, das einen Seinsstil überall dort einführt, wo ein Teil davon zu finden ist.« (Maurice Merleau-Ponty, *Das Sichtbare und das Unsichtbare*, herausgegeben und mit einem Vor- und Nachwort versehen von Claude Lefort, München: Wilhelm Fink Verlag, 2004, S. 183 f.)

tion der vielfältigen Zusammenhänge (sowohl derjenigen, die verbinden, als auch derjenigen, die teilen) – in unterschiedlichen Gestalten und Kombinationen (Eingriff, Verflechtung, aber auch Antagonismus) – mit sich bringt, die Quelle ihrer unbezähmbaren Kraft. Indem die Demokratie unablässig aus diesem Vorrat von Unbestimmtheit schöpft, erweist sie sich als unbeherrschbar und wild, als Auflösung der Ordnung, der bestehenden Ordnungen – nicht um sich zu einer souveränen Macht zu erheben, sondern um darin eine kompromisslose Bewährungsprobe für eine Instituierung zu sehen, die diesem menschlichen Element, das selbst wild ist (ausgestattet mit der »wilden Barbarei der Andersheit«, so Lévinas) entgegenkommt und damit in der Lage ist, neue Formen der Beziehung hervorzubringen und das Heterogene zuzulassen – eine »neue Unordnung«, die, um die schöne Formulierung von Claude Lefort aufzugreifen, einen Nicht-Ort beschreibt, das heißt einen oder mehrere Räume der Erfindung, des Ausbrechens, die in gewisser Weise Löcher in die Massivität des Realen reißen. »Dort entsteht das Mögliche neu, ein nicht-determiniertes Mögliches, das sich von Ereignis zu Ereignis weiter trägt und verändert [...].«[20]

Entsprechend der Vielzahl der Bindungen und ihrer Verflechtungen multiplizieren sich hier die Orte des Konflikts und der Teilung, an denen der Wunsch nach Freiheit in seiner Ablehnung der stets drohenden Beherrschung zutage tritt. Als eine Kette lebender Paradoxa setzt das menschliche Element in dem, was sich ereignet, im Lauf des Ereignisses das ontologische Spiel des Austauschs und des Kampfes der Menschen, der Freundschaft und

20 Claude Lefort, »Die neue Unordnung«, in: ders., *Die Bresche. Essays zum Mai 68*, eingeleitet und übersetzt von Hans Scheulen, Wien: Verlag Turia + Kant, 2008, S. 54.

der Knechtschaft um. Die Demokratie ist, sofern man ihr eine wilde Ausdrucksform zugesteht, diejenige Form von Gesellschaft, bei der »das Fleisch des Gesellschaftlichen« mit der Seinsweise des menschlichen Elements, mit seiner Unvorhersehbarkeit und Widerständigkeit in Einklang steht.

Wirft diese Nähe, um nicht zu sagen Affinität nicht sogleich eine neue Frage auf, die wir angesichts der Schwierigkeiten, die sie beinhaltet, lediglich formulieren wollen: Muss man das Menschliche allein als ontologisches Spiel lebender Paradoxa denken, die es beseelen, oder kann man es auch im Sinne von Lévinas als Unterbrechung des Ereignisses des Seins, des Strebens nach Sein, des Beharrens im Sein verstehen; als Einführung des Einen-für-den-Anderen, der Verantwortung für den Anderen mit der ganzen Asymmetrie, die diese beinhaltet; kurz, kann man das menschliche Element als »anders als Sein« begreifen, so als wäre die Metapolitik hier an der Verbindung der Demokratie mit dem ethischen Ereignis festzumachen? Kann man in Erwägung ziehen, dass der Demokratie – berücksichtigt man die Verbindung, die sie notwendig mit der Gerechtigkeit, mit der Verantwortlichkeit des demokratischen Menschen und seiner Nicht-Indifferenz gegenüber Menschen, die er nicht kennt, unterhält – diese andere Seite des Menschlichen fremd ist? Nachdem die Frage so neu gestellt wurde, bleibt zu untersuchen, wie die Verbindungen zwischen Demokratie, ursprünglicher Teilung des Gesellschaftlichen und menschlichem Element zu denken sind.

Außerdem ist zu fragen, ob man mit dieser Gegenüberstellung jener neuen Konzeption des Politischen und des Prinzips der Anarchie zufrieden sein kann. Wenn es wahr ist, dass dieses Denken des Politischen als Ort die Dekonstruktion der Metaphysik des Körpers anzeigt, kann man sich dann mit der Allgemeinheit, die es geltend macht, begnügen, oder birgt diese Allgemeinheit nicht, anders gesagt, gefährliche Ambiguitäten in sich? Hat die Definition des Ortes – und folglich des Politischen – als das, was zusammenbringt, nicht den Fehler, das Vereinigende zu privilegieren, das Vereinheitlichende, und damit zugleich die Teilung des Gemeinwesens in zwei einander widerstrebende Begierden auszublenden? Wäre das Politische, wenn man unbedingt an einer topologischen Konzeption festhalten will, nicht eher der Ort, an dem sich der Riss im Gesellschaftlichen, die ursprüngliche Teilung jeder menschlichen Gesellschaft herausbildet und Gestalt annimmt, oder auch der Ort der Macht, wo es La Boétie zufolge demjenigen, der sie innehat, offensteht, Böses zu tun? Und wie kann das Prinzip der Anarchie zwei wesentliche Merkmale der modernen Demokratie unberücksichtigt lassen, nämlich die Trennung von Macht, Gesetz und Wissen und mit Blick auf den Ort die Tatsache, dass der Platz der Macht hier leer ist?

Schließlich stellt sich die Frage, ob man diese philosophisch begründete Indifferenz und diesen Zweifel in Bezug auf die Demokratie akzeptieren kann. Kann man im Namen des Prinzips der Anarchie den Unterschied zwischen einer freiheitlichen politischen Ordnung und dem Despotismus ignorieren? Müsste man in dieser Unterscheidung die Rückkehr zu einem Schema der Finalität sehen? Wenn das anarchisch gewordene Handeln auf sich selbst zurückgeführt wird – wieder sein eigener Zweck wird –, kann es dann eine andere Richtung einschlagen als die einer freiheitlichen Ordnung? Impliziert die freiheitliche Ordnung nicht die Freiheit des Handelns, und dies umso mehr, als die Demokratie – in ihrer wilden Form –

nicht als Lösung fungiert, sondern sich geradezu von der Idee der Lösung verabschiedet: Auf der Suche nach ihrer Identität und der Unbestimmtheit ausgeliefert, folgt sie in ihrem Exzess der unendlichen Bewegung der Freiheit, die gemäß Kant »jede gezogene Grenze überschreiten kann«.

Jenseits von Korrespondenzen und Dissonanzen bleibt eine wesentliche Schwierigkeit: Kann man die wilde Demokratie als anarchisch bezeichnen? Gewiss hat uns diese Gegenüberstellung erlaubt, zu erkennen, dass der permanente Protest und der Tumult, welche die demokratische Gesellschaft bewegen, Zeichen für eine Erprobung des Seins in der Zeit sind, des »rohen Seins«, des »vertikalen Seins«. Als eine Erprobung, die sich ereignet, nistet sich die wilde Demokratie in der Zeit ein, nimmt das Ereignis auf, ohne sich auf die Tradition zu stützen, und weckt, insofern sie für den Kampf der Menschen offen ist, die instituierende Kraft, die immer über die instituierten Formen hinausgeht und so bereit ist, das in Frage zu stellen, was sich als bestehende Ordnung präsentiert. Gleichwohl stellt sich die Frage nach ihrer Beziehung zum Gesetz. Oder anders formuliert, erlaubt es die Beziehung, die sie mit dem Gesetz unterhält, die Verbindung mit der Anarchie aufrechtzuerhalten oder nicht? Im Falle des klassischen Anarchismus ist die Antwort leicht: In ihrem Wiederstand gegen jegliche Form von Autorität präsentiert sich diese Lehre als Ausschluss, wenn nicht des Rechts – die Theorie des Sozialrechts kann sich im Rahmen des Anarchismus entwickeln –, so doch zumindest des Gesetzes als Akt einer autoritären Souveränität, das der Spontaneität und der Harmonie des Sozialen Gewalt antun würde. Gilt dasselbe für die Anarchie im Sinne eines Zerfalls der Grundlagen, die das Handeln bestimmt haben? Folgt man den Analysen Leforts, seiner Interpretation Machiavellis, dann stellt man unschwer fest, dass eine bestimmte Auffassung vom Gesetz mit einem libertären Begriff der Demokratie einhergehen und damit einer anarchischen Konstellation angehören kann, und dies umso mehr, als die Freiheitsrechte keine Rechte wie alle anderen sind. Bestand die Neuerung Machiavellis in diesem Punkt nicht darin, die klassische Vorstellung vom Gesetz umzustürzen, die Letzterem die Aufgabe zuwies, durch seine Weisheit den Wünschen der Menge Einhalt zu gebieten und sie im Zaum zu halten? Wohingegen Machiavelli die Wünsche der Menge, wenn es sich um freie Völker handelt, für fruchtbar hielt. Weit davon entfernt, mit der Mäßigung verknüpft zu sein, wird der neue Begriff des Gesetzes so aus der Maßlosigkeit des Wunsches nach Freiheit geboren. Er lässt sich aber, selbst wenn sein Ursprung in den Wünschen der Unterdrückten liegt, nicht darauf reduzieren, sondern löst sich in gewisser Weise davon, um sich in den Wunsch zu sein zu verwandeln, einen Wunsch, der keinen Gegenstand hat, reine Negativität ist, die Ablehnung der Unterdrückung. Festgemacht an der Maßlosigkeit des Wunschs nach Freiheit und losgelöst vom traditionellen Bild des ausgleichenden Zwangs, wird das Gesetz zu einem integralen Bestandteil, wenn nicht zum Motor der wilden Demokratie. Es ist mit der Anarchie vereinbar, da das einzige Ziel, das es verfolgt, die Freiheit ist. »In dem, was auf den ersten Blick als Entfesselung der Affekte des Volkes, als Aggression gegen den Staat erscheint, ›modi straordinarii e quasi efferati‹ (wild), müssen wir daher einen anderen Exzess sehen, den über der Begierde stehenden Wunsch, der einzig darin besteht, den Exzess des Gesetzes über die bestehende Ordnung des Gemeinwesens hinaus zu begründen.«[21]

---

21 Claude Lefort, *Le Travail de l'œuvre Machiavel*, a. a. O., S. 477.

Könnte man nicht so weit gehen, zu behaupten, dass das Gesetz als »anarchisch« angesehen werden kann, bar einer *arché* in dem Sinne, dass es keinen Ursprung, keinen Anfang hat? Wenn man die Frage nach dem Ursprung des Gesetzes tatsächlich aufgibt (Machiavelli zum Beispiel glaubt nicht, dass das Gesetz als solches ein Produkt der Menschen ist), kann man das Gesetz dann nicht jenseits des Gegensatzes von Autonomie und Heteronomie denken? Kann man das Gesetz nicht, anstatt es als Frucht des menschlichen Willens zu definieren, als politische Aussage begreifen, die in der menschlichen Gesellschaft immer schon da ist, als Gegenstand, der in der politischen Institution verhandelt wird, als Ausdruck der Teilung und Konfrontation gegensätzlicher Wünsche?

Stoßen wir am Ende unseres Weges und unserer Fragen nicht auf ein noch erstaunlicheres Paradox als das des Prinzips der Anarchie, das uns tatsächlich so verblüfft, dass es sich unserer Wahrnehmung entzieht, obgleich es vor uns offen zutage liegt? Ist dieses Paradox nicht das der Demokratie selbst, das die Qualifikation der Wildheit am besten zum Vorschein bringt? Ist die Demokratie, die so oft domestiziert und banalisiert wird, um sie umgänglicher zu machen, nicht eine eigentümliche Form der politischen Erfahrung, die sich politische Institutionen gibt, um sich dauerhaft und effektiv entwickeln zu können, aber gleichzeitig nicht aufhört, sich gegen den Staat aufzulehnen, so als ginge es bei ihrem Widerstand gegen den Staat und bei ihrem Aufbrausen nicht darum, auf das Ende des Politischen hinzuarbeiten, sondern darum, auf eine höchst fruchtbare und höchst paradoxale Weise eine »neue Unordnung« zu schaffen und so eine Politik zu erfinden, die sich stets erneuert, eine Politik jenseits des Staats, ja gegen ihn? Diese Unordnung »ist das Werk eines

Wunsches, das die Frage der Einheit des Staates offen lässt und so diejenigen, die ihn lenken, zwingt, sein Schicksal immer wieder neu zu verhandeln«.[22]

Um sich zu dieser Eigenart der Demokratie einen Zugang zu bahnen, muss man nicht nur die Ideologien des Konsenses verwerfen, sondern auch die Idee des Konflikts entbanalisieren und ihm sein maximales Gewicht geben, das bedeutet, es ist immer möglich, dass es zum Bruch kommt, zum Kampf der Menschen, zum Auftauchen der ursprünglichen Teilung, die die Gefahr der Auflösung, der Zersplitterung des Sozialen in sich birgt. Wenn der Staat, wie uns Hegel gelehrt hat, als System der Vermittlung Integration und Versöhnung ist – die staatliche Ordnung hat präzise die Funktion, das Volk mit seinen wilden und folglich außerhalb der Gesellschaft stehenden Forderungen zu integrieren: »in ihm [im Staat] soll sich kein Moment als eine unorganische Menge zeigen«[23] –, ist die demokratische Revolution ihrerseits, als Revolution, dann nicht notwendig eine Bewegung gegen den Staat, eine Unordnung gegen den Staat, gegen diese irreführende Versöhnung und trügerische Integration? Ist die Demokratie, so paradox das erscheinen mag, nicht die Form von Gesellschaft, die über den Konflikt, über den Kampf der Menschen eine menschliche Bindung herstellt und dabei wieder an den Ursprung der immer wieder neu zu entdeckenden Freiheit anknüpft?

Vielleicht ist es auch nicht so sehr das Prinzip der Anarchie – ein Denken des Übergangs, wie man zugeben muss –, mit dem man die wilde Demokratie hätte konfrontieren müssen, vielleicht hätte man sie vielmehr –

22 Ebd.

23 Georg Wilhelm Friedrich Hegel, *Grundlinien der Philosophie des Rechts*, a. a. O., § 303, S. 473.

ohne den Widerspruch, der dieser Konstruktion innewohnt, zum Schweigen zu bringen – mit Blick auf die Diskrepanz zwischen Anarchie und Prinzip denken müssen, indem man der gegenläufigen Analyse von Lévinas folgt. »Er [der Begriff der Anarchie] kann nicht, ohne sich selbst zu widerlegen, als Prinzip gesetzt werden (in dem Sinne, wie ihn die Anarchisten verstehen).«[24] Bedeutet die Demokratie im Prisma des Prinzips der Anarchie zu denken nicht, sie in ein Prokrustesbett zu legen und sie fälschlich über den Umweg dessen zu begreifen, was eine Idealität bleibt? Erreicht man, indem man die Demokratie in das Korsett des Prinzips der Anarchie zwängt, anstatt einer Aufklärung nicht eher, dass man sie jeglicher Abenteuerlust und jeglicher Sprengkraft beraubt, die sie in sich trägt und die über jedes Prinzip, jede *arché* hinausgeht? Entsprechend der Logik des Widerspruchs, den er zwischen Prinzip und Anarchie geltend macht, lehnt Lévinas auch eine rein politische Auffassung von der Anarchie ab. Sie steht für ihn jenseits der Alternative von Ordnung und Unordnung. »Der Begriff der Anarchie, wie wir ihn hier einführen, geht dem politischen (oder dem antipolitischen) Sinn voraus, der ihm im allgemeinen Sprachgebrauch zukommt.«[25] Worin besteht eine politische Auffassung der Anarchie, wenn nicht in der Durchsetzung eines Prinzips der Anarchie? Für Lévinas berührt die Anarchie eine viel tiefere Ebene, die vorpolitisch ist oder vielmehr jenseits von Politik und Ontologie liegt. Bringt nicht die Unterbrechung des Spiels des Seins abseits jeglichen Prinzips das Hereinbrechen des Menschlichen als ethisches Ereignis mit sich? »Die Anarchie stört das Sein über

24 Emmanuel Lévinas, *Jenseits des Seins oder anders als Sein geschieht*, a. a. O., S. 224, Fn. 3. Diese Fußnote ist überhaupt sehr erhellend.

25 Ebd., S. 224, Fn. 3.

diese Alternativen [Ordnung/Unordnung] hinaus. Sie hält das ontologische Spiel an, das gerade als Spiel Bewußtsein ist, in dem sich das Sein verliert und wiederfindet und sich so erhellt.«[26] Eine Disjunktion von Anarchie und Politik bedeutet damit auch eine Disjunktion von Anarchie und jedwedem Prinzip (der Anarchismus ist, wie wir gesehen haben, nichts anderes als die Behauptung des Prinzips der Vernunft, das das Prinzip der Autorität ersetzt).

An diesem Punkt treffen wir wieder auf die wilde Demokratie und ihren Widerstand gegen den Staat. Denn selbst wenn Lévinas die Anarchie von ihrer rein politischen Bedeutung löst, da sie sich andernfalls über die Idealität eines Prinzips abspielen und sich als widersprüchlich erweisen würde, berücksichtigt er darum nicht weniger die Störeffekte, die sie ausübt, indem sie die Konturen einer negativen Dialektik zeichnet, deren Spezifik darin besteht, dass sie von jeglichem positivem Wesen frei ist und dass das Mittel der Negation beziehungsweise das Spiel der Negativität aufhört, Positives zu erzeugen. Weit entfernt davon, dass der Staat die Demokratie in sich einschließt, so als könnte er sie umfassen, indem er sich mit ihr identifiziert, ist es die wilde Demokratie, die fernab von jeglicher *arché* die Grenzen des Staates markiert und sich so gegen die Bewegung der Totalisierung dieser Instanz, die sich als souverän ausgibt, verwahrt, ja mehr noch, sie untergräbt. »Sie [die Anarchie] kann den Staat nur stören – allerdings auf radikale Weise und so, daß dadurch Momente der Negation *ohne irgendeine* Bejahung möglich werden. Der Staat kann sich so nicht zum Ganzen erheben.«[27]

---

26 Ebd., S. 224.
27 Ebd., S. 224, Fn. 3.

So ist die Unordnung, wie Lévinas gegen Bergson geltend macht, nicht dazu bestimmt, eine andere Ordnung zu sein. Die wilde Demokratie hat eine irreduzible Bedeutung als Absage an die Synthese, als Absage an die Ordnung, als Erfindung der Verzeitlichung des politischen Zusammenhangs. Sie geht in ihrer Pluralität und Multiplizität über den Staat hinaus und überschreitet ihn.

50 Jahre suhrkamp taschenbuch wissenschaft 1973-2023 Das Jubiläumsprogramm

Aleida Assmann. Im Dickicht der Zeichen. stw 2429. 360 Seiten

Judith Butler. Die Macht der Geschlechternormen und die Grenzen des Menschlichen. Übersetzt von Karin Wördemann und Martin Stempfhuber. stw 2422. 414 Seiten

Esther Duflo. Kampf gegen die Armut. Übersetzt von Andrea Hemminger. stw 2428. 182 Seiten

Philippa Foot. Die Natur des Guten. Übersetzt von Michael Reuter. stw 2421. 162 Seiten

Eva Illouz. Gefühle in Zeiten des Kapitalismus. Übersetzt von Martin Hartmann. stw 2423. 170 Seiten

Rahel Jaeggi. Kritik von Lebensformen. stw 2424. 451 Seiten

Karin Knorr Cetina. Die Fabrikation von Erkenntnis. Zur Anthropologie der Wissenschaft. Mit einem Vorwort von Rom Harré. stw 2427. 372 Seiten

Martina Löw. Raumsoziologie. stw 2425. 320 Seiten

Beate Rössler. Autonomie. Ein Versuch über das gelungene Leben. stw 2426. 443 Seiten

Lucie Varga. Zeitenwende. Mentalitätshistorische Studien 1936-1939. Herausgegeben, übersetzt und eingeleitet von Peter Schöttler. stw 2430. 247 Seiten

NF 185/1/1.23